La Bibliothèque De Fontainebleau Et Les Livres Des Derniers Valois À La Bibliothèque Nationale (1515-1589).

Ernest Quentin-Bauchart

LA
BIBLIOTHÈQUE
DE FONTAINEBLEAU
ET
LES LIVRES
DES DERNIERS VALOIS
A LA BIBLIOTHEQUE NATIONALE
(1515-1589)

DU MÊME AUTEUR

——— · ———

Mes Livres (1864-1874). *Paris, Jouaust*, 1874, 1 volume in-16. — MES LIVRES (1864-1874), nouvelle édition. *Paris, Damascène Morgand et Charles Fatout*, 1877, 1 volume in-12. — MES LIVRES (1864-1881), troisième édition. *Paris, Adolphe Labitte*, 1881, 1 volume in-12.

Bibliothèque de la reine Marie-Antoinette, au château des Tuileries. Catalogue authentique publié d'après le manuscrit de la Bibliothèque Nationale. *Paris, Damascène Morgand*, 1884, 1 volume in-16.

Les Femmes bibliophiles de France (XVIᵉ, XVIIᵉ et XVIIIᵉ siècles). *Paris, Damascène Morgand*, 2 volumes grand in-8º ornés de 25 reproductions de reliures et de miniatures et de 43 planches d'armoiries tirées en taille douce.

Une Page d'Histoire. QUENTIN-BAUCHART (1809-1887). *Paris, Morgand*, 1888, in-8º, portrait.

Le Livre d'Heures de Henri II. Imprimé pour la Société des Bibliophiles français. *Paris, A. Lahure*, 1890, 1 volume in-8º de XII et 32 pages, orné de deux figures gravées à l'eau-forte par E. Abot.

EN PRÉPARATION :

Souvenirs d'un Bibliophile.

FRANÇOIS Ier

A SON AVÈNEMENT AU TRONE

D'après une miniature du manuscrit de Du Tillet
Le Recueil des Rois de France

LA
BIBLIOTHÈQUE

DE FONTAINEBLEAU

ET

LES LIVRES

DES DERNIERS VALOIS

A LA BIBLIOTHÈQUE NATIONALE

(1515-1589)

PAR

ERNEST QUENTIN-BAUCHART

PARIS

ÉM. PAUL, L. HUARD ET GUILLEMIN

LIBRAIRES DE LA BIBLIOTHÈQUE NATIONALE

28, RUE DES BONS-ENFANTS, 28

—

1891

TIRAGE A 300 EXEMPLAIRES

Nᵒˢ 1 à 10. — Exemplaires sur papier du Japon.
Nᵒˢ 11 à 50. — Exemplaires sur papier de Hollande.
Nᵒˢ 51 à 300. -- Exemplaires sur papier vélin.

Nᵒ 149

APERÇU HISTORIQUE

I

Charles V fut le premier roi de France qui eut la pensée d'établir une bibliothèque, une *librairie,* comme on disait alors, au château de Fontainebleau. Il y réunit quelques volumes qu'il détacha de la tour du Louvre[1]; mais l'idée, abandonnée par ses successeurs, ne fut reprise qu'un siècle et demi plus tard par le roi François Iᵉʳ.

« Le grand roy François, dit le Père Jacob[2], a esté en son temps le *Parnasse des Muses et un Cabinet de sciences,* car, bien que les lettres eussent été fleurissantes sous les règnes de ses prédécesseurs, toutefois leurs perfections parurent par ses soins et diligences. Il ordonna l'an 1527[3] le restablissement de la bibliothèque de Fontainebleau et voulut pourvoir à sa per-

1. Charles V avait employé des sommes considérables à la restauration du château du Louvre qu'il voulait transformer en manoir d'habitation. Il y installa sa bibliothèque qui était restée jusque-là dans le palais de la Cité; deux étages d'abord, puis les trois étages de l'une des tours furent consacrés aux livres du roi. Les volumes, suivant la coutume de cette époque, étaient enchaînés et posés à plat sur des *lettrins* ou pupitres disposés tout autour de la pièce.
2. *Traité des plus belles bibliothèques,* Paris, 1644, page 457.
3. « Il est difficile de marquer précisément en quel temps la bibliothèque de Fontainebleau a été fondée. Genebrard, dans sa chronologie, fait seulement

fection et augmentation ; il envoya en Orient, afin de rechercher soigneusement les livres rares, tant pour enrichir cette très magnifique bibliothèque que pour faire enseigner publiquement les langues grecque, latine et hébraïque par douze lecteurs royaux qu'il ordonna, l'an 1531, pour ces langues et pour les sciences de mathématiques, philosophie, art d'oratoire et médecine [1]... Voylà la gloire que s'est acquis ce grand monarque pour avoir restabli les sciences qui estoient descheues de leur première splendeur, par le barbarisme qui s'estoit coulé dans nos Gaules, ce qui fera que son nom sera à jamais en bénédiction parmy les peuples et particulièrement les gens de lettres, desquels il estoit le Mæcenas, et lesquels il aimoyt si tendrement, qu'il appeloit les Escholiers ses enfants. »

Cette bibliothèque, la plus considérable et la plus riche qui fut alors en Europe, était installée au deuxième étage du château, dans la galerie de François Ier, ou petite galerie, appelée *Galerie de la Librairie*. Treize croisées l'éclairaient au midi, douze corps de tablettes garnissaient les douze panneaux intermédiaires ; sur le côté opposé, des tablettes continues

entendre que l'établissement de cette bibliothèque avait précédé l'institution des chaires royales fondées en 1530. Ce qui paroist le plus vraysemblable, c'est que sa première origine fut un amas peu considérable de livres que François Ier avoit trouvez dans sa Maison et auxquels il joignit tout ce qu'il en avoit acquis luy-même avant et après son avénement au trône. » (BOIVIN, *Mémoire manuscrit sur l'histoire de la Bibliothèque du Roy*.)

1. Le Père Jacob fait allusion au collège des Trois langues ou Collège de France, que François Ier fonda en 1530 sur le modèle des Académies d'Italie et par les conseils de Budé. L'hébreu, le grec, le latin, la médecine, les mathémathiques, la philosophie, y furent enseignés gratuitement au grand déplaisir de l'Université de Paris et de la Sorbonne.

Les premiers professeurs d'hébreu furent deux Italiens, Paolo Paradisio et Agathio Guidacerio, puis François *Vatable* (Wate-Bled, Gàte-Bled), de Gamaches, en Picardie, dont la renommée a complètement effacé celle de ses collègues ; les premiers professeurs de grec furent Pierre Danès et Toussaint (*Tusanus*), celui-ci, le meilleur élève, celui-là, le digne rival et l'ami de Budé. La chaire de mathématiques fut remplie par un Espagnol, Poblacion, auquel succéda Oronce Finé. Le Florentin Vidus-Vidius fut nommé professeur de médecine vers 1542 et le Milanais Vico Mercato professeur de philosophie grecque et latine, vers 1543.

Les gages des professeurs royaux étaient de 200 écus au soleil, environ 1600 francs de notre monnaie et au moins 6000 de valeur relative. Ils jouissaient de quelques autres avantages. (Voir Extraits des comptes de François Ier, dans le tome III des *Archives curieuses*, etc.)

Le roi avait offert la direction du collège royal à Érasme, qui ne l'accepta pas par crainte d'aliéner son indépendance et de s'exposer aux tracasseries des théologiens de l'Université.

multipliaient l'espace[1]. Sa belle ordonnance excitait l'admiration de tous ceux qui étaient admis à la visiter, et François de Belleforest, qui écrivait au milieu du xvi⁰ siècle, en célèbre ainsi les magnificences :

« *Celle librairie et superbe bibliothèque, dressée iadis par les rois égyptiens en Alexandrie, ne fut onc plus belle ny plus riche que celle que François, premier du nom, a ordonne en ceste sienne maison; n'ayant espargné frais aucun ny la peine d'un grand nombre d'hommes de grand scavoir, qu'il a envoyez par toute la Grèce et Asie pour recouvrer les meilleurs livres qu'on pourroit trouver pour l'enrichissement de ceste bibliothèque que les princes estrangers ont souhaité de voir, venans en France, plustot que les plus exquis thrésors et plus riches ioyaux qui soient en ce royaume. Quoy plus? Ce grand roy scachant que les Muses ayment les solitudes, et Pallas les lieux de repos, et que la laborieuse Dyane fuit les villes oiseuses, a aussi fait dresser icy le temple des Muses et la retraite de Pallas, et les courses boscagères de Diane la Chasseuse. Et au reste si i'estoy quelque grand poëte ou disert orateur, ie bastiroy aussi quelque belle œuvre sur le los tant du Roy qui a fondé ce temple palladien, que de la magnificence du bastiment et richesse des livres, tableaux, effigies et choses rares qui sont en ceste bibliothèque; mais ayant défaut de ce, et laissant cette charge à ceux qui ont gousté l'eau caballine et aux bons livres, et en la faveur des roys, et qui ont le cœur haucé et hardy pour se voir récompensez de leurs peines, je passeray oultre.* »

François Iᵉʳ, avant de monter sur le trône, possédait déjà une bibliothèque dont l'origine remontait à plus d'un siècle : fondée par Jean le Bon, duc d'Angoulême, elle s'était accrue par les soins de son fils Charles, par ceux de Louise de Savoie[2], femme de Charles, et enfin, par ceux de François, lui-même, qui avait réuni à Blois un nombre de livres déjà considérable. L'aumô-

---

1. J.-J. Champollion-Figeac, *Le palais de Fontainebleau* (Paris, 1866, in-fol.) p. 185.
2. *Appendice*, p. 175.

nier de la reine, Adam Laisgre, en était le gardien et touchait par an 60 livres tournois, comme le prouve cette pièce récemment découverte[1] :

Je Adam Laisgre, prebstre, aumonnier de la Royne et garde de la librayrie du Roy, nostre sire, estant en son chasteau de Blois, eonfesse avoir eu et receu de maistre Jacques Viart, recepveur du dommaine de la conté du dit Bloys, la somme de quinze livres tournois à moy ordonnee pour la garde de la dicte librayrie pour les moys d'Octobre, Novembre et Descembre icelluy inclus. De laquelle somme de xv L. t me tiens pour content et bien paié, et en quicte ledit seigneur, recepveur et tous autres, tesmoing mon seing manuel cy mis, le xxixe iour de descembre l'an mil cinq cens et seze.

ADAM LAISGRE.

Le nom d'Adam Laisgre figure encore dans un fragment de rôle contenant les sommes payées en juillet, août et septembre 1516. On y voit, en effet, la mention suivante : « A Jehan François, bostier demeurant à Blois, la somme de huit vingtz deux livres treize solz quatre deniers tournois à lui ordonnée pour avoir garni de serrures dorées plusieurs livres de la librairie dudit seigneur séant au chasteau de Bloys, depuis le xiie jour de may 1515 jusques au xvie jour d'aoust derrain passé, comme apport par les parties signées et certifiées de maistre Adam Laisgre ayant la charge d'icelle librairie. — A luy la somme de treize livres quatorze solz dix deniers tournois, à luy ordonnée par le Roy pour avoir faict housser et nettoyer la chambre où est la librairie dudit seigneur. — A Estienne Cochart, libraire, la somme de dix-neuf livres six solz cinq deniers tournois, à luy ordonnée par ledit seigneur pour avoir relié et mis à point plusieurs livres de ladite librairie. »

Adam Laisgre fut remplacé, en 1518, par le dominicain Guillaume Petit (Parvi)[2] qui fut chapelain et confesseur de François Ier et successivement évêque de Troyes et de Senlis.

1. *Bulletin du Bibliophile*, août 1868, p. 445.
2. Né à Montivilliers, au diocèse de Rouen, Guillaume Petit entra vers 1480 dans l'ordre de Saint-Dominique. Docteur de Sorbonne en 1502, prieur des Dominicains d'Évreux en 1506, de ceux de Blois en 1508, confesseur de Louis XII en 1509, puis de François Ier, il fut nommé par le roi évêque de

C'était un véritable bibliophile et Guillaume Budé l'a qualifié de *librorum reconditorum conquisitor atque investigator sagacissimus ac bibliothecarum pene compilator*[1].

Parvi dressa de la Bibliothèque un inventaire que M. H. Michelant a publié[2]. Cet inventaire, dont le texte appartient aujourd'hui à la bibliothèque impériale de Vienne (fonds du prince Eugène E. CLXX, n° 2548), est écrit sur parchemin vélin de choix, contient cent soixante-quatorze feuillets à trente et une lignes chacun, tous rayés à l'encre rouge, avec des têtes de chapitre azur, rouge et or, et porte le titre suivant :

In nomine Domini nostri Jesu Christi. Amen. S'ensuyt le repertoire, selon lordre de l'alphabete de tous les livres, volumes et traictez en françoys, italien et espagnol couvers de veloux et non couvers, de la librayrie du très-chrestien roy de France, François Ier de ce nom, estant pour le present à Blois, lequel repertoire a esté commencé moyennant la gráce de Nostre Seigneur, parfaict et accomply par Frère Guilielme Peruy, de l'ordre des Frères prescheurs, indigne chappelain, très obeissant subject et immerite confesseur du dict Seigneur, l'an de gráce mil cinq cent et XVIII, et de son règne le quatriesme.

Les 61 premiers feuillets de ce volume contiennent l'inventaire des manuscrits français; viennent ensuite cinq feuillets blancs, puis la liste des livres latins, manuscrits et imprimés, couverts de velours, rangés par ordre de matières : Théologie, Droit canonique, Droit civil, Philosophie, Médecine, Astrologie, Sciences et Arts, Grammaire, Poésie, Éloquence, Histoire. Les manuscrits grecs et hébreux occupent les feuillets 126 v° à 127 v°. Après deux feuillets blancs, on trouve le catalogue des livres latins *non couverts de velours,* et, enfin aux feuillets 180 à 182, les manuscrits grecs et arabes également non cou-

Troyes en 1518, passa en 1528 à l'évêché de Senlis et mourut en 1536. (Voir Quetif-Echard, *Scriptores ordinis Prædicatorum*, tome II, p. 100-102.)

1. Lettre de Budé à Erasme, du 5 février 1516.

2. *Catalogue de la Bibliothèque de François Ier à Blois, en* 1518, publié d'après le manuscrit de la Bibliothèque impériale de Vienne, par H. Michelant. Paris, 1863, in-8.

verts de velours. Dans chacune de ces deux sections, les manuscrits grecs et hébreux ou arabes, au nombre de 47 volumes
(deux hébreux et quatorze grecs couverts de velours; deux
hébreux, deux arabes et vingt-sept grecs non couverts de
velours), confondus ensemble, sont rangés alphabétiquement[1].

Un petit article réservé indique les livres que le Roi empor-
tait ordinairement[2] et qui étaient les suivants :

APPIEN ALEXANDRIN. Des Gestes romaines. Manuscrit couvert de
velours noir et ferré. Premier volume.

DES GUERRES CIVILES. Couvert de velours noir et ferré. Deuxième
volume.

CRONICQUES DE FRANCE DU ROY CLOVIS, PREMIER ROI CRESTIEN, escript
à la main en parchemin. Couvert de velours blanc et fermoirs
d'argent, excepté ung.

CRONICQUE DE FRANCE parlant du roy Clovis et de sa femme, de
Clotaire et de ses enfants, escript à la main. Couvert de velours
noir et blanc et tanné.

LE CHEVALIER DÉLIBÉRÉ. Couvert de velours vert.

COMÉDIE EN ITALIEN. Couvert de cuyr tanné.

DIODORE SISSILIEN. Grant volume. Escript en parchemin. Couvert de
veloux noyr et ferré.

LA DESTRUCTION DE TROYE LA GRANT.

FAULCONNERIE. Couvert de satin noyr.

HISTOIRE DE VERTUEUX PONTIFEX ET NOBLES PRINCES NOMMÉS LES MA-
CHABÉES, translatez de latin en françoys par Charles Sainct Ge-
laeys, evesque d'Angoulesme, couvert de cramoysi, blanc et
jaune.

JUSTIN en françoys, un grant volume escript en parchemin à la
main. Couvert de veloux noyr et ferré.

1. *Catalogues des manuscrits grecs de la Bibliothèque de François Ier au
château de Blois*, 1518 et 1544, publiés par H. OMONT, Paris, 1886. Tiré à
63 exemplaires.
2. Il résulte de plusieurs textes que François Ier avait à sa suite, dans ses
voyages, des caisses de livres. On lit notamment dans un compte de 1536
conservé aux Archives nationales, registre KK 91, folio 58 : « Une paire de
coffres à bahu qu'il a livrez en la dicte garde-robbe pour mettre et porter les
livres dudit seigneur. »

Le Jardin d'honneur du voyage que fist le roy Charles a Naples. Couvert de cuyr tanné.

La Marguerite de France et Cronicque abrégée de tous les roys qui furent jamais en France, escript en parchemin à la main. Couvert de veloux cramoysi.

Romuléon historié. Un grant volume escript en parchemin à la main. Couvert de veloux noir et ferré partout.

Le Romant de la Rose. Couvert de veloux cramoysi et ferré d'argent.

Rommant des Déduiz. Couvert de blanc et de rouge de ung cousté et de l'autre cousté de veloux noir et ferré.

Thucidides athénien. Un grant volume escript en parchemin à la main. Couvert de veloux cramoysi et ferré partout.

Triumphes de Pétrarque. Escript à la main. Couvert de veloux biguarré et ferré partout.

Tels étaient les livres à la lecture desquels le roi François Ier occupait ses loisirs et qui témoignent de son goût éclairé et de ses admirables instincts. Esprit ingénieux, brillant, actif, il avait été formé par un gouverneur[1] initié à toutes les lumières de l'Italie. Sous ses auspices, se forma une société qui n'avait jamais eu d'analogue, société pleine de savoir, d'imagination, de grâce et de licence, curieuse de tout, comprenant tout et prête à recueillir toutes les nouveautés que lui préparait le grand réveil de la Renaissance. Tout changea en France; l'étude des classiques, celle des lois romaines[2], l'érudition sous toutes ses faces, furent poussées avec ardeur. La langue naissante fut écrite avec esprit, finesse et naïveté par Rabelais qui en a employé et fondu tous les dialectes, par la sœur de François Ier, la reine de Navarre, par François Ier, lui-même, qui faisait des vers aussi bien que Marot[3]. « Ce prince, écrit l'ambassadeur vénitien Marin Cavalli, dans sa *relazione* sur la politique

---

1. Artus Gouffier, sire de Boisi, fils du chambellan de Charles VII.
2. Budé, le premier dans ses *Observations sur les Pandectes,* appliqua l'étude des langues et de l'histoire à l'interprétation du droit romain.
3. La Bibliothèque nationale possède le recueil manuscrit des poésies de François Ier.

de la France en 1546, était d'un fort bon jugement, d'un savoir
très grand. A l'écouter, on reconnoît qu'il n'est chose, ni étude,
ni art sur lesquels il ne puisse raisonner très pertinemment et
qu'il ne juge d'une manière aussi certaine que ceux-là même
qui y sont spécialement adonnés. Ses connaissances ne se
bornent pas simplement à l'art de la guerre, à la manière d'ap-
provisionner, de conduire une armée, de dresser un plan de
bataille, de préparer des logements, de donner l'assaut d'une
ville ou bien de la défendre, de diriger l'artillerie; il ne comprend pas seulement tout ce qui a trait à la guerre maritime,
mais il est très expérimenté dans la chasse, dans la peinture,
en littérature, dans les langues, dans les différents exercices du
corps qui peuvent convenir à un beau et brillant chevalier[1]. »

C'est en 1544 que, sur l'ordre de François Ier, la bibliothèque de Blois fut réunie à celle de Fontainebleau. « Mellin
de Saint-Gelais, dit l'abbé Jourdain, dans le *Mémoire historique* qui sert d'introduction au catalogue de la Bibliothèque
royale, publié en 1739, porta à Blois les ordres du roy, en
conséquence desquels deux maistres des comptes, commis par
la chambre de cette ville, dressèrent l'inventaire des livres,
sphères, globes et autres choses semblables, en présence du
mesme Saint-Gelais, de Jean de la Barre, commis à la garde de
la librairie du chasteau de Blois, et d'Estienne Cochart, libraire.
Ils employèrent quatorze jours à ce travail[2]. L'inventaire original, conservé dans la Bibliothèque de Sa Majesté[3], est de

1. *De la diplomatie vénitienne...* par ARMAND BASCHET. Paris, Plon, in-8, p. 418.
Brantôme écrit de son côté (Discours XLV, p. 289) : « Or, entre autres
belles vertus que le Roy eust, c'est qu'il fut fort grand amateur des lettres et
gens sçavants et des plus grands de son royaume, lesquels il entretenoit toujours
de discours très grands et sçavants, leur en baillant la plupart du temps, les sub-
jects et les thèmes. Et y estoit reçeu qui venoit, mais il ne falloit pas qu'il fust
asne ny qu'il bronchast, car il estoit bientost relevé de luy-mesme. »
2. Vers la fin de mai 1530, un second catalogue de la librairie de Blois avait
été rédigé par Lefèvre d'Étaples; mais il ne paraît pas avoir été conservé et son
existence n'est connue que par une lettre de Marguerite de Navarre au connétable de Montmorency. (Bibliothèque nationale, manuscrit francais 2 989, fol. 79;
publiée par Leroux de Lincy, *Heptaméron*, 1853, in-8, p. L.)
3. Cet inventaire, déposé au département des manuscrits (fonds français,
n° 5660), a maintenant pour titre : *Inventaire original de la Bibliothèque de
Blois lors du transport à Fontainebleau.* On lit sur le dernier feuillet . « Le
quatriesme jour de l'an mil cinq cens quarante et quatre, noble et discrete

128 feuillets : il commence par une espèce de procès-verbal et est divisé en vingt-trois articles; les quinze premiers spécifient les livres latins, excepté le septiesme article qui comprend les livres grecs et deux ou trois en langue hébraïque; le 16e article et les suivants, jusqu'au 21e inclusivement, contiennent les livres escrits en langue vulgaire, françois, italiens et espagnols; les deux derniers articles sont des listes particulières de toutes sortes de livres renfermés dans deux caisses ou armoires. Il résulte de cet inventaire que la bibliothèque de Blois n'estoit que d'environ 1890 volumes parmi lesquels on ne compte pas plus de 109 volumes imprimez et 38 ou 39 manuscrits grecs[1] apportez de Naples par le célèbre Jean Lascaris qui, d'après Boivin, les avait reçus de Charles VIII et n'en fit présent à la bibliothèque de Blois que sous le règne de François Ier, auquel il est certain qu'il donna celui où l'on voit cette inscription en gros caractères : FRANCISCO FRÃCORUM REGI CHRISTIANISSIMO DEDIT LASCARIS. (Fonds grec, n° 1250.)

« Après que Saint-Gelais en eut donné son récépissé, tous ces livres furent emballez avec les sphères et les globes : un des deux maistres des comptes nommez par la chambre pour faire l'inventaire, partit avec Saint-Gelais et accompagna les ballots jusqu'à Fontainebleau, où ils furent remis entre les mains de Mathieu de la Bisse, qui en donna son reçu le 22 juin 1544, comme garde de la librairie de ce chasteau.

« Tel fut le sort de la fameuse bibliothèque de Blois, où il ne paroist pas qu'il soit resté aucuns des livres qui y avoient esté mis par les ducs d'Orléans, le roi Louis XII et François Ier lui-même. »

Nous venons de voir que le nombre des volumes ainsi

---

personne, maistre Mellin de Sainct-Gelais, conseiller du Roy nostre sire, son aulmonnier ordinaire, abbé commendataire de Reclus en Brye, a confessé avoir reçeu de nobles hommes maistre Jehan Grenaisie et Nicolas Dux, aussi conseillers dudit seigneur... les livres, sphères, globes et aultres choses contenues et déclairées par les inventaires cy dessus escriptz... »

1. « Il y avait, en 1544, quarante-quatre manuscrits grecs et hébreux ou arabes, dont deux étaient prêtés, au moment du transfert de la Bibliothèque à Fontainebleau, l'un à Pierre Danès, lecteur en langue grecque au Collège royal, l'autre au médecin de la Régente, Jean Chapelain. » (H. OMONT.)

transportés dépassait 1800. Une augmentation aussi considérable donna un grand lustre à la Bibliothèque de Fontainebleau, qui déjà s'était enrichie des livres de la librairie de
Moulins[1], comprise dans la confiscation des biens du connétable de Bourbon, et notamment des 76 manuscrits splen-

1. La Bibliothèque de Moulins fut réunie à celle du roi en 1523, après avoir
été inventoriée par Pierre Antoine, commissaire du roi, en présence de Mathieu
Espinete, chanoine de Moulins, garde des livres du duc de Bourbon.

« Cette riche collection avait reçu son plus grand lustre de Pierre II, sire de
Beaujeu, époux d'Anne de France, fille de Louis XI. Passionné bibliophile, il
l'enrichit de la librairie des ducs de Nemours qu'il avait achetée de Jean d'Armagnac, fils du décapité, et, en 1467, à la mort de Philippe le Bon, duc de Bour-
gogne, son oncle maternel, il sut obtenir quelques manuscrits de la fameuse
bibliothèque que ce prince avait formée à Bruges. « Les manuscrits qu'il faisait
« exécuter, dit M. Leroux de Lincy, étaient aussi remarquables par la beauté
« des miniatures qui les décorent que par l'habileté des calligraphes qu'il
« employait. » Parmi ceux qui sont parvenus jusqu'à nous, il faut citer l'*Histoire universelle*, écrite en 1368 par Mathias du Rivau, et les *Antiquités*, de
Joseph, illustrées de douze belles miniatures de Jehan Fouquet. Ce fut lui aussi
qui plaça dans la librairie de Moulins une cinquantaine de volumes imprimés
sur vélin « en molle », comme dit l'inventaire du temps, chefs-d'œuvre de la
typographie naissante. Sur ses livres on voit son écusson aux armes de Bourbon,
brisées d'un lionceau de sable sur la partie supérieure de la bande. Plusieurs
aussi portent la devise : ESPÉRANCE, écrite de la main de son secrétaire François
Robertet.

« Le fameux connétable de Bourbon ne fut pas lui-même sans donner ses
soins à l'accroissement de la bibliothèque de ses prédécesseurs. L'éducation
très lettrée que lui fit donner la veuve de Pierre II, Anne de France, devenue
plus tard sa belle-mère, par son mariage, en 1505, avec la fille de cette princesse, Suzanne de Bourbon, avait contribué sans doute à développer en lui ce
goût délicat. Il fit exécuter pour son usage et celui de sa femme plusieurs
manuscrits. C'est à lui que l'on doit probablement l'idée de ce *Recueil d'emblèmes, de proverbes, d'adages, d'allégories et de portraits, dessins à la gouache
et en couleur, accompagnés de devises en prose et en vers*, que fit faire pour lui
ce même François Robertet, secrétaire du défunt sire de Beaujeu, frère du
fameux Florimon Robertet, ministre des rois Louis XII et François Ier, et qui
fut lui-même, sous Charles VIII, secrétaire et bibliothécaire des rois de France. »
(*Le Livre*, juillet 1888, p. 195.)

Un des livres les plus remarquables de cette bibliothèque est un manuscrit
sur vélin qui porte pour titre *La parfaite amour. Instructions de la dame de
Beaujeu à sa fille Susanne*. Il se compose de 111 feuillets, de 2 grandes miniatures, dont la première sert de frontispice et représente la dame de Beaujeu instruisant sa fille, et de 17 plus petites. Ces dix-neuf *histoires* sont d'une
exécution remarquable et ont été attribuées à Jean Bourdichon qui fut souvent
employé par Louis XI. D'après M. Chazaud, archiviste de l'Allier, auteur d'une
notice sur cet ouvrage, ce manuscrit aurait été donné à la dernière duchesse de
Bourbon par sa mère, en 1504 ou 1505, peu de temps avant son mariage, et
serait devenu, à la suite du procès intenté au connétable, la propriété du roi
François Ier qui l'aurait fait déposer dans la bibliothèque de Fontainebleau.
Après diverses fortunes, on le retrouve chez le chancelier Séguier, grand amateur de beaux livres; puis chez Mgr de Coislin, évêque de Metz, son petit-fils;
plus tard, au milieu des trésors de l'abbaye de Saint-Germain-des-Prés, d'où un
vol le fit sortir en 1791, et enfin, a la Bibliothèque impériale de Saint-Pétersbourg, où il est encore aujourd'hui.

dides que M. Léopold Delisle signale parmi ceux de la Bibliothèque nationale comme ayant appartenu aux anciens ducs de
Bourbon. Mais si le château de Blois était riche en livres
latins, il ne possédait que quarante volumes grecs[1]. C'est donc
de ce côté que se porta plus particulièrement l'attention de
François Ier, qui professait, d'ailleurs, un véritable culte pour
la langue d'Homère, et, sur les indications qui lui furent
données par Guillaume Budé et Jean Lascaris[2], il fit acheter
tous les manuscrits grecs qu'il put trouver en France et à
l'étranger.

« Jérosme Fondule[3], homme de lettres de réputation en ce
temps-là, fut chargé le premier de faire dans les pays estrangers la recherche de ces précieux documents. Il eut du Roy
quatre mille escus d'or pour ses voyages; mais il n'en rapporta que soixante manuscrits qui luy avoient cousté douze
cens escus et dont la liste séparée subsiste encore avec un
avertissement d'ou nous tirons ce détail. La date de 1529
qui est à la fin peut marquer le temps auquel nous croyons
que ces livres furent remis à la librairie de Fontainebleau[4]. »

Dans la suite, Jean de Pins, évesque de Rieux[5], dont la
plume, si l'on en croit Érasme, aurait été l'une des plus cicéroniennes de son temps, si les négociations dont il fut chargé
ne l'avaient distrait de ses études; Georges de Selve, évêque
de Lavaur, le traducteur de huit vies des Hommes illustres
de Plutarque, dont il fit hommage à François Ier; Georges
d'Armagnac, évêque de Rodez, et Guillaume Pellicier, évêque

---

1. Les manuscrits grecs ont été rares en France jusqu'aux premières années
du xvie siècle. La librairie du Louvre, sous Charles V et Charles VI, si riche en
manuscrits français et latins, ne renfermait aucun volume grec.

2. Les manuscrits de Jean Lascaris passèrent, après sa mort, chez le cardinal
Ridolfi, puis chez Pierre Strozzi, de là chez Catherine de Médicis, et sont entrés
avec les manuscrits de la Reine, à la Bibliothèque royale, sous Henri IV.

3. Jérôme Fondule, de Crémone, qui, après avoir été secrétaire d'un biblio·
phile célèbre, le cardinal Salviati, fut appelé à Paris comme précepteur du
Dauphin, plus tard Henri II.

4. *Mémoire historique*, p. X.

5. En 1537, Mellin de Sainct-Gelais fut chargé de « faire inventaire des livres
estans à la librairie du feu evesque de Rieux ». (Archives nationales, J. 961,
n° 58, fol. 1.)

Jean de Pins avait rassemblé à Venise et à Rome une vingtaine de manuscrits grecs qui, après sa mort, furent réunis à la Bibliothèque royale.

de Montpellier[1], qui furent successivement ambassadeurs de France à Rome ou à Venise, eurent l'ordre d'acheter tous les livres grecs qu'ils pourraient trouver et de faire copier ceux qu'il ne leur serait pas possible d'avoir à prix d'argent.

Georges d'Armagnac trouva à Rome plusieurs bibliothèques importantes; il en feuilleta les catalogues et ayant obtenu la communication des originaux dont il voulut avoir des copies, il fit transcrire pendant les quatre années de son ambassade, par un Allemand, Christophe Auer, quatorze volumes grecs qui furent mis dans la bibliothèque de Fontainebleau du vivant de François Ier, comme on le voit par les salamandres et par les autres emblèmes empreints sur la couverture. Boivin place en 1545 l'entrée de ces manuscrits dans la Bibliothèque du Roi.

Guillaume Pellicier montra plus de zèle encore, en entretenant à Venise douze copistes continuellement occupés à transcrire d'anciens manuscrits grecs. On assure que plusieurs savants critiques s'assemblaient chez lui, collationnaient les exemplaires et marquaient les diverses leçons. Les Sainte-Marthe disent qu'il profita de son séjour à Venise pour amasser, aux dépens du Roi, un grand nombre de livres hébreux, grecs et syriaques, et que ces livres furent mis dans la Bibliothèque royale; mais Boivin fait remarquer qu'il s'en faut de beaucoup que la bibliothèque de François Ier ait eu tous les manuscrits que Pellicier avait achetés. L'évêque de Montpellier en avait retenu plus de 200 dont on a encore aujourd'hui les catalogues[2].

Les démarches de Guillaume Pellicier, quels qu'en aient été

---

1. On lit dans les lettres patentes de François Ier, à la date du mois d'octobre 1541, et conservées à la Bibliothèque nationale, l'ordre donné par lui de payer 225 livres à Jean Privat, de Moulières, serviteur de l'évêque de Montpellier, « pour le récompenser des fraiz et despences qu'il a faictes à cause de la voiture et conduite de quatre caisses de livres escripts en grec qu'il nous a faict amener et conduire depuis Venise jusques au lieu de Chevaignes, où nous les avons receuz pour faire mettre en nostre librairie. »

François Ier était à Chavaignes le 27 août 1541. La lettre est datée de Bourg-en-Bresse.

2. « De tous les manuscrits que Pélicier avait ainsi réunis au cours de son ambassade, la plupart ne devaient pas malheureusement entrer à la bibliothèque de Fontainebleau. Près de deux cents volumes, copiés par ses soins et qu'il avait conservés dans sa bibliothèque, passèrent, après sa mort, entre les

les résultats, offrent, peut-être, moins d'intérêt que le projet qui fut soumis à François Iᵉʳ par Jean de Gagny, et qui avait pour objet de centraliser à Paris les manuscrits de toutes les abbayes du royaume. Il est vrai que cette vaste entreprise devait soulever des oppositions trop vives pour être mise à exécution; mais Jean de Gagny sut tirer parti des dispositions bienveillantes du Roi pour se faire ouvrir toutes les bibliothèques enfouies dans les cloîtres, et c'est à son heureuse intervention que nous devons la découverte de textes importants qui furent publiés par ses soins. Voici, d'après le récit de Boivin, comment il s'y prit pour obtenir cette autorisation :

« Jean de Gaigny, docteur célèbre du nombre des sçavants que François Iᵉʳ avoit ordinairement autour de luy, lorsqu'il estoit à table, lisoit un jour à ce prince, pendant son disner, les commentaires de Primasius, nouvellement trouvés à Saint-Chef en Dauphiné, où ils avoient esté cachez pendant plus de mille ans. Le Roy parut surpris qu'un livre tel que celuy-là eust été si long-temps sans voir le jour. Gaigny, profitant de l'occasion, dit qu'il y avoit dans le royaulme plusieurs forests de pareil boys et matière, mais jusqu'icy non fréquentées pour la superstitieuse garde d'aulcunes nations barbares, qui d'icelles spatieuses et fructueuses forests défendoient l'entrée, non seulement aux etrangiers, mais aussi à eulx-mesmes, plus religieusement que jadis aux profanes le temple intérieur de la déesse Vesta ses prebstres. Telle nation, adjouta-t-il, consiste en aulcuns moines claustriers, qui leurs librairies jadis par leurs anciens doctes religieux plantées de beaux et singuliers livres, obstinément gardent et ferment, mieulx aimant en froid et nuit d'ignorance se morfondre que du bois d'icelles se chauffer.

mains d'un amateur bourguignon, Claude Naulot, d'Avallon, puis dans la bibliothèque des Jésuites du collège de Clermont, à Paris. En 1764, après la suppression de l'ordre des Jésuites, les manuscrits du collège de Clermont furent achetés par le Hollandais Gérard Meerman. Soixante ans après, ils étaient de nouveau mis en vente, en 1824, et la plupart allaient augmenter la biblio-;hèque du baronnet anglais sir Thomas Phillipps, à Middlehill, puis à Cheltenham. Un dernier exil attendait les manuscrits de Clermont, qui ont été acquis pour la bibliothèque royale de Berlin dans l'été de 1887. » (Henri Omont, *Catalogue des manuscrits grecs de Fontainebleau sous François Iᵉʳ et Henri II.* Paris, Imprimerie nationale, 1889, gr. in-4, page VI.)

« Le Roy répliqua que quand ces forests seroient gardées par le dragon des Hespérides, il scauroit bien lui en faciliter l'entrée. Cela dit, il fit expédier des lettres patentes par lesquelles il estoit ordonné que toutes les bibliothèques publiques fussent ouvertes à ce docteur pour y transcrire les livres qu'il jugeoit pouvoir être utiles au public.

« Gaigny, voyageant à la suite du Roy, dont il estoit le premier aumosnier, fut donc admis dans toutes les librairies des monastères et des chapitres. Il fit plusieurs découvertes de livres rares et excellents, que François Ier le chargea de rendre publics par l'impression et parmi lesquels il faut ranger des manuscrits latins très précieux [1]. »

Pendant que le Roi faisait fouiller par ses ambassadeurs les grandes bibliothèques de Rome et de Venise, divers particuliers lui envoyaient aussi d'Italie de quoi enrichir à son gré la bibliothèque de Fontainebleau. « Antoine Eparque [2], savant grec de l'isle de Corfou, et établi à Venise, à qui le Roy avait fait faire quelque gratification par l'évêque de Montpellier, envoya à Sa Majesté plusieurs manuscrits sur lesquels, avec sa signature, on remarque les témoignages de sa reconnaissance; il y en a quelques-uns d'un certain Paulin et de Nicolas Gaddi, cousin de Catherine de Médicis; mais celui qui en fournit le plus, est François Asulan, habile imprimeur de Venise et beau-frère d'Alde Manuce. Les livres où il a mis son nom au bas des premières pages sont au nombre de soixante-dix. Ils se reconnaissent à sa souscription conçue en ces termes : A · ME · FRANCISCO · ASULANO. Cette souscription dans quelques-uns est effacée et dans d'autres coupée. Une chose digne de remarque, c'est que dans les manuscrits d'Asulan, il n'y en a pas un qui paraisse avoir été relié du temps de François Ier, ayant tous généralement les emblèmes de Henri II empreints sur la cou-

---

1. BOIVIN, *Mémoire manuscrit sur l'Histoire de la Bibliothèque du Roi*, p. 265.
2. « Antoine Eparque, né à Corfou en 1491, s'était établi à Venise, où il faisait en grand le commerce des livres. Ce fut surtout lui qui approvisionna à cette époque le marché italien en manuscrits grecs originaux, qu'il alla, à plusieurs reprises, chercher dans les monastères du Levant. » (HENRI OMONT, *Catalogues des manuscrits grecs de Fontainebleau*, p. VI, note.)

verture, d'où l'on pourrait inférer que la meilleure partie de
ces manuscrits ne fût apportée à Fontainebleau que peu de
temps avant la mort de François Ier. Boivin fait observer, en
outre, que les manuscrits d'Asulan sont bien souvent les copies
sur lesquelles se sont faites les impressions, « ce qui se voit
aux coups d'ongle et de crayon, aux taches et plusieurs autres
vestiges d'impression. »

« Ange Vergèce, ce copiste grec dont l'écriture est si belle [1]
et que François Ier fit venir de Venise en France, a dressé vers

1.   *Ange Vergèce grec, à la gentille main,*
         Pour l'écriture grecque écrivain ordinaire
            De vos granpère et père et le vostre...,

dit Baïf dans une de ses épîtres.

Il est très aisé de se convaincre de la beauté de l'écriture de Vergèce par un
Oppien qui existe à la Bibliothèque nationale (fonds grec, n° 2737) et qui fut
écrit par ordre de Henri II pour Diane de Poitiers, sa maîtresse. L'écriture de
ce manuscrit est si belle qu'on assure que c'est sur ce modèle que les beaux
caractères grecs dont s'est servi Robert Estienne pour ses magnifiques éditions
auraient été gravés.

Ce volume, de format in-folio, contient 106 feuillets d'un papier admirable,
aussi beau que le vélin, et est décoré, à chaque page, de figures très singulières,
finement coloriées, et souvent rehaussées d'or, qui seraient, dit-on, de la main
de la propre fille de Vergèce. Sa reliure, fort curieuse, est en maroquin citron
pointillé d'or, encadré de larges bandes de maroquin noir, arrêtées dans les
coins par des têtes de lion dorées en plein, et porte sur les quatre faces de
l'encadrement au milieu d'arabesques du plus délicat travail, le triple croissant,
l'arc emblématique et des carquois découpés en mosaïque. Sur le plat recto,
sont les armes de Henri II peintes sur fond noir, dans un cartouche criblé d'or,
et sur l'autre, on voit Diane représentée avec les attributs de la divinité dont
elle portait le nom, c'est-à-dire accompagnée d'un lévrier et suivant un cerf
qui fuit devant elle.

Le *Polybe* qui figure également à la Bibliothèque nationale (fonds grec, 1649),
est encore un exemple de la perfection de l'écriture de Vergèce : « Ce beau
manuscrit, dit Dibdin, date des premières années du xvie siècle, et présente un
modèle parfait de ce genre ou forme de caractères que les Étienne et les
Turnèbe paraissent avoir copiés dans leur fonte de grec. Les peintures dont il
est orné le rendent digne de la Bibliothèque dans laquelle il était conservé.
L'ornement du titre et l'initiale de la première page du texte, exécutés sur un fond
bleu, rehaussé en brun et or, sont des morceaux du goût le plus exquis. Cette
lettre initiale a été copiée *adamussim* par le vieux Robert Estienne. En un
mot, c'est un volume vraiment enchanteur sous le rapport de l'écriture et des
ornements. » (DIBDIN, tome III, p. 213.)

Ce volume, relié en maroquin noir, est décoré de larges entrelacs de maroquin citron, d'un dessin magnifique, et mêlé à des arabesques dont les parties
pleines sont peintes en vert. Les mêmes ornements sont répétés sur le dos où
se trouvent également des croissants découpés en mosaïque. Les armes du roi
Henri II sont poussées, dans un médaillon relié à l'ornementation générale, sur
fond de maroquin noir pointillé d'or.

Un mandement de François Ier, ajouté en tête du manuscrit grec 2339, nous
montre Vergèce au service du roi dès le 1er janvier 1538, avec 450 livres de
pension par an.

3

la fin de 1544, le catalogue de ces manuscrits et y a joint les noms de ceux qui les avoient ou donnez ou procurez à la librairie de Fontainebleau : c'est de cette pièce que nous savons que le nombre n'en alloit pas, en cette année 1544, au delà deux cent soixante.

« Quelques écrivains assurent que Pierre Gille [1], Guillaume Postel [2] et Juste Tenelle voyagèrent au Levant aux dépens du Roy avec l'ordre d'y acheter des livres pour sa bibliothèque. Quoiqu'on ne puisse guère demesler à présent en quoy consistoient les acquisitions qu'ils y ont pu faire, il est à présumer que c'est de là que viennent les manuscrits grecs qui sont entrez dans la bibliothèque de Fontainebleau les trois dernières années de la vie de François Ier; le tout ensemble n'alloit pas au delà de quatre centz volumes, avec une quarantaine de manuscrits orientaux. On peut juger combien ces livres estoient encore peu connus, puisqu'un prince qui les recherchoit avec tant d'empressement, qui n'épargnoit aucune dépense et qui employoit les plus habiles gens pour en amasser, n'en avoit cependant pû rassembler qu'un si petit nombre en comparaison de ce qui s'en est répandu en France dans la suite [3]. »

Ce grand amour de François Ier pour les lettres, la protection dont il ne cessa de les entourer, lui valurent les louanges de ses contemporains, et « jamais prince n'a été ny plus loué ny plus aimé des sçavants. On feroit plusieurs volumes des

1. « Pierre Gille, oublié en Asie Mineure où il avait été envoyé pour recueillir des manuscrits, vit ses ressources épuisées et fut forcé par la misère de vendre les livres qu'il avait réunis. Mis en prison, il dut s'engager avec les troupes de Soliman II et faire avec lui une campagne contre les Perses. Des secours lui étant enfin arrivés, il put racheter sa liberté. Quoique malade déjà, il recommença ses recherches. Arrêté de nouveau par le manque d'argent, il sollicita sans relâche l'intercession de puissants protecteurs, notamment celle du cardinal d'Armagnac, et ne put revenir en France que sous Henri II. » (A. FRANKLIN, *Précis de l'histoire de la Bibliothèque du Roi.* Paris, Willem, 1875, in-8.)

2. Lacroix du Maine, dans sa *Bibliothèque* (édition de Rigoley de Juvigny, I, 343), dit que Guillaume Postel fut envoyé ès parties d'Orient par le commandement du roy François Ier, avec le sieur de La Forest, ambassadeur de Sa Majesté vers le Grand Seigneur et empereur des Turcs, et lui fut délivrée la somme de quatre mille escus pour la première fois, duquel voyage il remporta plusieurs beaux livres escrits à la main. »

L'ambassade de La Forêt est de l'année 1534.

3. *Mémoire historique,* p. XII.

éloges qui lui ont été donnez de son tems et après sa mort par tout ce qu'il y a eu de meilleurs escrivains en France, en Italie et ailleurs[1]. »

Pierre Duchastel, « ce docte personnage sur qui le Roy se rapportoit par dessus tous les autres, quand il y avoit quelque point difficile », et dont il disait que c'était le seul homme dont il n'eût pas épuisé toute la science en deux ans, se fit l'écho de la reconnaissance des savants, en rappelant, dans le sermon funèbre qu'il fut chargé de prononcer à la mort de ce prince, les services qu'il leur avait rendus : « Qui pourroit, s'écrie-t-il dans un bel élan d'enthousiasme, ne louer celuy qui a remis en vie et vigueur la poésie, l'histoire, la philosophie en son royaume; a faict rechercher les livres qui encore se cherchent par tout le monde, et faict tous les jours resusciter autheurs et mémorables esperits qui estoient il y a plus de mille ans ensevelis[2] ! »

Bien que son goût particulier le portât à rechercher de préférence les manuscrits grecs, le roi François ne négligeait pas l'acquisition des manuscrits latins, et nous savons que, fidèle exécuteur de ses ordres, Guillaume Pellicier ramassa tout ce qu'il put trouver dans le Midi, à ce point que Cujas se plaignait, en 1571, de l'inutilité de ses recherches en Provence « où, disait-il, feu Monseigneur de Montpellier avoit tout ravagé[3] ».

Les livres italiens dont le Roi fit l'acquisition méritent à peine d'être comptés; ce sont, pour la plupart, des traités de médecine, d'astronomie et de chiromancie.

Quant aux livres français, on en peut faire cinq classes différentes : ceux qui ont été écrits avant son règne; ceux qui lui ont été dédiés; les livres qui ont été faits pour son usage ou ceux qui lui ont été offerts par les auteurs; les livres de Louise de Savoie, sa mère, qui possédait d'admirables manuscrits tels

---

1. Boivin, *Mémoire manuscrit sur l'histoire de la Bibliothèque du Roi*, p. 210.

2. D'après l'historiographe Pierre Mathieu, Francois Ier se proposait, peu de temps avant sa mort, « de faire un fond de cinquante mille escus de rente pour l'entretènement de plusieurs professeurs en diverses sciences et de six cens escholiers ».

3. Lettre de Cujas du 20 juin 1571, publiée par Mortreuil. *L'Ancienne Bibliothèque de l'abbaye de Saint-Victor*, p. 28. Marseille, 1854, in-8º.

que le *Livre des douze Périls d'Enfer*[1], les *Louanges de Notre-Dame au Puy d'Amiens*[2], le *Livre des claires et nobles Femmes de Boccace*[3], la *Translation des épîtres d'Ovide*[4], etc.; et, enfin, ceux de Marguerite de Valois, sa sœur[5], ce qui représente à peine soixante-dix volumes, chiffre peu élevé, mais accru, ainsi que nous l'avons dit, par la confiscation des livres des princes de la maison de Bourbon, livres de la plus grande valeur et ayant appartenu, pour la plupart, à Jean de Berry, dont la librairie composée de manuscrits extrêmement précieux était, dit-on, supérieure à celle de son frère le roi Charles V.

Parmi les livres offerts à François Ier ou qui furent exécutés pour lui, les suivants, qui sont parvenus jusqu'à nous, sont dignes d'être signalés :

COMMENTAIRE SUR LE LIVRE DES ÉCHECS AMOUREUX.

Manuscrit sur vélin à deux colonnes. Superbes miniatures, grandes et petites, vignettes autour des grandes miniatures et initiales.

Ce volume, de la plus grande magnificence, a été exécuté pour François Ier, quand il n'était encore que comte d'Angoulême[6], et présente l'écu de France et Milan écartelé de Savoie.

LIVRE DE BOCCACE, DE CASU NOBILIUM VIRORUM ET FEMINARUM. (Traduit en français.)

Manuscrit sur vélin exécuté également avec un grand luxe de miniatures et de lettres ornées, pour le jeune comte d'Angoulême.

Il appartient comme le précédent à la Bibliothèque nationale.

LES COMMENTAIRES DE LA GUERRE GALLIQUE, par Caius Julius Cæsar, traduicts en françois.

L'auteur de cette traduction suppose que François Ier, *au commencement du moys d'Auguste, l'an 1519, allant courir le cerf en la fourest de la Byevre,* y fait la rencontre de César. De là, il établit un dialogue entre les deux personnages. François Ier s'enquiert des circonstances de la guerre des Gaules, et César lui en donne les détails tels qu'ils ont été écrits par lui-même.

Ces *Commentaires* sont divisés en trois tomes dont le Ier est au Musée britannique, le IIe à la Bibliothèque nationale[7], et le IIIe a figuré dans le Bulletin de la Librairie Techener (année 1850, n° 1222).

Le tome II est le plus précieux des trois; il l'emporte sur les deux autres par le nombre des peintures et par l'intérêt qu'offrent ces peintures elles-

---

1. Bibliothèque nationale, fonds français, n° 449.
2. Bibliothèque nationale, fonds français, n° 145.
3. Bibliothèque nationale, fonds français, n° 242.
4. Bibliothèque nationale, fonds français, n° 875.
5. *Appendice*, pages 175 et suivantes.
6. Voir plus loin le *Catalogue des Livres de François Ier*, page 63.
7. *Catalogue des livres de François Ier*, page 62.

LA CHASSE ROYALE

Page première des *Commentaires de la Guerre gallique*
Manuscrit exécuté pour François Ier

mêmes. La première, charmante miniature en camaïeu gris et or, représente François Ier à cheval, courant le cerf; la dernière montre la prise du cerf. Parmi les autres sujets, également traités en grisaille, on remarque plusieurs batailles entre les Romains et les Gaulois, rendues dans leurs divers détails avec une finesse admirable d'exécution. Mais ce qui, par dessus tout, donne un prix infini à ce manuscrit, ce sont sept portraits en médaillons, qui reproduisent les traits de quelques hommes de guerre du temps de François Ier : *Le grand maistre de Boisy, l'amiral de Bonnivet, de Lautrec, Chabanes de la Palice, Anne de Montmorency, le maréchal de Fleuranges* et le *sieur de Tournon.*

Toutes ces miniatures sont signées de l'initiale G (*Godefroy*) et datées de 1519.

LE MIROIR DES ARMES MILITAIRES ET INSTRUCTIONS DES GENS DE PIED, faict et compose par Jacques Chantareau, officier domestique de très excellent et magnanime prince Monseigneur le Daulphin et de très excellentes dames Mesdames la Daulphine et Marguerite fille du Roy.

Manuscrit sur papier, de 41 feuillets, et décoré de dessins et ornements à la plume.

Sur le verso du titre, on voit François Ier assis sur son trône et recevant le livre des mains de l'auteur agenouillé. Au haut du dais royal est l'écu de France accompagné de la salamandre.

Ce volume est d'une exécution admirable. Les dessins, les ornements, les initiales approchent réellement de la perfection et l'écriture rappelle les plus beaux caractères de l'imprimerie des Estienne.

Il appartient à la Bibliothèque nationale.

La bibliothèque de Fontainebleau, alors si riche en manuscrits, ne renfermait pas plus de deux cents volumes imprimés. Presque tous, à l'exception de quelques ouvrages imprimés à Paris, comme la *Bible latine* de Robert Estienne et le Jean Ruel (*De natura stirpium*), de Simon de Colines, et du Saint Augustin *De civitate Dei*, un des plus beaux morceaux de la typographie ancienne[1], imprimé dans le monastère de Subiaco, en 1467, sortaient des presses d'Alde Manuce et d'Asulan. Pour parer à cette lacune, le Roi avait rendu, le 8 décembre 1538, une ordonnance prescrivant aux libraires de déposer un exemplaire de toutes leurs publications en « grand ou petit livre » *ès mains de notre amé et féal conseiller et aumonnier ordinaire l'abbé de Reclus, Mellin de Saint-Gelais, ayant la charge de nostre librairie, ou aultre personnage qui par ci-après pourra avoir en son lieu la dicte charge et*

1. Aujourd'hui, à la Bibliothèque nationale.

garde... le tout à peine de confiscation[1]; mais tout porte à croire que cette ordonnance resta sans effet.

On comptait dans la Bibliothèque royale, à la fin du règne de François Ier, environ 3000 volumes dont cinq cents volumes grecs. Les savants n'obtenaient pas seulement communication des livres qui composaient cette belle collection, le Roi les encourageait encore à publier les textes nouveaux qu'ils découvraient dans ses nombreux manuscrits rapportés à grands frais, ainsi que nous l'avons vu, des pays les plus lointains, et donnait des subventions aux imprimeurs les plus habiles, dits *Imprimeurs royaux,* dont les presses multipliaient à l'infini les œuvres de l'antiquité. C'est dans ce but qu'il avait fait fondre, d'après les belles formes des types vénitiens d'Alde Manuce, de magnifiques caractères qui servirent aux éditions de Conrad Néobar[2] et de Robert Estienne[3], le plus célèbre de cette illustre famille d'imprimeurs qui prit tant de part à la résurrection des lettres anciennes, poursuivit ses travaux durant quatre générations et éleva l'art de la typographie à la plus haute perfection qu'il ait jamais atteinte dans aucun pays. On raconte qu'il allait souvent avec sa sœur, Marguerite, esprit délicat et sûr, visiter ce dernier dans son imprimerie de Saint-Jean de Beauvais et qu'un jour le roi attendit un peu, assis dans l'atelier, pour ne pas l'interrompre dans la correction d'une épreuve[4].

1. RENOUARD, *Annales de l'Imprimerie des Aldes*, t. I, p. 43.

2. François Ier avait conféré à Conrad Néobar le titre d'imprimeur royal pour le grec par lettres patentes du 17 janvier 1538. Néobar mourut en 1540 et Robert Estienne lui succéda dans son titre et dans ses fonctions.

3. C'est en 1541 que Robert Estienne fit graver sur l'ordre de François Ier, par Claude Garamond, les caractères de moyenne grosseur, ou *gros romain,* qui servirent pour la première fois à l'impression de l'*Histoire ecclésiastique* d'Eusèbe, achevée le 31 juin 1544. Deux ans après, en 1546, il publiait le *Nouveau Testament,* in-16, avec le petit caractère, autrement dit *cicéro;* et, enfin, en 1550, le *Nouveau Testament* in-folio avec le gros caractère ou *gros parangon.*

Ces caractères admirables, gravés au XVIe siècle dans le but de propager les textes des anciens auteurs grecs, sont conservés à l'Imprimerie nationale et ont servi à la belle publication que M. H. Omont, bibliothécaire à la Bibliothèque nationale, a faite, il y a quelques mois, des catalogues des manuscrits grecs de Fontainebleau.

4. Ce noble patronage de François Ier est prouvé par un témoignage irrécusable, celui de Henri Estienne, fils de Robert, qui s'exprime ainsi dans la préface de l'*Appien* publié en 1592 : « François Ier aimait avec passion la litté-

Après la mort de François Ier, survenue en 1547, la bibliothèque de Fontainebleau resta à peu près stationnaire et ne reçut plus que des développements insignifiants.

Henri II n'avait pas hérité des brillantes qualités de son père. « Bien qu'il parlât couramment le français, l'italien et l'espagnol, il n'était pas lettré et savait tout bonnement lire et écrire[1]. » Aussi préférait-il les exercices du corps aux jouissances intellectuelles.

Cependant Jean de Pena, dans son épître dédicatoire au cardinal Charles de Lorraine, à la tête des *Éléments de musique* d'Euclide, semble supposer de grandes acquisitions de livres faites par le successeur de François Ier. « *At nunc*, dit-il, *Henricus rex invictissimus avitæ gloriæ memor, suorum majorum inventa intermortua, libris undecunque conquisitis, in Gallia instaurat.* »

Il faut bien se garder, toutefois, de comprendre dans ces acquisitions, les livres envoyés d'Italie par Azulan et qui sont revêtus de la reliure de Henri II. Nous avons déjà démontré (page 16), que ces volumes étaient entrés à la Bibliothèque royale, sous le règne de François Ier.

Leprince, tous les historiens qui l'ont devancé et presque tous ceux qui l'ont suivi, disent encore que, confirmant l'ordonnance de son prédécesseur, Henri II avait enjoint aux libraires de fournir à la Bibliothèque du Roi un exemplaire sur vélin et relié de tous les livres qu'ils imprimeraient par privilège. Mais cette ordonnance que Secousse a cherchée en vain dans les registres du Parlement de Paris, n'a jamais été rendue que par un avocat au parlement, du nom de Robert Spifame, qui eut l'étrange idée de composer un recueil de 3o6 arrêts ou règlements qu'il publia vers 1556[2], sous le nom du roi et

rature et les gens de lettres. Il avait une affection toute particulière pour mon père, et peu de jours avant de mourir, devant toute sa cour, il la manifestait de la manière la plus formelle. Tout ce que mon père demandait, il l'obtenait sans peine, et l'extrême libéralité du roi envers les lettres et les savants était à la hauteur de ses grandes entreprises typographiques; elle allait même à ce point, qu'elle venait au-devant des désirs de mon père; elle les surpassait tous. »

1. *De la Diplomatie vénitienne...* par ARMAND BASCHET, p. 436.
2. Un exemplaire de ce recueil a figuré à la vente des livres de la bibliothèque du comte Octave de Béhague, où il a atteint le prix de 655 francs.

comme ayant été promulgués par lui. Ces arrêts supposés ont d'ailleurs été pris au sérieux par de véritables érudits, le président Bouhier et Abel de Sainte-Marthe, ce dernier dans son *Discours au Roy sur le rétablissement de la Bibliothèque de Fontainebleau*. Voici le texte de l'ordonnance rédigée par Spifame en faveur de la Bibliothèque du Roi, ordonnance qui, pendant deux cents ans, a été regardée comme parfaitement authentique :

« Le Roy pour l'amplification des bonnes lettres chrestiennes, et toutes choses honnestes et profitables, et entretenement de ses librairies et bibliothèques, qu'il a establies pour exercer et employer les bons esperitz de ses subiectz scavants et lettrez, et toutes personnes vertueuses et gens amateurs de bons livres et notables élucubrations. A ordonné et ordonne que doresnavant ne sera baillé aucun privilège d'imprimer que ce ne soit à la charge que tous livres qui s'imprimeront luy en sera baillé et présenté un, imprimé en parchemin de vellin, relié et couvert comme il appartient luy estre présenté, pour estre mis en sa bibliothèque et librairie de son chasteau de Fontainebleau ; et après icelle bibliothèque de Fontainebleau fournie, estre mis en sa librairie de son chasteau de Bloys, et conséquemment aux autres ainsi qu'il sera par luy advisé et ordonné[1]. »

Il est donc impossible d'attribuer à Henri II la paternité de cette mesure qui ne reçut son exécution que beaucoup plus tard, en 1617, par les *Lettres* de Louis XIII qui exigea du libraire deux exemplaires en blanc.

Quoi qu'il en soit, il est certain que, sans aller aussi loin que François Ier, Henri II se montra favorable aux lettres et qu'il justifia les éloges que lui adressa Joachim Perion en 1555, pour avoir hâté la publication des livres rares et curieux qu'il avait dans sa bibliothèque, notamment des précieux manuscrits de Laurent de Médicis que Catherine lui avait apportés en dot[2],

---

1. R. SPIFAME, *Dicaearchiæ Henrici Regis christianissimi progymnasmata*, 8e arrêt. (Voir *Histoire de l'Académie royale des Inscriptions de Belles-Lettres*, t. XXIII, p. 271.)

2. Voir à l'appendice, page 182, la note sur la bibliothèque de Catherine de Médicis.

et pour avoir fait graver, dans ce but, des types grecs supérieurs à tous ceux qui avaient encore été exécutés.

Le temps nous a conservé quelques beaux spécimens de ces livres qui, sous le double rapport de l'impression et de la correction du texte, sont restés de véritables modèles. Nous citerons les suivants :

DIONYSII ALEXANDRINI DE SITU ORBIS LIBELLUS. Ex Bibliotheca regia. *Lutetiæ, ex officina Roberti Stephani 1547.*

COMMENTARII LINGUÆ GRÆCÆ, Gulielmo Budæo, consiliario regio, supplicumque libellorū in Regia magistro, auctore. *Imprimé par Robert Estienne en 1548.*

ALEXANDRI TRALLIANI MEDICI LIBRI XII (græce). *Robert Estienne, 1548.*

DIONIS NICÆI ROMANARUM HISTORIARUM LIBRI XXIII A XXXVI AD LVIII USQUE. *Robert Estienne, 1548.*

DIONIS NICÆI Rerum Romanarum a Pompeio magno ad Alexandrum epitome. *Robert Estienne, 1551.*

TESTAMENTUM NOVUM (græce). *Robert Estienne, 1550.* « Un des trésors de cette collection si richement pourvue, » écrit Dibdin, dans son *Voyage bibliographique*, en parlant de la bibliothèque de Henri II.

JUSTINI, PHILOSOPHI ET MARTYRIS OPERA (græce). Ex Bibliotheca regia. *Lutetiæ, Robertus Stephanus, 1551.*

APPIANI ALEXANDRINI Romanorum historiarum Celtica Libyea vel Carthaginensis Illyrica, Syriaca, Parthica, Mithridatica ciuilis, quinque libris distincta. *Lutetiæ, typis Regiis, cura ac diligentia Caroli Stephani, 1551.*

LE SIÈGE DE METZ, en l'an M. D. LII. *A Paris, chez Charles Estienne, 1553*[1].

L'ART DE LA GUERRE, composé par Nicolas Machiavelli, citoien et secrétaire de Florence... Traduit en vulgaire frãçois, par Iehan Charrier, par luy adressé a très hault et très excellēt prince Mõ-

---

1. Ce précieux volume, relié en veau brun, au chiffre de Henri II, avec la devise : *Donec totvm impleat orbem*, et dont la conservation est parfaite, appartient à la Bibliothèque Mazarine.

4

seigneur le Daulphin. *A Paris, chez Iehā Barbé, à l'Escu de Cologne... Rue S. Iaques, 1546.*

L'Art de bien bastir du seigneur Léon-Baptiste-Albert, gentilhomme florentin, traduict de latin en françois par deffunct Ian Martin, Parisien, naguere secretaire du Reverendissime Cardinal de Lenoncourt. *A Paris,* par *Iacques Kerver, 1553.*

Apolinarii Interpretatio Psalmorvm, versibus heroicis. Ex Bibliotheca regia. *Parisiis, apvd Adr. Turnebvm, typographvm Regivm, 1552*[1].

Philonis Ivdæi in libros Mosis de mundi opificio, historicos, de legibus. Ejusdem libri singulares. Ex Bibliotheca regia. *Parisiis, ex officina Adriani Turnebi typographi Regii. Regiis typis, 1552.*

Origenis commentariorvm in B. Ioannis evangelivm tomi novem, ex XXXIX qvos evm scripsisse ait B. Ieronymus Ioachimo Perionio Benedictino interprete Cormœriaceno interprete. Ad Henrichvm Valesivm christianissimvm Regem Galliæ. Ex Bibliotheca eiusdem principis. *Parisiis, apud Carolam Guillard, viduam Claudii Cheuallonii, et Gulielmum Desboys, 1555.*

In proverbia Salomonis tres libri commentariorvm ex ipsis Hebræorum fontibus manantivm. Authore Rodolpho Bayno Cantabrigensi et sanctæ linguæ Regio professore Lutetiæ. *Parisiis, ex officina Michaelis Vascosani, 1555.*

Méthode curatoire de la maladie vénérienne vulgairement appelee grosse vairole et de la diversité de ses symptômes. Composee par Thierry de Herry, lieutenant-général du premier barbier chirurgien du Roy. *A Paris, par Mathieu David, en la rue des Amandiers, à l'enseigne de la Vérité, et au Palais en la boutique d'Arnout l'Angelier, 1552.*

Imprimé sur vélin.

La manière de traicter les playes faictes tāt par haquebutes que par fleches... Compose par Ambroise Paré, maistre barbierchirurgien à Paris. *Paris, par la vefve Jean de Brie, demourant en la rue S. Iacques, à l'enseigne de la Lymace, 1552.*

Imprimé sur vélin[2].

1. Bibliothèque Sainte-Geneviève, réserve A, 473.
2. Ce volume faisait partie de la bibliothèque Yéméniz et a été vendu 5 000 francs.

FRANCISCI VICOMERCATI MEDIOLANENSIS IN OCTO LIBROS ARISTOTELIS DE NATVRALI AVSCVLTATIONE COMMENTARII..... ad Henricvm II, Galliarvm Regem. *Lutetiæ Parisiorvm, apud Vascosanvm, 1550.*

PAULI JOVII NOVOCOMENSIS, episcopi Nucerini, historiarum sui temporis tomus primus (et secundus). *Lutetiæ Parisiorum, ex offic. M. Vascosani, 1553*[1].

LES SEPT LIVRES DES HISTOIRES DE DIODORE SICILIEN, novellement traduyts de grec en françois. *A Paris, de l'imprimerie de Michel Vascosan, 1554.*

Nous devons signaler encore, parmi les livres qui furent dédiés à Henri II, le *Recueil des épigrammes latines* de Faustus Sabeus[2], bibliothécaire du Vatican, qui fut magnifiquement récompensé, dit Moreri, par le don d'une chaîne d'or qui valait plus de cent pistoles.

Les grandes publications des Vérard, des Gryphe, des Guillard et des Aldes figuraient également dans la Bibliothèque du Roi. On y voit : le *Grand vita Christi*, de Ludolphe, traduit en français par Guill. Le Menand, imprimé sur VÉLIN par Vérard (vers 1504); les *Postilles et Expositions de toutes les Épistres, Leçons et Éuangiles de l'année*, également imprimées sur VÉLIN par Anth. Vérard, en 1512, en 5 grands volumes in-folio, ornés de miniatures et de lettres initiales en or et en couleur; les *Œuvres de saint Jérôme*, en 7 volumes in-folio, imprimées à Lyon, en 1530, par Sébastien Gryphe; les *Œuvres de saint Augustin*, en 8 volumes, imprimées à Paris, en 1541, par Charles Guillard; la *Cité de Dieu de saint Augustin*, imprimée à Venise, en 1470, magnifique exemplaire sur VÉLIN; le *Digeste et les Pandectes*, chefs-d'œuvre de typographie, imprimés à Florence en 1553; les *Œuvres morales de Plutarque*, imprimées à Lyon par Sebast. Gryphe, en 1549; l'*Iliade*, l'*Odyssée* et la *Batrochomyomachie d'Homère*, imprimées par les Aldes; les *Tragédies de Sophocle et d'Euripide*; les *Co-*

---

1. Vente Solar. N° 2588 du catalogue; vendu 1420 francs.
2. Ce manuscrit forme aujourd'hui le n° 17908 du fonds latin (anc. Bouhier, 62) de la Bibliothèque nationale.

médies d'Aristophane, également imprimées par les Aldes; les *Œuvres d'Horace et de Virgile*; les *Comédies de Plaute et de Térence*, imprimées à Bâle et à Venise...

Tous ces livres sont reliés aux armes de Henri II, avec un luxe et une élégance qui témoignent de son goût et de la faveur dont il les entourait.

Bien que l'imprimerie, déjà vieille de près d'un siècle, se fût répandue jusque dans les localités les plus reculées, et que l'histoire de la calligraphie ornée et de la peinture dans les manuscrits, finisse en réalité avec le règne de Louis XII, la mode était encore aux livres écrits à la main, et de grands personnages tels que Arthus de Gouffier-Boisi[1], le connétable de Montmorency[2], le Roi lui-même, ne dédaignaient pas de s'adresser, comme par le passé, aux calligraphes et aux enlumineurs. Le livre d'*Heures* que Henri II fit exécuter pour son usage personnel, est, sous ce rapport, un des plus beaux monuments de l'art du miniaturiste, à l'époque de la Renaissance, et mérite que nous nous y arrêtions.

De format petit in-octavo, il mesure 0^m,183 de hauteur sur 0^m,120 de largeur, et comprend 124 feuillets d'un vélin très fin. Le texte, écrit en lettres rondes et d'une régularité parfaite, contient, après l'évangile selon saint Jean, ceux de l'Annonciation selon saint Luc, de la Nativité selon saint Mathieu, de la Mission des Apôtres de Jésus-Christ selon saint Marc. En tête de chacun de ces évangiles sont de petits tableaux très finement peints, entourés d'un large filet d'or et représentant les quatre évangélistes. A la suite se trouve la Passion, selon saint Jean; l'Office de la Vierge, suivant le rite romain; les Heures du Saint-Esprit; les Vêpres de la Vierge; les Complies; le *Salve Regina* et diverses oraisons; les sept Psaumes de la Pénitence; les Litanies des Saints; l'Office des morts.

Ce texte, enrichi d'un nombre infini d'initiales, grandes et petites, dorées et enluminées, et garni de tirets ornés remplis-

1. Les *Heures* de Gouffier sont actuellement chez le vicomte de Janzé, membre de la Société des bibliophiles français.

2. Les *Heures* du connétable de Montmorency font partie de la bibliothèque du comte d'Haussonville.

sant les vides, est précédé de trois pages entièrement peintes. Sur la première, on voit les armoiries de France (d'azur aux trois fleurs de lis d'or) surmontées de la couronne royale et entourées du collier de Saint-Michel. Ce blason, magnifiquement colorié et rehaussé d'or, est appliqué sur le manteau royal bleu fleurdelisé, doublé d'hermine, et renfermé dans un cadre en camaïeu d'or du plus pur style de la Renaissance.

En face, sur un fond noir, où sont peints les chiffres de Henri II, c'est-à-dire la lettre H jointe à deux D[1], des arcs accouplés et trois croissants entrelacés, se détache un écusson d'une grande richesse et contenant ces mots écrits sur azur en lettres d'or :

HENRICO II CHRISTIANISSIMO FRĀCORUM REGI FŒLICISS(imo).

Au-dessus de l'écusson, l'artiste a figuré une corne d'abondance. Un cadre en camaïeu d'or, coupé vers le milieu par des têtes de Méduse surmontées de deux croissants d'inégale grandeur, entoure cette belle composition qui sert de frontispice.

La troisième peinture, placée au verso du même feuillet, nous montre la Trinité sous les traits d'un vieillard à trois visages, dont une foule de petits anges ailés relèvent le manteau. Au bas, dans un cartouche enveloppé de nuages et que surmonte l'aigle de saint Jean, portant l'encrier et l'étui de l'évangéliste, est inscrite la légende suivante :

IN PRINCIPIO CREAVIT DE' CELUM ET TERRAM.

Le cadre, composé d'entrelacs mêlés à des fruits et reliés dans les angles et sur les côtés par des masques et des têtes d'anges ailées, est de la plus grande richesse et d'un merveilleux dessin.

Les sujets des autres miniatures, au nombre de 13, et dont plusieurs sont traitées avec une élégance et une correction qui rappellent la manière de Jean Cousin[2], sont empruntés à

---

1. Voir à l'*Appendice*, page 185, la note relative à l'interprétation du chiffre de Henri II.
2. *Appendice*, page 189.

l'Écriture sainte. Nous en donnons plus loin la description détaillée[1].

Le livre est terminé par une peinture qui a l'importance d'un tableau et qui appartient à l'histoire. Elle représente Henri II dans l'église de Saint-Marcoul. On sait que la coutume des rois de France était de se rendre dans ce prieuré, situé près de Reims, l'un des jours qui suivaient celui de leur sacre et couronnement, pour toucher les malades des écrouelles. Henri II, la couronne en tête, est revêtu du manteau royal et porte au cou le collier de Saint-Michel. Il étend sa main nue sur le visage du malade agenouillé devant lui. A sa suite, un gentilhomme, accompagné du grand aumônier, tient la sainte ampoule. Autour de l'église, les autres malades attendent dans une attitude recueillie. Le portrait du Roi, fait probablement de souvenir, ne nous paraît pas conforme à la tradition et s'éloigne de celui que nous a laissé Clouët; mais il est très délicatement peint. Le manteau bleu, jeté sur une tunique rouge, est drapé avec noblesse; la pose a de la majesté; les personnages sont groupés avec art, et l'architecture du monument, où les règles de la perspective sont observées jusque dans les plus petits détails, est fouillée avec une légèreté de main qui trahit un artiste d'une grande valeur. Cette peinture offre, du reste, une parenté d'art assez frappante avec la belle planche de Geoffroy Tory que M. Amb. Firmin-Didot considère comme une des pages xylographiques les plus remarquables de l'époque, et qui représente Macault, lecteur de François Ier, lisant à ce prince les trois premiers livres de sa traduction de Diodore de Sicile. Son ton général est du coloris le plus vif et du plus harmonieux effet. La bordure, d'un style très pur, complète une série d'encadrements qui mérite d'être signalée comme un des plus remarquables spécimens de l'art décoratif du temps de Henri II[2].

On peut joindre à ce manuscrit celui que possède la ville de

---

1. *Catalogue des livres de Henri II,* n° 29.

2. Voir, pour plus de détails, la notice sur le *Livre d'Heures* de Henri II, publiée récemment par la Société des bibliophiles françois (*Paris, A. Lahure,* 1890, in-8 de 32 pages, avec deux eaux-fortes).

HENRI II

GUÉRISSANT LES ÉCROUELLES

D'après une miniature du Livre d'Heures de Henri II

Rouen : *Vita B. Virginis Mariæ, cum precibus piis.* Il est écrit, sur vélin, en lettres rondes et enrichi de miniatures représentant les principales circonstances de la vie de la Vierge. Exécuté par Jean Hubert pour le roi François Ier dont il porte les armoiries et la devise, il ne fut terminé qu'en 1548, et c'est à Henri II que l'hommage en a été fait. On remarque, en effet, au premier feuillet, le portrait en pied du monarque, et au bas de la même page, celui de l'auteur, à genoux, présentant son livre.

La dédicace est inscrite en lettres d'or, au-dessous de la première miniature ; elle forme encore le sujet des vers du second feuillet, et se trouve répétée pour la troisième fois à la fin de l'ouvrage, où l'on voit la devise de Henri II.

Les feuilles de vélin sont peintes des deux côtés en plein. Le tableau principal, consacré à la Vierge, occupe le recto, et le texte correspondant de l'Écriture, suivi d'une courte prière, est inscrit sur le verso, au milieu d'un brillant entourage d'arabesques, de cariatides, de fleurs, de fruits et d'autres ornements en or et en couleur. Les miniatures, au nombre de quarante et une, n'ont pas moins de dix à douze pouces de hauteur, sur une largeur de sept pouces et demi.

Après Henri II, l'art du miniaturiste est en décadence, à de rares exceptions près, et les *Heures* de François II[1], son successeur, ne sont que le reflet très amoindri de celles que nous venons de décrire.

Il n'en fut pas de même pour la reliure dont nous étudierons bientôt les diverses transformations, et qui ne brilla jamais d'un plus vif éclat que sous les Valois. On estime, en effet, à plus de huit cents le nombre des volumes reliés seulement pour Henri II, savoir : trente manuscrits hébreux, trois cent quatre-vingt-quatre manuscrits grecs, quatre-vingt-cinq manuscrits latins, quatorze manuscrits en langue vulgaire et environ trois cents imprimés[2]. Ces reliures sont autant d'œuvres d'art qu'on ne peut se lasser d'admirer ; mais l'His-

---

1. Catalogue des livres de M. E. Bancel, n° 20 (*Appendice*, page 183).
2. Dans ces huit cent treize volumes, il s'en trouve un grand nombre qui avaient été acquis par François Ier, et qui n'avaient pas encore été reliés. « Pendant les premières années de Henri II, dit le *Mémoire historique*, il y eut,

toire ne saurait oublier qu'une partie de ces livres, et d'autres, plus précieux encore, que le roi tenait de ses prédécesseurs ou dont il avait accepté l'hommage, furent distraits de la bibliothèque de Fontainebleau pour passer dans celle de Diane de Poitiers, « la vieille maîtresse, » dont l'influence fut si grande et si persistante — (elle dura plus d'un quart de siècle) — que les contemporains étonnés l'attribuaient à quelque anneau magique[1].

C'est ainsi que la belle duchesse de Valentinois possédait, dans sa librairie du château d'Anet[2], le beau volume de l'ancienne Bibliothèque du Louvre, la *Bible Ystoriaux*, de Guyart des Moulins, offerte au roi Jean, qui avait fait écrire sur la tranche : *A moi Jehan roy,* le manuscrit sur vélin contenant les quatre premières décades de Tite-Live (traduites par Pierre Bercheux, prieur de Saint-Éloi, de Paris), relié avec l'écusson de bronze relevé en bosse au milieu des plats, de Charles de Bourbon, son premier propriétaire sous Louis XII, et le magnifique exemplaire de la traduction des *Histoires de Paolo Giovio,* par Denys Sauvage, seigneur du Parc, relié en deux volumes in-folio à l'intention du Roi, avec une médaille à son effigie gravée en or sur chaque coin, et portant cet exergue : *Ex voto publico, 1552*[3].

Nous pourrions étendre ces citations beaucoup plus loin ; c'est à tort, cependant, qu'on a prétendu[4] que l'ouvrage de

par les ordres de Pierre Duchastel, un grand nombre de volumes reliez de neuf aux armes du fils, lesquels avoient esté amassez par le père. C'est ce qui empesche qu'on ne demesle facilement, du moins pour les manuscrits grecs, les acquisitions faites en ce genre par Henri II. »

1. « Cette fille vefve de Brezé, seneschal de Normandie, écrit Pierre Mathieu, demeura à la cour, commandant impérieusement dans le cueur du duc d'Orléans (depuis Henri II) qui en estoit si coiffé que ceux qui ne scavent pas que l'amour est si excellent peintre qu'il fait trouver belles les choses laides et neufves celles qui sont fort usées, croyoient qu'elle y avoit employé des charmes. On disoit, dans ce temps-là, de cette femme et des plus grands de la cour qui la suivoient pour avoir ses faveurs et sa protection, qu'ils alloient comme poussins sous l'aisle et à la suite de la poule, et que quand ils s'écartoient d'elle, ils estoient contraints de revenir et de reconnoitre qu'elle les avoit couvez et esclos. »

2. *Appendice,* page 192.

3. Voir catalogue Guyon de Sardière, page V (*Éclaircissements*).

4. Édouard Fournier, *l'Art de la Reliure en France aux derniers siècles,* Paris, J. Gay, 1864, p. 107.

Thierry de Herry, déjà cité[1], lui avait été donné par le Roi. L'exemplaire imprimé sur vélin et relié pour Henri II, auquel on a fait allusion, ne paraît pas être sorti de Fontainebleau, et rien ne prouve encore que ce prince ait reconnu la nécessité d'en faire hommage à sa maîtresse. Il y a lieu de remarquer, d'ailleurs, que ce petit traité de pathologie spéciale, aujourd'hui à la Bibliothèque nationale, est un des rares volumes de la Bibliothèque du Roi qui ne porte pas les emblèmes de Diane et le double D. H. à côté des armes royales.

La bibliothèque de Fontainebleau ne reçut que de médiocres accroissements sous les règnes des fils de Henri II.

François II, jeune homme de quinze ans et demi, frêle, scrofuleux, et d'une intelligence paresseuse, ne fut roi que dix-sept mois et ne laissa qu'un très petit nombre de volumes.

On les reconnaît à la lettre F couronnée et suivie du nombre II. Cette lettre est quelquefois appliquée sans ce chiffre et assez souvent accompagnée de la marque de Charles IX, que le relieur, chez qui se trouvait le volume, ajouta, sans doute, lorsque François II mourut.

Les livres à la marque de Charles IX sont beaucoup plus nombreux. Ce prince, dont le nom a passé, chargé d'anathèmes, de génération en génération, et qui fut, peut-être, plus malheureux que coupable, était né avec les dons les plus brillants de l'esprit et de l'imagination. Il avait ce vif amour des lettres et des arts qui fit la gloire de son aïeul François Ier, aimait la musiseque, « mêlant parfois dans le chœur des musiciens pour chanter en partie[2] », et cultivait la poésie à l'égal de Ronsard, auquel il adressait des vers où le *prince des poètes* eût pu puiser des leçons de goût et de naturel[3].

1. Page 26.
2. PAPYRE MASSON, *Vie de Charles IX.* — Les registres des comptes du roi Charles IX attestent les dépenses qu'il faisait pour attirer à son service les plus habiles musiciens français et étrangers.
3. Nous nous contenterons de rappeler les suivants qui sont connus de tous les lettrés :

> L'art de faire des vers, dût-on s'en indigner,
> Doit être à plus haut prix que celui de régner.
> Tous deux également nous portons des couronnes :
> Mais, roi, je les reçois; poète, tu les donnes.
> Ton esprit enflammé d'une céleste ardeur

De Thou raconte, dans son *Histoire du XVIe siècle,* que la collection de médailles et d'antiquités formée par Grolier étant à la veille de passer de Marseille en Italie, pour y être vendue en 1566, le Roi la fit racheter à grand prix, ne voulant pas que la France fût privée d'un pareil trésor, et commanda qu'on la ramenât à Fontainebleau, où elle fut malheureusement pillée pendant la Ligue.

On ne sera donc pas surpris qu'un prince aussi heureusement doué et si épris des choses de l'art, ait porté son attention sur la bibliothèque de Fontainebleau et cherché à en augmenter les richesses. Les manuscrits qu'il y introduisit sont au nombre de cent quarante, dont un assez grand nombre portent la signature ou l'écriture d'Aimar de Ranconnet, président du parlement de Paris, un des hommes les plus savants du XVIe siècle, mort, dit-on, à la Bastille, où il aurait été enfermé, sous prétexte de religion, par ordre du cardinal de Lorraine, et dont la bibliothèque fut vraisemblablement confisquée au profit du Roi[1].

Ces manuscrits sont, pour le plus grand nombre, écrits en langue latine sur vélin et d'une grande valeur. Nous citerons notamment les *Évangiles,* manuscrit du Xe siècle, orné de quatre figures au trait, rehaussées d'or, représentant les quatre évangélistes ; différents textes des *Codes de Justinien,* des VIIIe et

> Eclate par soi-même et moi par ma grandeur.
> Si du côté des Dieux, je cherche l'avantage,
> Ronsard est leur mignon et je suis leur image.
> Ta lyre qui ravit par de si doux accords,
> T'asservit les esprits dont je n'ai que les corps ;
> Elle t'en rend le maître, et te scait introduire
> Où le plus fier tyran ne peut avoir d'empire ;
> Elle amollit les cœurs et soumet la beauté.
> Je puis donner la mort ; toi, l'immortalité.

On trouve dans le *Recueil des anciens poëtes français,* publié par M. Auguis, plusieurs autres pièces de vers de Charles IX. Il a laissé un traité de vénerie intitulé : *Chasses royales* publié en 1625, in-8°. « Charles IX, dit le père Jacob, fut eslevé dans les lettres, ainsi qu'il se peut voir par les livres de la *Vénerie* et de la *Chasse* qu'il a composez et qui ont esté imprimez l'an 1625, quoyqu'imparfaits. Aussi ce Roy fit de beaucoup augmenter la Bibliothèque royale par une partie de très excellents manuscrits latins, qui avoient esté au président de Ranconnet, qui mourut dans la Bastille sous ledit Roy. »

1. Ce fait est démenti par le témoignage de J.-A. de Thou qui met Ranconnet au nombre des hommes illustres morts en l'année 1559, sous le règne de François II.

xiiie siècles; des *Traités de Cicéron,* datés des .ixe, xie, xiie et xive siècles; un *Cæsar,* du xve; plusieurs textes de *Salluste* et de *Suétone,* des xiie et xve siècles; un très beau *Flavius Joseph, de Bello Judaïco,* daté de 1435; un *Horace,* du xe siècle, et surtout, un *Térence* (*Comœdiæ sex, cum scoliis*), écrit au ixe siècle, et orné de dessins à la plume d'un caractère très original, représentant les personnages des scènes principales[1].

Parmi les manuscrits français, un *Roi Modus* du xvie siècle, écrit sur vélin, avec miniatures; quatre textes différents du *Roman de la Rose,* décorés de dessins à la plume ou de miniatures, et provenant des xive, xve et xvie siècles; un *Romant du Renard,* du xiiie; un *Abrégé des Romans de la Table ronde;* deux *Meliadus* des xive et xve siècles, sur vélin, remplis de miniatures et de lettres ornées, et les *Amours de Philippe Desportes,* sur papier, dans une admirable reliure, occupent la première place.

Un seul livre imprimé figure à la Bibliothèque nationale, c'est l'ouvrage de Pierre Paschal, imprimé par Vascosan en 1560: *Henrici II, Galliarum regis, Elogium...,* somptueusement relié aux chiffres de Charles IX et de Catherine de Médicis.

Parmi les volumes de dédicaces : les *Amours de Philippe Desportes*[2] déjà citées ; un livret composé en 1572, par Jean Bernard, secrétaire et historiographe du Roi « ès langues angloise, galoise, irlandoise et escossoise », à l'arrivée à Paris des gentilshommes que la reine Élisabeth avait envoyés en France [3]; les *Annales d'Angleterre et d'Écosse* par le même[4]; les Recherches du même auteur sur les familles normandes établies en Angleterre[5], méritent seuls d'être signalés.

Comme plusieurs de ses prédécesseurs, Charles IX s'était épris de la calligraphie ornée[6]. Il avait puisé, dès son enfance,

---

1. Ces figures ont été reproduites dans l'édition donnée par Mme Dacier (*Rotterdam, aux dépens de Gaspard Fritsch,* 1717).
2. Fonds français, no 868.
3. No 1055 des volumes du cabinet des titres.
4. Bibliotheca Parisiana, p. 132, no 570.
5. Bibliotheca Parisiana, p. 133, no 571.
6. Ce fut sous son règne que les calligraphes réunis en société régulière fondèrent, au mois de novembre 1550, l'Académie d'écriture de Paris, qui subsiste encore de nos jours. (*Histoire de l'ornementation des manuscrits,* par FERDINAND DENIS. Paris, Curmer, 1858, in-8o.)

ce goût pour les beaux livres *historiés* dans les Heures magnifiques que lui avait léguées Henri II, et ce fut par ses ordres que fut exécuté, sous la direction de Jean du Tillet, ce merveilleux *Recueil des Rois de France,* le plus beau monument de l'art du miniaturiste que nous ait laissé la seconde moitié du xviᵉ siècle. « Ce volume exquis, dit Dibdin, peut passer, à juste titre, pour une *non-pareille* en son genre. C'est plutôt un livre de portraits qu'un manuscrit à miniatures. L'écriture, qui est une sorte de cursive gothique, ne mérite pas qu'on s'y arrête un instant, car les travaux de l'écrivain sont entièrement éclipsés par le pinceau de l'artiste. On ne trouverait peut-être nulle part, ailleurs, une suite de portraits d'une perfection aussi admirable et composée de tous les rois de France, à l'exception de Louis XII [1], omission qui ne peut s'expliquer que par la soustraction qui aura été faite de ce portrait.

« Ces portraits ont été copiés d'après d'anciennes pierres tumulaires, des missels et d'autres vieux documents regardés comme authentiques ; la touche et le fini en sont vraiment surprenants... Ils sont en pied et entourés de bordures d'or, rehaussés de brun, dans le genre des arabesques. » Cette description, que nous complétons plus loin [2], est exacte, et ce livre vraiment royal, que Charles IX fit relier avec luxe, est certainement un des plus beaux qui existent. Dibdin en fut si émerveillé dans son voyage, qu'il exprime le vœu « que la noblesse de France consacre quelque portion de ses richesses à faire exécuter une collection de gravures d'après cet inappréciable volume. »

Contrairement à une assertion incontestée jusqu'ici, ce serait sous le règne de ce prince que la bibliothèque de Fontainebleau aurait été transportée à Paris. Le fait est établi par le passage suivant d'une lettre de Jean Gosselin [3], garde de la librairie du Roi, adressée à tous les amis de la littérature, et dont voici les termes : « Il y a, dit Gosselin, trente-quatre ans

---

1. Le portrait de Charles VII manque également.
2. Page 161 (nᵒ 100 du *Catalogue des livres de Charles IX*).
3. *Ensuit une Remonstrance touchant la garde de la librairie du Roy, adressée a toute personne qui ayment les lettres, par Jean Gosselin, garde d'icelle librairie* publiée par Edouard Fournier, *Variétés historiques et littéraires,* t. I, p. 1).

et plus que j'ay la charge de garder la librairie du Roy, qui est un des plus beaux thrésors de ce royaume, durant lequel tems je l'ai gardée plusieurs années dedans le chasteau de Fontainebleau, et puis par le commandement du roy Charles IX, je le feis apporter dans cette ville de Paris[1]. »

Ce déplacement paraît d'autant plus vraisemblable que déjà, depuis longtemps, on réclamait la translation de la Bibliothèque royale à Paris, et, que dès 1567, Pierre Ramus se faisait l'écho de l'opinion publique, quand il tenait ce langage à Catherine de Médicis : « La montagne de l'Université de Paris est le lieu du monde le plus propre à faire passer votre mémoire à la postérité. Le temple que vous y éléveriez aux Muses donneroit de tous côtés les plus larges et les plus gracieux horysons. Côme et Laurent, qui savoient que les livres ne sont faits ni pour les champs ni pour les bois, ne mirent pas leur bibliothèque dans leur délicieuse campagne de la Toscane; ils la placèrent au foyer de leurs États, dans la ville où elle étoit le plus accessible aux hommes d'étude. Vous m'en avez vous-même, Madame, fait une fois l'observation à propos de la librairie de Fontainebleau. Mettez donc cette librairie au chef-lieu de votre royaume, près de la plus ancienne et de la plus fameuse des Universités[2]. »

Quoi qu'il en soit, qu'elle ait été ou non transportée à Paris, la bibliothèque royale n'en avait pas moins conservé son ancienne réputation, car dans une dédicace adressée à Charles IX en 1574, Génébrard en vante la richesse en ces termes : « *Tua illa instructissima bibliotheca, a veteribus regibus inchoata, ab avo et patre tuo mirum in modum aucta, a te non mediocriter ornata et pene perfecta[3]* », et Jean Dorat en fait les plus pompeux éloges dans une pièce de vers latins qui fait partie de ses poèmes[4].

1. On ne sait pas, d'ailleurs, où la bibliothèque fut, alors, installée. Gosselin demeurait près de l'église Saint-Nicolas-des-Champs; mais il résulte des termes mêmes de la *Remonstrance* qu'il ne logeait pas à la bibliothèque.

2. La préface à laquelle appartient ce passage, est en tête du volume intitulé : *P. Rami, professoris regii, Procemium mathematicum, Parisiis*, 1567, in-8°.

3. Épître imprimée en tête du tome I des *Origenis Opera*. Paris, 1574, in-folio.

4. *Johannis Aurati poemata*, p. 6. Paris, 1586, in-8°.

Les acquisitions faites par Henri III sont de peu d'importance, « les lettres, dit le *Mémoire historique,* n'ayant malheureusement rien à gagner dans ces temps de discordes et de guerres ».

Henri III avait, cependant, d'heureuses dispositions pour l'étude et surtout pour l'éloquence. Paul de Selve et François de Carnavalet, l'un son précepteur et l'autre son gouverneur, lui inspirèrent, dès l'enfance, l'amour des lettres. Il n'était âgé que de quinze ans, lorsque Lambin lui adressa une longue épître latine, et le jugea capable de goûter les raisonnements d'Aristote sur l'art de régner et de gouverner les républiques. Toutefois, son règne, au milieu des guerres et des troubles qui affligèrent le royaume, ne fut pas favorable aux arts et aux lettres, et si la bibliothèque de Fontainebleau acquit quelques livres, ce ne furent tout au plus que des livres de privilège. Il fit cependant exécuter différents travaux de calligraphie ornée et nous le voyons, le 20 août 1581, ordonner de payer 600 écus « à ses bien amés maîtres Jean Dorat, son poëte grec et latin, et Jean Renoult, secrétaire ordinaire de sa chambre et son écrivain, en partie, disait-il, pour récompenser, satisfaire et rembourser ledit Renoult de quelques tablettes enrichies d'or et enluminées de plusieurs figures de batailles et rencontres qu'il nous a naguère livrées, que nous lui avions cy-devant commandées pour notre service ».

Le 17 novembre de la même année, il donnait encore mille écus à maître Guillaume Le Gangneur, secrétaire de sa chambre, « en considération des services qu'il lui avoit cydevant faictz, et au feu roi dernier décédé, tant en plusieurs beaux livres, nommément en ceulx de la Chasse aux cerfs, et du Blason de ses armes, ensemble des cardinaulx, prelatz, commandeurs et officiers de son Ordre et milice du Saint-Esprit, qu'autrement[1] ».

N'oublions pas, non plus, certains manuscrits qui furent offerts à Henri III, et parmi lesquels nous signalerons une *Confession de la foi des Arméniens,* en grec et latin, et un ouvrage

---

1. Lettres patentes de Henri III, datées des 20 août et 17 novembre 1581.

d'Angelio di Barga (Bargacus, Petrus Angelius, Asias), poème supérieurement calligraphié avec un frontispice présentant les armes de France. Ces deux manuscrits sont aujourd'hui à Saint-Pétersbourg. L'exemplaire de l'*Hipposléologie,* de Jean Héroard, qui fut copié pour Henri III et qui fait aujourd'hui partie de la bibliothèque de M. le duc d'Aumale, au château de Chantilly, est également à noter.

Il faut croire, néanmoins, que, loin de s'enrichir, la Bibliothèque royale se serait ressentie des tumultes de la Ligue, car Joseph Scaliger témoigne, dans une de ses lettres, que le président Barnabé Brisson aurait eu chez lui bon nombre de livres du Roi et que sa veuve les aurait vendus « pour un morceau de pain[1] ».

De plus, si nous nous en rapportons à Gosselin, de graves tentatives auraient été faites pour envahir la Bibliothèque royale. Deux ligueurs forcenés, Guillaume Rose, évêque de Senlis, et le sieur Pigenat, docteur en Sorbonne, essayèrent de s'en emparer. Un peu plus tard, ce fut le tour de deux maîtres des comptes, Joelmy et Dupré. Gosselin, qui avait alors près de quatre-vingt-dix ans, ne fit aucune résistance et se retira auprès du Roi, à Saint-Denis, puis à Melun, « ayant eu soin, avant son départ, de très bien fermer la porte de la librairie avec une bonne serrure et un bon cadenat et par dedans avec une forte barre ». Ce qui n'empêcha pas le président de Nully de pénétrer par effraction dans la Bibliothèque royale, attentat qui fut consigné par Jean Gosselin sur le côté intérieur de la couverture d'un manuscrit français intitulé : *les Marguerites historiales*[2], où l'on

---

1. « *Barnabas Brissonius bonam partem librorum regiorum in domum suam transtulit. Post casum ejus, vidua avara frusto panis, si ita loqui fas est, divendidit.* » (Joseph Scaliger, *Epistolæ,* lib. I, epist. LXIII.)

2. « Ce volume est aujourd'hui à la Bibliothèque nationale. D'abord coté n° 7292, il porte maintenant le n° 955 dans le fonds français. C'est un bel in-quarto sur vélin qui a pour titre : *La Marguerite des vertus et des vices,* composé par frère Jean Massue. Une note de M. Paulin Paris ajoute : *domestique de Jehan de Chabannes, comte de Dampmartin,* composé en *1497.* Sur le dernier feuillet, on lit : *Les Margarites hystoriales composées par ung prieur, contenantes plusieurs faictz et dictz vertueux ou vicieux de certaines personnes tant grandz seigneurs que aultres.*

« La reliure primitive de ce manuscrit a été remplacée, et si maladroitement, qu'on a alors enlevé le feuillet de vélin qui contenait la note de Gosselin. Elle

voit les lignes suivantes tracées de sa main : « Mémoire que le président de Nully, durant la Ligue et durant la trêve, s'est saisi de la librairie du Roy, environ la fin du mois de septembre, ayant fait rompre la muraille pour entrer en ladite librairie, laquelle il a possédée jusqu'à environ la fin du mois de mars M.D.XCIV, qui font six mois, durant lequel tems on a coupé et emporté le premier cahier du présent livre, auquel cahier étaient contenues choses remarquables. Item, durant le temps susdit ont été emportés de cette dite librairie plusieurs livres dont le commissaire Chenault feist enquête bientôt après que ledit président eut rendu cette librairie. »

« *Signé :* GOSSELIN, *ita est.* »

Il résulte donc de ces différents témoignages que la bibliothèque royale subit des pertes sensibles dans ces temps troublés. On sait, d'ailleurs, que la plupart des livres particuliers du Roi furent vendus à l'encan devant l'hôtel de Ville, lorsque la Ligue fit l'inventaire des meubles de son cabinet, en 1589. C'est ainsi que disparut le précieux in-folio intitulé *Statuts et Livre Armorial des Escripts et Blasons des armes des chevaliers commandeurs de l'Ordre et Milice du Saint-Esprit*[1], exécuté sur l'ordre du Roi, par Martin Courtigier, sieur de La Fontaine, hérault du titre de Provence, sur le modèle du beau manuscrit (*Statuts de l'Ordre du Saint-Esprit au droit Désir ou du Nœud, institué à Naples en 1352 par Louis de Tarente, roi de Jérusalem, de Naples et de Sicile*), que la Seigneurie de Venise avait offert à Henri III, à son retour de Pologne[2]. Retrouvé près d'un siècle et demi plus

aurait donc été perdue pour jamais si, dix ans auparavant, M. Paulin Paris ne l'eût copiée lorsqu'il préparait son savant ouvrage sur les manuscrits de la Bibliothèque du Roi. Cette copie est aujourd'hui collée en tête du volume. » *Histoire de la Bibliothèque du Roi, aujourd'hui Bibliothèque nationale,* par FRANKLIN (Paris, Willem, 1875).

1. L'Ordre du Saint-Esprit fut institué par le roi Henri III en 1578.

2. Henri III ayant conçu le dessein de former, pour la haute noblesse de ses États, un Ordre nouveau et qui pût servir de récompense au mérite, prit dans ces anciens statuts ce qui était plus conforme aux usages de son temps et a ses vues particulières, et donna ordre au sieur de Chiverny, son chancelier, de les

tard par Guyon de Sardière, qui le conserva jusqu'à sa mort, il fut acquis par le duc de la Vallière qui, après en avoir joui quelque temps, le céda au Roi vers l'année 1771.

Ces deux manuscrits, que l'on peut considérer comme la matrice de l'Ordre du Saint-Esprit, figurent aujourd'hui à la Bibliothèque nationale sous les numéros 8203 et 4274 du fonds français[1].

Après Henri III, la bibliothèque de Fontainebleau qui, depuis son transfert à Paris, avait pris le nom de *Bibliothèque Royale,* fut transportée par ordre du roi Henri IV, rue Saint-Jacques, dans les bâtiments du collège de Clermont (aujourd'hui lycée Louis-le-Grand), où elle fut définitivement installée en 1595.

II

Cet historique achevé, il n'est pas sans intérêt de rechercher à qui fut confiée successivement la garde de ce précieux trésor littéraire, et d'étudier les différentes transformations que l'art de la reliure a subies sous les derniers Valois.

« Jusqu'à François Ier, dit Leprince, il n'y avait eu pour prendre soin de la Bibliothèque royale qu'un simple garde en titre, quelques écrivains et un enlumineur. » S'il faut en croire le Père Dan[2], le savant Pierre Gilles aurait été longtemps préposé à la garde des livres du Roi.

brûler. Mais celui-ci se fit un scrupule de détruire un monument si rare et prit sur lui de le conserver. Ce livre échut depuis à Philippe Hurault, évêque de Chartres, fils de Chiverny, et en 1730, il appartenait à René de Longueil, sieur de Maisons. Ce fut alors que Bernard de Montfaucon en obtint une copie du sieur de Sainte-Marthe, conseiller en la Cour des Aides, et c'est sur cette copie qu'il a reproduit dans le tome II des *Monuments de la Monarchie françoise* les miniatures et les statuts de l'ordre du Saint-Esprit au droit Désir.

Ce manuscrit, après avoir appartenu au duc de La Vallière, a passé dans la Bibliothèque du Roi. M. le comte de Viel-Castel en a fait exécuter par la chromolithographie, chez Engelman, en 1854, une reproduction en fac-similé.

1. La Bibliothèque Mazarine possède un exemplaire sur vélin des *Blasons des chevaliers de l'Ordre du Saint-Esprit de la huitième création.* Il est relié aux armes de France et de Pologne, et les blasons, au nombre de 29, sont autant de tableaux magnifiquement peints et rehaussés d'or.

2. *Thrésor des merveilles de Fontainebleau,* par PIERRE DAN, religieux de la Rédemption des Captifs.

Dès son avènement, François Ier, pour donner plus de relief à la Bibliothèque, et, sans doute, pour avoir dans sa main une charge élevée qui pût être la récompense du savoir, en créa une de bibliothécaire en chef, qu'on appela longtemps *maître de la librairie du Roi*. Guillaume Budé, « Parisien, maistre des requestes, le premier homme de son siècle dans la littérature grecque et latine », a écrit le célèbre historien florentin Guicciardini, fut pourvu le premier de cette charge, de 1522 à 1540. Un distique de Lascaris rappelle la part qu'il avait prise à l'organisation de la Bibliothèque royale :

Augusti ut Varro, Franscisci bibliothecam
Auget Budeus, Palladis auspiciis !

Budé mourut le 23 août 1540, âgé de 73 ans. La Bibliothèque ne contenait encore qu'un petit nombre de volumes et les manuscrits grecs qui y avaient été introduits par Jean de Pins, Jérôme Fondule et Georges de Selve.

Son successeur, Pierre Duchastel, lecteur du Roi, évêque de Tulle et de Mâcon, dont la vie, écrite en latin par Pierre Galand, a été publiée par Étienne Baluze, y fit entrer les manuscrits de Guillaume Pellicier, Antoine Éparque, Nicolas Gaddi, ceux du cardinal d'Armagnac, et ce fut sur ses pressantes exhortations que François Ier y amena, en 1544, les livres de la bibliothèque de Blois. C'est encore Pierre Duchastel qui, « de peur que les livres ne vinssent à être gâtés soit par la poussière, soit par les vers ou par quelque autre injure du temps », et à périr faute de soins, y attacha des gardes, *librorum custodes*[1]... et songea à « pourvoir à leur conservation, soit en faisant relier les livres qui estoient venus en blanc des pays estrangers et ceux de l'ancien fonds qui avoient besoin de nouvelles couvertures, soit, ce qui n'estoit pas moins important, en faisant dresser des catalogues de ces mesmes livres pour en conserver l'estat[2] ».

---

1. Mellin de Saint-Gelais prend ce titre (*Regiæ librariæ custos*) dans la note, qui est en tête du manuscrit latin 8369, conservé à la Bibliothèque nationale.
2. *Mémoire historique*.

Duchastel eut, pour le seconder dans son emploi, le célèbre poète Mellin de Saint-Gelais, qui, déjà, avait été adjoint à Guillaume Budé, comme garde de la Librairie, dès l'année 1534. Maintenu dans sa charge, après la mort de François Ier, il ne fut pas moins en faveur auprès de Henri II, qui, presque à son avènement à la couronne, le fit grand aumônier de France et le nomma à l'évêché d'Orléans.

De plusieurs catalogues qu'on peut supposer qu'il fit faire des livres de Fontainebleau, il n'en est resté que deux des manuscrits grecs, l'un par ordre alphabétique et l'autre par ordre des matières. Le premier contient les titres et les principales indications d'environ 540 volumes ; le second est de la main du Grec Constantin Palæocappa, qui fut associé à Vergèce [1] pour ce travail.

Duchastel étant mort subitement, le 22 février 1552, regretté de tous les savants qui se souvenaient qu'il avait osé défendre Robert Estienne contre la Sorbonne, et Étienne Dolet contre le Roi, Pierre de Montdoré, conseiller au grand conseil et mathématicien célèbre, fut désigné à Henri II par le cardinal du Bellay pour occuper l'emploi, devenu vacant, de maître de la librairie du Roi. Son premier soin, dès qu'il fut en fonctions, fut de procéder au récolement des livres confiés à sa garde, et nous avons pu constater, à plus de trois siècles de distance, qu'il se servit du catalogue de Palæocappa pour son travail. Un petit trait oblique, tracé dans la marge de gauche, en regard des différentes notices, constate la présence de chaque manuscrit, et une note, à la même place, indique les raisons de l'absence de certains d'entre eux. Montdoré y ajouta aussi

---

1. Jean Boivin raconte qu'ayant mis la main sur le catalogue de Vergèce, il fit part de sa découverte au jeune abbé de Louvois dont l'amusement le plus ordinaire était de relier des livres, et que celui-ci le recouvrit de parchemin blanc. « *Pour conserver la mémoire d'un fait qui paroissoit alors mémorable,* ajoute Boivin, *nous trouvâmes à propos d'en instruire la postérité par deux distiques, l'un grec et l'autre latin, qui ont été écrits au revers du même feuillet.* » Nous donnons celui qui est écrit en latin :

Nudus eram et vilis : sortem miseratus iniquam
Donat me nivea Luvoides tunica.

On retrouve les deux distiques sur différents manuscrits reliés par l'abbé de Louvois (voir les manuscrits grecs 868, 1402, 1648, 1916, 1919, 2187, 2204, 2702, 2861, 3065).

les notices de quelques manuscrits nouveaux et consigna à la fin le résultat de ce récolement[1]. Accusé de donner dans les opinions nouvelles, en matière de religion, Pierre de Montdoré s'enfuit de Paris en 1567 et se retira à Sancerre, en Berry, où il mourut trois ans après. Ses collaborateurs avaient été Mathieu de la Bisse et Jean Gosselin[2].

De Thou, dans le LII° livre de son *Histoire,* parlant des désordres de l'année 1572, dit que la bibliothèque de Montdoré « pourvue abondamment de toutes sortes de livres et surtout de mathématiciens grecs, la plupart manuscrits, notez et corrigez par Montdoré mesme, fut livrée au pillage avec des instruments de mathématiques d'un travail exquis ».

Jacques Amyot, évêque d'Auxerre, grand aumônier de France, l'élégant traducteur de Plutarque et le précepteur de Charles IX et de ses frères, fut pourvu, après l'évasion de Montdoré, de la charge de maître de la librairie. Le temps pendant lequel il la posséda ne fut rien moins que favorable aux lettres et aux sciences, et nous ne croyons pas qu'à l'exception de quelques volumes qui furent donnés à Henri III, la Bibliothèque royale ait été augmentée d'autres livres que ceux de privilège. Il mourut le 7 février 1593, à l'âge de soixante-dix-neuf ans, et la librairie royale passa de ses mains dans celles du président Jacques-Auguste de Thou, si justement célèbre par l'histoire de son temps qu'il a écrite.

Ce fut sur les instances de ce dernier que Henri IV, ainsi que nous l'avons dit, fit transporter les livres de l'ancienne bibliothèque de Fontainebleau dans le collège de Clermont, devenu libre par l'expulsion des Jésuites.

1. Vingt volumes manquaient lors du récolement ; sept d'entre eux furent immédiatement retrouvés et biffés sur cette liste des absents. La mention des treize autres subsiste, avec le nom des emprunteurs (Turnèbe et Goupil, professeurs au collège royal, le président au Parlement Aimar de Ranconnet, enfin Ange Vergèce). Sur cette même page, Pierre de Montdoré a fait le total des manuscrits portés au catalogue : « 546. Somme des volumes grecz. » Le catalogue n'a que 540 articles, mais Montdoré en avait ajouté quatre ; en marge du n° 143, il est fait mention d'un exemplaire de Démosthène qui était chez le relieur ; enfin le n° 292 a ait été divisé en deux volumes. (H. OMONT, *Catalogues des manuscrits grecs de Fontainebleau,* p. X.)

2. Mathieu de la Bisse fut garde de la librairie de 1544 à 1560 et Jean Gosselin de 1560 à 1604.

III

Jusqu'aux derniers Valois, la reliure, sans rester absolument étrangère à l'art, n'avait été qu'une industrie, un simple métier pratiqué par des mains plus ou moins habiles. Nous trouvons bien dans les dépôts publics et les grandes collections particulières, d'anciennes reliures des xiv° et xv° siècles avec *tympanures*[1] ou *gaufrures* sur cuir, dont l'exécution, souvent remarquable[2], semble indiquer qu'il existait déjà dans les grands centres de population, tels que Paris et Lyon, des ouvriers expérimentés; mais c'est l'exception, et le travail du relieur, du *liéeur*, était ordinairement beaucoup plus sommaire.

« Les cahiers étaient cousus sur des nerfs formés de lanières de cuir de porc, dont les extrémités retenaient les ais de bois biseautés qui protégeaient le livre. Ces nerfs variaient à l'infini, quant au nombre et à la disposition; beaucoup sont formés de deux lanières ou cordes accolées de diverses matières. Quelquefois sur le même dos, ceux du milieu sont doubles et ceux des extrémités simples; exceptionnellement les doubles et les simples alternaient.

« Recouverts, d'abord, de peau de truie[3], de vélin, de parchemin, et plus tard de veau ou de maroquin, les plus précieux étaient protégés par une autre enveloppe de velours ou de riche étoffe. Presque tous avaient des fermoirs; quelques-uns, des attaches, cuir et métal; le plus grand nombre, de simples rubans[4]. »

On voit que l'ouvrier ne devait prétendre qu'à faire une œuvre solide, capable de durée. Tout ce qu'il pouvait se per-

---

1. Livres *tympanisés*, c'est-à-dire gaufrés sans dorure.
2. On rencontre en effet, dans les bibliothèques publiques, à celle de l'Arsenal par exemple, une série assez nombreuse de reliures de ce genre, d'une très belle exécution et qui datent évidemment du xv°, du xiv°, et même de la fin du xiii° siècle.
3. Le plus ancien spécimen de ce genre de reliure, que les Allemands avaient adopté et dont ils se servirent pendant tout le xvi° et le xvii° siècle, est la *Bible de Souvigny,* aujourd'hui à la bibliothèque de Moulins.
4. *La Reliure française,* par MM. MARIUS MICHEL.

mettre, après avoir fait ses grossières ligatures sur corde, c'était de travailler à *ampraintes* et de *marqueter* de son mieux le cuir dont il couvrait ses volumes. La reliure riche était l'exception et, seul, l'orfèvre[1] ou l'ouvrier en ivoire en était chargé.

« Avant le règne de François Ier, écrit l'abbé Jourdain[2], la pluspart des livres de la Bibliothèque du Roy estoient couverts de velours ou d'autres estoffes précieuses, de toute façon et de toutes couleurs, les couvertures de cuir y estoient fort simples et différentes selon les différents pays où les livres avoient esté reliez. »

Mais avec la Renaissance, la reliure subit la magnifique impulsion que reçoit l'esprit humain, et devient un art véritable. Les maîtres italiens sont nos initiateurs et nous servent de modèles.

« Il est certain, dit M. Leroux de Lincy, dans ses *Recherches sur Grolier*[3], que pendant les années 1496 et 1497, après la grande expédition de Naples, des ouvriers italiens, habiles en plusieurs genres, furent amenés à la cour de Charles VIII. Ce fait résulte d'un compte détaillé, publié dans les *Archives sur l'Art français* (tome I, Documents, page 94). Ce compte mentionne des architectes, des peintres, des enlumineurs, des orfèvres, des stucateurs, des ouvriers en bois, des tailleurs d'habits, des brodeurs et même des jardiniers. Mais plusieurs corps d'état ont été passés sous silence; il est probable que des relieurs sont venus avec les peintres et les enlumineurs. »

L'illustre bibliophile Grolier[4], « trésorier et receveur général des finances du roi François Ier en la duché de Milan », rapporte de Venise ses plus fins modèles. Il emprunte aux Aldes leurs procédés de décoration qui consistent dans des compartiments à entrelacs, c'est-à-dire dans des listels entrecroisés à

---

1. « L'orfèvre avait seul le droit d'orner le livre d'un *fermail*, de le parsemer de clous d'or, d'argent ou de laiton, sur le dos ou sur les coins, et d'achever ainsi sa toilette suivant la condition de celui à qui il appartenait, ou plutôt encore suivant le prix convenu d'avance. » (*L'Art de la Reliure en France*, par EDOUARD FOURNIER.)

2. *Mémoire historique*, page xiv.

3. *Recherches sur Jean Grolier*, p. 99. Paris, Potier. 1866, in-8°.

4. Voir, à l'*Appendice*, la note sur Grolier, page 197.

la manière arabe, et mélangés à des fers *pleins* ou *azurés,* du goût le plus pur.

Les ais de bois sont abandonnés et remplacés par des cartons ; mais pour assurer la solidité et la conservation du volume, on abuse des nervures au point d'en encombrer le dos et de ne plus laisser de place à une décoration de quelque importance, exagération contre laquelle on réagit bientôt, en tombant dans l'excès contraire, dans le seul but de mettre en rapport la richesse du dos avec celle du plat. A partir de Henri II, les plus importantes reliures du xvie siècle seront, en effet, sans nerfs apparents.

Les reliures de François Ier, exécutées pour la plupart d'après les procédés des relieurs de Grolier, sont généralement très sobres ; mais d'un excellent effet décoratif. Les plus simples sont ornées, sur les plats, d'un double filet noir, en forme de losange, au milieu duquel sont frappées les armes de France accompagnées de l'F couronné en or ou en argent. Les dos, contrairement à l'assertion de M. Édouard Fournier[1], sont toujours à nerfs.

Sous les armoiries se trouve une salamandre courant dans le feu, avec cette devise singulière : *Nutrisco et extinguo* (je le nourris et je l'éteins), que Arthus de Gouffier Boisy, gouverneur du prince, avait donnée à son royal élève, sans doute pour lui apprendre à jouer avec le feu des passions sans se laisser consumer par elles[2].

---

1. *L'Art de la reliure en France...,* page 98.

2. Voici l'explication que l'historien Mézeray donne de cette devise : « François Ier n'estant encore que duc de Valois, le roi Louis XII luy donna Arthus de Gouffier pour gouverneur. C'estoit le seigneur le plus sage et le plus chrestien de toute la Cour, qui reconnoissant que le naturel de son nourrisson estoit excellent, mais semblable aux terres franches, qui produisent bientôt des orties et des chardons, si elles ne sont cultivées, n'omit aucun soin pour planter dans un si bon fonds toutes les vertus que doit avoir un grand prince. Or, pour lui faire connoistre qu'il devoit appliquer la vivacité de son génie aux bonnes choses, non pas à la vanité ny à la violence, où elle eût pu se porter aussy bien qu'aux belles actions, il lui choisit la devise de la salamandre qui se nourrit dans les flâmes, mais qui tempère leur trop grande activité par sa froideur, comme le signifient ces paroles qui l'accompagnent :

NOTRISCO EL BUONO STINGUO EL REO.

« Au reste, il n'est pas vray que la salamandre cherche le feu pour s'en nour-

Les dauphins qui sont quelquefois ajoutés aux salamandres, marquent que le livre a été relié du temps de François Ier, non plus pour le Roi, mais pour le Dauphin.

Certains volumes tels que la *Bible de Robert Estienne* [1], reliée en deux parties et dont l'ornementation, absolument dans le style italien, est différente pour les deux volumes ; le *Tagault* [2] (*De chirurgica institutione libri V*), et le *Galien* (*Ars medicina* [3]), dont les plats sont couverts d'entrelacs à mosaïque, atteignent à la hauteur des plus beaux Groliers.

La reliure entrait alors dans les attributions du libraire attaché à la Bibliothèque royale [4], et c'est ainsi que nous voyons Gabriel Chappuis, libraire du roi, se faire rembourser, vers 1538, une somme de 130 livres 10 sous tournois qu'il avait avancée à un libraire de Paris nommé Le Faucheux, pour avoir, dit l'ordonnance et commandement du roy, « rabillé, relié et doré plusieurs livres de la librairie du Roy, en la forme et manière d'ung evangelier ja relié et doré par icelluy « Le Faucheux », escrit de lettres d'or et d'ancre ». L'évangéliaire auquel fait allusion cet article de compte, est celui qui porte le n° 257 dans le fonds latin. Il est encore revêtu de la reliure dont il fut orné par Le Faulcheux, ou, pour employer une forme plus cor-

rir, ny mesme qu'elle puisse durer longtemps dans un grand brasier ; mais il constant qu'elle est si froide, qu'elle peut éteindre un petit feu. »
(*Histoire de France*, Paris, 1685, 3 vol. in-fol., tome II, page 1042.)
1. Bibliothèque nationale. Livres exposés : 381-382.
2. Bibliothèque nationale. Livres exposés : 384.
3. Bibliothèque nationale. Livres exposés : 386.
4. Les libraires pourvus du titre de *relieurs-jurés* pouvaient cumuler les trois industries d'imprimeur, relieur et vendeur de livres. Les exemples ne nous manquent pas : ainsi Guillaume Eustace, sur les *Grandes Croniques de France*, publiées chez lui en 1514, s'intitule *relieur-juré* de l'Université ; le volume des *Cent Hystoires de Troie*, par Christine de Pisan, publié en 1523, porte également au titre : « Imprimées à Paris par Philippe Le Noir, libraire et relieur-juré en l'Université de Paris. » M. de Soleinne possédait le *Vergier d'Honneur*, imprimé et relié par le même Ph. Le Noir ; enfin, Guillaume Le Noir prend la même qualité sur le titre des *Annales et chroniques de France, depuis la destruction de Troyes jusques au tems de Louis onziesme*, qu'il publia en 1562, et nous avons constaté sur un exemplaire de ce livre, relié pour Diane de Poitiers, et appartenant aujourd'hui à M. de Lignerolles, que cette date de 1562 avait été répétée deux fois, par le doreur, en haut et au bas de la couverture.
La qualité de relieur-juré entraînait des privilèges. Une *Déclaration* du 9 avril 1513, porte exemption des *aides, octrois, emprunts, tailles, péages, traités forains*, pour les libraires-relieurs de l'Université de Paris.
La séparation des libraires et des relieurs ne se réalisa qu'en 1686.

recte, par Le Faulcheur. En effet, le relieur mentionné dans le compte précédent, est très vraisemblablement celui dont le nom, le surnom, le titre et l'adresse sont exprimés tout au long sur le frontispice de plusieurs livres imprimés à Paris, du temps de François Ier, entre autres, un ouvrage de Jean de Gagny « imprimé (en 1540) par Estienne Roffet dict Le Faulcheur, libraire et *relieur ordinaire* du Roy, demourant sur le pont Sainct-Michel, à l'enseigne de la Rose ». Au revers du titre de cet ouvrage est un extrait du privilège que le Roi accorda, le 25 mai 1529, à Jean de Gagny pour faire imprimer et débiter son livre « par Estienne Roffet, dict Le Faulcheur, libraire et *relieur* ordinaire d'icelluy seigneur ». Ce serait donc à Estienne Roffet que seraient dues, selon toute apparence, la plupart des reliures au chiffre de François Ier qui sont parvenues jusqu'à nous. Quelques volumes de la bibliothèque du roi furent également reliés par le célèbre Geoffroy Tory, et le *Champ Fleury*, à l'écusson royal, que possède M. G. de Villeneuve, est certainement sorti de ses mains.

Sous Henri II, la reliure, esclave jusque-là de l'art italien, se dégage de cette influence et revêt une personnalité propre. L'ornementation extérieure du livre prend une importance exceptionnelle. Elle est exécutée par des ouvriers « doreurs sur cuir[1] » inspirés par les grands artistes typographes de ce temps, que le Roi ne dédaignait pas d'encourager lui-même, en occupant ses loisirs à manier le fer chaud[2].

Les livres de Henri II sont ornés le plus souvent de filets reliés par des fers azurés, et, quelquefois, d'entrelacs plus ou moins compliqués; mais ces entrelacs, au lieu d'être droits, comme dans les reliures aldines, sont presque entièrement formés de courbes reliées à des arabesques et à des fleurons.

---

1. « Sous Henri II, les plus célèbres doreurs sur cuir étaient Jehan Foucault et Jehan Louvet qui logeaient en l'hôtel de Nesle. Les comptes royaux de 1557 parlent d'une tente de chambre « faicte sur cuir de mouton argentée, frizée de figures de rouge pour servir en la chambre et cabinet du Roy à Monceaux. » (*L'Art de la reliure*, par E. FOURNIER, p. 133.)

2. Un coffret recouvert de cuir gaufré, exposé au Louvre, et qui porte, au milieu d'ornements d'un assez bon style, les mots : *Omnia vincit amor. Rex me fecit, 1556*, nous en fournit la preuve.

7

Au milieu des plats est ménagé un cartouche, où sont frappées les fleurs de lis de France, accompagnées du triple croissant, de l'arc emblématique, de l'H couronné et du double D. H. Quelquefois, mais rarement, les armes de France sont remplacées sur les deux plats par la devise équivoque que Henri II a adoptée :

DONEC
TOTUM
IMPLEAT
ORBEM

mais, alors, les croissants dominent et sont beaucoup plus nombreux que les monogrammes [1]. Les mêmes initiales et les mêmes symboles se rencontrent encore sur les volumes qui furent reliés aux armes de Diane de Poitiers.

Certains volumes portent un encadrement ou bande formé de rinceaux et de fers azurés; des fleurs de lis alternent sur le dos avec l'H couronné; c'est la décoration la plus simple. Elle est ordinairement exécutée en or sur le premier plat, en argent sur le second.

Sur d'autres, ces bandes sont composées de compartiments

---

1. La plus étonnante de ces reliures est sans contredit celle qui fut exécutée sur la Géographie de Ptolémée (*Ptolemæi Geographiæ libri VIII, cum Agathodæmonis Alexandrini XXVII tabulis geographicis*).

Ce manuscrit, écrit en grec sur vélin avec une rare perfection, fait partie de la Bibliothèque nationale (fonds grec, 1401). De très grand format in-folio, il contient 101 feuillets et 27 cartes coloriées, dont la conservation est admirable. Il est relié en maroquin brun et porte un large encadrement couvert d'entrelacs noirs bordés d'argent et mêlés au triple croissant, au double D. H., à l'H couronné, et à des fleurs de lis. Dans les vides formés par ces entrelacs, se trouvent, placés à intervalles réguliers, les quatre mots de la devise : DONEC TOTUM IMPLEAT ORBEM, frappé en or. Tous les croissants sont peints en blanc.

Cet encadrement est posé en saillie sur un champ de soie bleue, couvert d'arabesques dorées faisant relief. Une bande de maroquin brun plus étroite forme à l'intérieur un second encadrement, décoré d'arabesques en argent, et faisant également saillie sur un autre champ de soie blanche couverte d'entrelacs et d'arabesques de maroquin brun découpé.

Au centre d'un cartouche de cuir peint en rouge et bordé de maroquin brun, sont frappées les armes, en or, entourées de l'arc emblématique, des croissants ordinaires, du double D. H. et de l'H couronné peints en blanc ou argentés.

Le dos, d'une grande richesse, est couvert d'arabesques argentées, mêlées au chiffre royal et aux croissants également en argent. Les plats sont garnis de clous et de ferrures, et les cordelettes qui servaient de fermoirs, y sont encore adaptées et intactes.

Cette reliure, d'un grand caractère, mais où domine le goût italien, est d'une conservation remarquable.

à entrelacs, où sont dessinés des trophées mêlés aux emblèmes du Roi et de Diane. Ces emblèmes sont ordinairement noirs sur fond fauve; les croissants se détachent presque toujours en blanc, peints ou argentés. Enfin, sur quelques-uns, les entrelacs à mosaïque, les arabesques savantes, les volutes aux courbes gracieuses s'enchevêtrent et s'étalent avec une telle profusion, une telle richesse, que l'œil ébloui peut à peine en supporter l'éclat. « Reliures magnifiques, exquises de toutes sortes, s'écrie l'Estoile, dont il y en a beaucoup qui valent mieux que le dedans![1] »

Tous ces volumes sont garnis de clous de haut relief destinés à éviter le frottement et l'usure des plats, précaution qu'il fallut abandonner plus tard, lorsque les bibliothèques augmentant de jour en jour, on fut forcé de mettre les livres en rayons. Ils portent également des cordelettes garnies de métal aux extrémités et servant de fermoirs. Le titre de l'ouvrage est inscrit en lettres d'or sur la partie supérieure du plat recto, et, dans certaines reliures de grand luxe, le dos du volume, libre de toutes nervures, est traité avec une ampleur qui rappelle la belle ordonnance des plats.

On fit aussi pour Henri II des reliures portant son effigie en or, en relief et en creux, sur les deux côtés du livre[2]; mais elles sont en petit nombre et n'ont pas, ordinairement, de valeur artistique.

Il faut, du reste, se garder de confondre les reliures faites pour le Roi, sur son ordre, avec les reliures de dédicace ou d'*hommage,* toutes d'apparat et de faux luxe, exécutées sans souci de l'art, sur les indications de l'auteur de l'ouvrage, et destinées uniquement à attirer le regard du souverain, dans un

---

1. Voici le passage auquel nous faisons allusion :
« *Ce jour de mécredi, je passay l'après-disnée à visiter la Bibliothèque du Roy, avec messieurs Chrestien et du Pui, où, entre autres singularités, il y a un grand Ptolémée, enluminé et escrit à la main, avec une Bible hébraïque, aussi manuscripte et enluminée, qui sont deux pièces excellentes et vraiment rolales. Aussi y a force manuscripts de la main de messer Angelot* (Ange Vergèce), *la première du monde en matière de græq; et des reliures magnifiques et exquises de toutes sortes, dont y en a beaucoup qui valent mieux que le dedans.* »
(*Mémoires-Journaux de Pierre de l'Estoile.* Tome VIII, p. 352.) Paris, Jouaust, 1880.
2. Des spécimens de ces reliures figuraient à la vente des livres de M. A. Firmin-Didot (1882 et 1884), nos 400 et 450 des catalogues.

intérêt calculé. Ces reliures sont surchargées de dessins à effet, d'un rendu lourd, quelquefois grossier, et s'éloignent sensiblement du style sobre, contenu jusque dans ses magnificences, qui caractérise la grande époque de la Renaissance.

Notons, en passant, une troisième catégorie de reliures également étrangères à l'art, celles que le libraire-imprimeur, en possession d'un privilège, faisait exécuter dans ses propres ateliers et décorer de l'écusson royal, afin d'assurer la vente du livre sorti de ses presses. C'est la reliure *commerciale,* ordinairement en basane ou en veau, quelquefois en maroquin, mais presque toujours revêtue des mêmes ornements *imprimés à froid sur le cuir.* Elle n'a, — nous le répétons, — aucun caractère artistique et ne mérite pas qu'on s'y arrête [1].

Le règne de François II fut trop court pour laisser en reliure une trace appréciable. La Bibliothèque nationale possède, cependant, quelques beaux volumes tels que la *Cosmographie universelle,* de Munster, et le *Gelenius,* où l'on reconnaît le faire des grands ouvriers qui travaillèrent pour Henri II, et qui sont ornés de milieux dont on ne peut trop admirer l'agencement et le goût.

Il eût été très intéressant de savoir par qui furent exécutées ces magnifiques dorures ; mais, en ce temps-là, quelque fût son talent, l'ouvrier comptait pour si peu de chose, que le souvenir de son travail n'était consigné nulle part. Peut-être, aussi, se souciait-il médiocrement d'attacher son nom à des livres qui pouvaient le conduire à la prison ou au gibet. Ne voit-on pas dans la *Chronique du roi François Ier* [2], que plusieurs relieurs, par les mains desquels étaient passés des écrits reconnus séditieux ou contraires à l'orthodoxie, furent emprisonnés ou pendus? Un pareil exemple n'étant pas fait pour encourager les autres à se faire connaître, on s'explique aisément leur discrétion. L'usage de signer les reliures n'apparaît guère qu'au

---

1. De nombreux volumes à la marque de Charles-Quint (*les colonnes d'Hercule* et la devise « PLUS ULTRA ») que l'on rencontre assez communément dans les ventes publiques, sont les types les plus connus de ces reliures industrielles.
2. *Chronique de François Ier*, publiée par G. GUIFFREY, p. 131.
Les noms de deux de ces relieurs sont connus : ils s'appelaient *maistre* Cholin et Hierosme Denys.

xviii° siècle, avec les Padeloup et les Derome, et encore le faisaient-ils assez rarement et par exception.

Avec Charles IX, l'art de la reliure subit un temps d'arrêt. Les habiles artistes qui florissaient du temps de François Ier et de Henri II ont-ils donc disparu tout à coup dans la tourmente des persécutions religieuses qui ensanglantèrent la fin du xvi° siècle? On peut le supposer, car, de 1560 à 1574, nous ne rencontrons plus que des reliures sans caractère, ornées simplement de coins et de milieux azurés, seul mode de décoration qui ait survécu à la Renaissance.

Les livres de Charles IX sont devenus très rares; ils sont reliés fort simplement et portent quelquefois deux colonnes réunies par une banderole flottante, avec cette devise, assez peu justifiée, que lui avait donnée le chancelier de l'Hôpital : *Pietate et justicia.*

« La plupart présentent au milieu des plats deux C enlacés et, sur le dos, un semis du même monogramme. Les reliures les plus élégantes sont ornées des armes de France placées au centre d'un ovale; au-dessous de l'écu se trouvent deux petits c entrelacés et suivis du chiffre IX, puis le titre de l'ouvrage. Parfois le chiffre IX est remplacé par deux cc, et alors, sur le dos, figure entre chaque nerf un double c surmonté d'une couronne.

« Quand le titre de l'ouvrage n'existe pas sur les plats, l'ovale est rempli par plusieurs C couronnés, et au bas figure le chiffre IX [1]. »

Enfin, on voit encore le chiffre de Charles alternant avec celui de sa mère, Catherine de Médicis. Le plus beau spécimen de ce genre est le Pierre Paschal que nous avons déjà cité (*Henrici II, Galliarum regis, Elogium*), sur lequel on lit l'inscription suivante : *Catarina Medicea regina conjunx pientiss. hunc librum in regiam hanc Fontenebleam bibliothecam ad memoriam Henrici II Gal. Regis mariti sanctiss. sempiternam ponendum curavit calend. Mar. an. post natum Christum M. D. LXI.* Ce volume, de format in-folio, est relié en maroquin rouge et décoré d'encadrements formés

1. FRANKLIN, *Histoire de la Bibliothèque du Roi.*

de filets reliés entre eux par des volutes, et dans lesquels le chiffre de Catherine de Médicis, composé de deux K accolés, alterne sur les plats avec celui du Roi composé de deux C enlacés; le dos est orné de K et de C alternant également à l'infini [1].

Le relieur du Roi, ouvrier modeste et sans éclat, s'appelait Claude Piqué. Nous devons ce renseignement au célèbre chirurgien Ambroise Paré qui, dans son *Traité de la Peste* (Paris, 1568, in-8°), mentionne, page 226, un cas étrange de petite vérole pour lequel il fut appelé à donner ses soins « *à une petite enfant aagée de quatre à cinq ans, fille de Claude Piqué, relieur du Roy, demourant rue Sainct-Iacques, à Paris* ».

Le détail est précis, mais n'offre pas un grand intérêt, les reliures exécutées pour Charles IX ne présentant rien de bien remarquable au point de vue de l'art. Combien n'eût-il pas été plus précieux, s'il avait porté sur les grands ouvriers qui marquèrent les commencements de la Renaissance!

Les reliures que fit faire Henri III ont conservé le reflet de cette dévotion d'apparat qui fut le trait dominant de son caractère. Celles qu'il s'appropria plus particulièrement, surtout dans les premières années de son règne, sont d'un aspect absolument lugubre. « Leur ornement consiste dans l'application sur les compartiments du dos, ordinairement sans nerfs, de têtes de mort, d'os croisés, avec les mots : *Spes mea Deus*, et du crucifiement au milieu des plats. Le nombre des volumes ainsi reliés est considérable. On en rencontre aussi quelques-uns décorés de bandes portant les emblèmes de la Passion presque toujours alternés. Tous y figurent, jusqu'au coq du reniement de saint Pierre. Au milieu des plats, un fer symbolique composé de la croix, la lance, l'éponge et la couronne d'épines, ou bien encore, le grand squelette s'appuyant d'une main sur une faux et tenant de l'autre le sablier [2]. » D'autres portent au milieu d'un semis de larmes, d'ossements et de fleurs de lis,

1. Un autre volume (*Geographia di Claudio Tolomeo. Venetia, 1561*), également au chiffre de Charles IX et de Catherine de Médicis, se trouve à la bibliothèque de Lyon. Il est relié en vélin et couvert d'une riche dorure à entrelacs et arabesques d'un dessin magnifique.
2. *La Reliure française*, par MM. MARIUS MICHEL.

des crânes desséchés justifiant la devise : *Memento mori,* qui occupe le centre du volume. Auprès est le nom de Jésus et, sur l'autre plat, celui de Marie, en souvenir de cette Marie de Clèves, princesse de Condé, morte dans tout l'éclat de sa beauté et dont Henri III, éperdument épris, avait projeté de faire casser le mariage, afin de la couronner reine de France[1].

Mais bientôt l'appétit de luxe et de jouissances qui se manifeste dans cette cour des Valois, élégante et raffinée jusque dans ses vices, amène une transformation dans la reliure. Ce n'est plus le grand style des puissants compositeurs de la Renaissanee; les entrelacs géométriques, aux courbes savantes, font place aux médaillons fleuris de Marguerite de Valois[2]; mais si l'art devient en quelque sorte plus féminin, plus mièvre, il faut convenir que jamais caprice plus varié, plus ingénieux, plus vif, ne régna dans l'ornementation du livre.

Henri III est lui-même entraîné dans cette évolution de l'art, et certains volumes tels que le *Commines* (Paris, 1580), de la Bibliothèque nationale, et les *Méditations des Zélateurs de piété,* de la Bibliothèque Mazarine, entièrement couverts de dorures à petits fers, volutes, rinceaux de feuillages, marguerites, œillets, pensées, papillons, etc., peuvent rivaliser avec les plus riches spécimens de la bibliothèque de J.-A. de Thou, le grand bibliophile de la fin du XVIe siècle.

Relevons encore quelques jolies reliures portant les emblèmes du Saint-Esprit et le chiffre du Roi, composé d'un H et des deux λλ entrelacés de Louise de Lorraine, sa femme, qui, elle aussi, possédait au château de Chenonceaux, une fort belle bibliothèque dont le prince de Galitzin a publié l'inventaire. Ces charmantes dorures à petits fers, si recherchées aujourd'hui, sortaient des ateliers de Nicolas Ève, qui était à la fois libraire et relieur, selon la coutume du temps, le second métier n'étant encore considéré que comme un auxiliaire de l'autre; mais

---

1. « Lorsqu'il fut obligé de se montrer en public, dit Pierre Mathieu, son historien, il parut dans le plus grand deuil, tout couvert d'enseignes et de petites têtes de mort. Il en avoit sur les rubans de ses souliers, sur ses aiguillettes, et il commanda à Bouvray de lui faire des paremens de cette sorte pour six mille escus. »

2. Voir, à l'*Appendice,* page 200, la note sur les livres de Marguerite de Valois.

nous sommes porté à croire, avec MM. Marius Michel, que les Ève, qui relièrent de 1578 à 1627[1], ne furent probablement ni relieurs ni doreurs par eux-mêmes et que la gloire d'avoir exécuté les merveilleuses « Fanfares » de De Thou, revient aux habiles doreurs qu'ils surent employer pour décorer leurs livres, et dont les noms resteront probablement inconnus comme ceux des artistes de la Renaissance.

Henri III était trop Valois pour ne pas aimer les livres et leur parure; aussi se garda-t-il de les atteindre avec trop de rigueur dans ses fameux édits somptuaires contre le luxe. L'ordonnance du 24 mars 1583[2], qui défend aux bourgeoises, « aux femmes à chaperon de drap », de porter des pierreries, contient, en effet, une exception en faveur de « *leurs Heures à pendre devant elles, qu'elles pourront porter à couverture d'or émaillé ou non émaillé, y ayant pour le plus quatre pièces de pierreries aux quatre coins de chacun côté sur la couverture* ». Les femmes nobles[3] ont la permission d'en mettre cinq; les reines et princesses, tant qu'elles voudront.

Dans une précédente *Déclaration,* du 7 septembre 1577, il s'était élevé contre la profusion d'ornements de mauvais goût qui menaçait d'envahir la reliure, et avait prohibé, sous peine d'amende arbitraire, toute dorure qui ne serait pas sur la tranche, qui ne servirait pas à la marque au milieu du plat du livre, — marque qui ne devait pas excéder la largeur d'un franc au plus, — ou qui se développerait autrement qu'en filets et arabesques; mesure heureuse, inspirée par des préoccupations étrangères à l'art, mais qui eut pour effet de pousser les relieurs à l'em-

---

1. Nicolas Ève est cité comme relieur de Henri III; Clovis, comme relieur de Henri IV et de Louis XIII; Robert, fils de Clovis, eut, en survivance de son père, le titre de relieur ordinaire du Roi.

2. *Traité de la police,* par Delamare, t. I, liv. I, titre III, ch. iv, et liv. III, titre I, chap. v, Paris, 1722-1738.

3. « Les dames de la cour, dit l'ordonnance, et les damoiselles qui sont femmes de président, maistre des requêtes, conseillers de cours souveraines, grand conseil, présidents et officiers des chambres des comptes, cour des aydes, avocats et procureurs généraux, baillifs, sénéchaux, secrétaires du roy, trésoriers de l'épargne, trésoriers généraux de France, présidents des présidiaux, lieutenants principaux des baillifs et sénéchaux des provinces et des officiers domestiques du roy, des reines, du duc d'Anjou et de la reine de Navarre et leurs filles. »

ploi du petit fer, dont l'usage devenu beaucoup plus fréquent, produisit des œuvres charmantes et du goût le meilleur.

Débarrassée des dorures plaquées et massives qui ne furent plus employées que dans les Flandres et chez les Allemands, la reliure devint, à partir de cette époque, un art essentiellement national, et nos ouvriers, par l'élégance de leur travail, le sentiment exquis de la forme qu'ils apportèrent dans leurs compositions, conquirent une suprématie qui ne fut plus dépassée.

IV

Ce rapide aperçu suffit pour déterminer le caractère et l'importance de la bibliothèque de Fontainebleau. Née avec François Ier, elle disparut avec Charles IX, si l'on s'en rapporte au document publié par M. Édouard Fournier, avec Henri III, si l'on s'en tient à la tradition, et devint le noyau de l'incomparable trésor littéraire que nous possédons aujourd'hui.

Il nous reste à faire connaître les livres de cette Bibliothèque qui sont conservés dans les réserves de notre grand établissement national et qui portent encore sur leurs reliures, ou dans le texte même, la marque des derniers Valois.

Ils sont au nombre de 484, dont 70 ont appartenu à François Ier, 272 à Henri II, 14 à François II, 113 à Charles IX, et 15 à Henri III. Tous ces volumes, manuscrits et imprimés, nous ont été communiqués, avec le plus courtois empressement. Les catalogues qui suivent, ont donc été rédigés *de visu* et, pour en faciliter la lecture, nous avons mis en relief les titres des ouvrages qui, par l'importance du texte ou l'éclat de leur condition extérieure, nous ont paru mériter d'être signalés plus particulièrement à l'attention des lettrés et des amateurs de belles reliures [1].

1. Les bibliothèques Mazarine, Sainte-Geneviève et de l'Arsenal possèdent également un certain nombre de volumes ayant appartenu à François Ier, Henri II, Charles IX et Henri III. Quelques-uns, notamment à la Mazarine, sont de véritables merveilles, au point de vue de la reliure. Nous en donnons la description dans les notes qui accompagnent les catalogues.

N'ont pas été compris dans ce travail les manuscrits grecs récemment décrits par M. H. Omont, dans sa très remarquable étude sur les catalogues de la bibliothèque de Fontainebleau. « Ces manuscrits, au nombre de 560, sont tous à la Bibliothèque nationale, à l'exception d'un seul, aujourd'hui à Cambridge. Leurs reliures sont désignées dans les catalogues originaux par des termes extrêmement variés dont voici la traduction littérale : *rouge, porphyre rouge marbré, marron, marbré rouge et vert, marbré rouge et jaune citron, marbré rouge et noir, marbré safran et noir, jaune-paille, jaune-citron, écarlate, safran, bleu, lapis-lazuli, blanc et jaune, blanc, bigarré blanc et noir, noir, bigarré noir et blanc, noir et pourpre, roux, marbré, porphyre, porphyre marbré, vert, vert sombre, vert et bleu, vert et noir, rouan fumeux, jaune cire, rougeâtre, roussâtre, brun, verdâtre, jaune doré, jaune d'or foncé, jaune d'ocre.*

« Bien que la presque totalité de ces manuscrits ait été reliée sous François Ier et Henri II, aux armes de France, avec les chiffres et emblèmes de ces deux princes (175 portent la marque de François Ier et 353 celle de Henri II), les catalogues ne font point de distinction entre les deux reliures et ne mentionnent pas les ornements repoussés en or sur leurs plats. »

LIVRES

AYANT APPARTENU A FRANÇOIS Ier

MANUSCRITS[1]

**1. COMMENTAIRE SUR LE LIVRE DES ECHECS AMOU-
REUX. — ARCHILOGE SOPHIE. Grand in-folio, mar. rouge,
armes de France. (Reliure du XVIIe siècle.)**

Manuscrit des premières années du XVIe siècle, sur VÉLIN, à deux colonnes. Superbes miniatures, grandes et petites, vignettes autour des grandes
miniatures et initiales.

Volume exécuté pour François Ier, quand il n'était encore que comte
d'Angoulème. On voit en effet, dans la première vignette, l'écu d'Orléans
(*de France au lambel d'argent, dont chaque pendant est chargé d'un croissant de gueule*) : parti de Savoie (*de gueule à la croix d'argent*), surmonté
d'un diadème, ou cercle de couronne royale; de plus, dans la dernière miniature des *Echecs amoureux*, une fenêtre présente les armes d'Orléans
demi-écartelées de Milan et parties de Savoie.

L'*Archiloge Sophie* est un grand discours sur la sagesse. Il a été traduit
du latin dans les premières années du XVIe siècle, par frère Jacques Legrand,
Augustin. Il est précédé d'une miniature de présentation qui, toute belle
qu'elle est, se trouve inférieure à celles des *Echecs amoureux*.

Bibliothèque nationale. Département des manuscrits, fonds français : 143.

**2. LE MIROIR DES ARMES MILITAIRES et Instructions
des gens de pied, faict et compose par Jaques Chantareau, officier domestique de tres excellent et magnanime prince Monseigneur le Daulphin et de tres excellentes dames Mesdames la
Daulphine et Marguerite, fille du Roy. Pet. in-folio, relié de
nouveau pour Louis XV, en maroquin rouge, aux armes de
France.**

Manuscrit du XVIe siècle, sur papier, de 41 feuillets et décoré de dessins
et ornements à la plume.

---

1. On trouve à la Bibliothèque nationale soixante-dix manuscrits qu'on peut
assurer avoir été acquis par François Ier, mais ceux que nous avons catalogués
sont les seuls qui soient revêtus de ses armoiries.

Sur le verso du titre, on voit, dans un grand dessin, François Ier assis sur un trône, et recevant le livre des mains de l'auteur demi-agenouillé. Au haut du dais royal est l'écu de France accompagné de la Salamandre.
Bibliothèque nationale. Fonds français : 650.

3. P. VIRGILII MARONIS OPERA OMNIA. In-4, veau brun, encadrement de filets, F et fleurs de lis sur les plats et sur le dos, tr. dor., armes.

Très beau manuscrit sur vélin, daté de 1452 et décoré de lettres capitales en or et en couleur.
Bibliothèque nationale. Fonds latin ; 7. 937.

4. ROMAN DE GUYRON LE COURTOIS, par Helie de Borron. Deux volumes in-folio, reliés aujourd'hui en mar. rouge aux armes de France, et, auparavant, en veau, aux armes de France accompagnées du chiffre F couronné et de la Salamandre.

Manuscrit du xvᵉ siècle sur vélin, à deux colonnes. Très belles et très nombreuses miniatures, vignettes et initiales.
Ce magnifique exemplaire appartenait, dans la dernière partie du xvᵉ siècle, à un prélat de la Maison de Savoie, qui, suivant toutes les apparences, était Jean-Louis de Savoie, d'abord évêque de Maurienne, puis archevêque de Tarentaise, puis évêque de Genève, lequel mourut en 1481. Au bas des trois grandes miniatures qui décorent le début des trois livres de Guyron, on voit, en effet, l'écu de Savoie surmonté d'un chapeau épiscopal.
Bibliothèque nationale. Fonds français : 356 et 357.

5. RÉPONSE DU COMTE DE CARPI A ÉRASME, traduction anonyme. Pet. in-folio, reliure moderne, en veau, aux armes du roi Charles X.

Manuscrit du xvıᵉ siècle sur vélin, de 220 feuillets et contenant une miniature, des vignettes et des initiales en or et en couleur.
Volume offert par le traducteur à François Ier qui, dans la miniature-frontispice, est représenté sur son trône, ayant à sa droite Erasme en manteau noir, et à sa gauche le comte de Carpi en manteau fourré d'écarlate. Cette miniature est faite avec soin et rappelle les traits originaux des trois personnages.
Bibliothèque nationale. Fonds français : 462.

6. LE SECOND LIVRE DES COMMENTAIRES DE LA GUERRE GALLIQUE, par Caius Julius Cæsar, traduict en françois. In-8, mar. noir avec fermoirs.

Manuscrit sur vélin composé de 94 feuillets de texte et de 4 feuillets de table. L'écriture en est très belle et beaucoup de mots sont en or et en azur. Elle paraît être d'un des meilleurs calligraphes de l'époque de François Ier.
Nous avons dit plus haut (page 20) que ces *Commentaires* étaient divisés en trois tomes et que celui-ci était le plus précieux des trois.
Il l'emporte, en effet, sur les deux autres, non seulement par le nombre des peintures (le tome I n'en a que 14, et le tome III seulement 12), mais encore par l'intérêt qu'offrent ces peintures elles-mêmes.
On remarque dans ce très précieux volume 22 miniatures, 15 médail-

lons d'empereurs et d'autres personnages romains, 12 figures d'engins ou machines de guerre et 2 fleurons, en tout 58 peintures d'une vérité et d'une délicatesse vraiment merveilleuses.

Toutes les vignettes sont au millésime de 1519 et signées de l'initiale G. La perfection qui les distingue les avait d'abord fait attribuer au célèbre miniaturiste *Giulo Clovio*; on peut affirmer, maintenant, qu'elles appartiennent à un peintre nommé *Godefroy*. Il se trouve, en effet, à la bibliothèque de l'Arsenal une traduction française des *Triomphes de Pétrarque*, avec des miniatures qui sont incontestablement de la même main, et dont quelques-unes sont signées *Godefroy*; mais il y a une raison plus décisive à invoquer : le tome III du même ouvrage, qui a figuré à la *Librairie Techener* (*Bulletin du Bibliophile*, année 1850, n° 1222 et page 910) contient plusieurs miniatures signées *Godofredi pictoris*, 1520. Il ne saurait donc y avoir aucun doute sur le nom de l'artiste.

Légué à la Bibliothèque nationale par J.-J. de Bure. (Voir Catalogue des livres de sa bibliothèque, n° 1395.)

7. LE LIVRE DE BOCCACE, de casu nobilium virorum et feminarum. Deuxième traduction de Laurent de Premierfait. Gr. in-folio, mar. rouge, aux armes de France. (Auparavant en bois couvert de velours cramoisi, garni de plaques et de fermoirs.)

Manuscrit du commencement du XVIe siècle sur VÉLIN, à deux colonnes. Il contient une miniature et de nombreuses initiales, et a été exécuté pour le jeune comte d'Angoulême, devenu plus tard François Ier. La belle miniature que l'on voit au commencement, est de la même main que celle du *Commentaire sur le livre des Echecs amoureux*, et présente comme elle l'écu de France et Milan écartelé de Savoie.

Laurent de Premierfait, traducteur de cet ouvrage, était clerc du diocèse de Troyes, puis secrétaire du duc de Berry, troisième fils du roi Jean, à qui il dédia sa traduction achevée le 15 avril 1499. Il mourut en 1518.

Bibliothèque nationale. Fonds français : 231.

8. LE LIVRE DE BOCCACE, de casu nobilium virorum et feminarum. Seconde traduction de Laurent de Premierfait. Gr. in-folio, relié en mar. rouge aux armes de Béthune sur les plats.

Manuscrit du commencement du XVIe siècle, sur VÉLIN, à deux colonnes, et orné d'une grande miniature et de belles initiales en camaïeu.

Sur le second feuillet est figuré l'écu de France entouré du chiffre F couronné, et au-dessous, deux salamandres avec la devise: *Nutrisco et extinguo*; enfin, plus bas encore, se trouvent les mots en lettres d'or : « CE. PRESENT. A. ESTÉ. DONNE. AU. ROI. FRANÇOIS. PREMIER. PAR. CHARLES. DE BOURBON. CONESTABLE. » Mais, d'après M. Paulin Paris, cette feuille serait d'une fabrique beaucoup plus nouvelle que le manuscrit et pourrait être l'effet d'une fraude du bibliothécaire de Béthune.

Bibliothèque nationale. Fonds français : 128.

9. VALERII MAXIMI dictorum factorumque memorabilium libri novem... In-folio, veau brun, encadrement dans le style italien à l'intérieur des plats; F et fleurs de lis semés sur la couverture

et sur le dos; armes sur l'un des plats et, sur l'autre, titre de
l'ouvrage, tr. dor.

Très beau manuscrit du XIVe siècle sur VÉLIN, avec capitales, grandes et
petites, en or et en couleur.
Bibliothèque nationale. Fonds latin : 5842.
Voir *Appendice,* page 202.

LIVRES IMPRIMÉS

10. Sacræ Scripturæ veteris, novæque omnia (texte grec). *Aldus,
M. D. XVII.* In-folio, veau brun, double encadrement de filets,
avec volutes et arabesques, dans le style italien ; F et fleurs de lis
sur le dos, tr. dor., armes avec la Salamandre [1] et les F couronnés.

Bibliothèque nationale. Réserve : A. 42.

11. BIBLIA SACRA... *Parisiis, ex officina Roberti Stephani,*
1538-1540. 2 vol. in-fol. veau brun, ornements dans le style italien et différents pour les deux volumes, tr. dor. armes.

Exemplaire de la Bible latine de Robert Estienne, imprimé sur VÉLIN.
La reliure, qui est fort belle, a été reproduite, au moyen de l'héliogravure,
dans le livre de MM. Marius Michel.
Bibliothèque nationale. Livres exposés : 381-382.

12. La Biblia qvale contiene i sacri libri del Vecchio Testamento,
tradotti de la hebraica uerita in lingua Toscana, per Antonio
Brucioli... *In Venetia, M. D. XXXIX.* Pet. in-4, veau brun,
double compartiment de filets avec ornements dans le style italien formant encadrement, fleurons aux angles, dos orné d'F et
de fleurs de lis, tr. dor., armes.

Reliure d'un joli caractère, mais qui a subi des restaurations.
Bibliothèque nationale. Réserve : A. 196.

13. Marc (Saint), ermite. Capitula de lege spirituali. *Haguenau,
M. D. XXI.* In-8, veau brun. Armes frappées au milieu d'un
grand médaillon qui tient toute la largeur des plats, tr. dor.

Bibliothèque nationale. Livres exposés, n° 379.

1. Ainsi que nous l'avons dit plus haut, toutes les reliures aux armes de
François Ier sont, à de très rares exceptions près, avec l'emblème de la Salamandre.

14. Gregorii Nazianzeni Theologi orationes novem elegantissimæ (texte grec). *Aldus, M. D. XXXVI.* Petit in-8, mar. rouge, filets, clous aux angles, large médaillon formé de filets argentés et contenant les armes, dos semé d'F couronnés en argent et de fleurs de lis d'or, tr. ciselée.

Charmante reliure d'une conservation parfaite.
Les armes sont en argent sur le plat recto et en or sur le plat verso.
Bibliothèque nationale. Réserve : C. 205.

15. MILLÆUS (Jo.). Praxis criminis persequendi. *Paris, M. D. XLI.* In-folio, mar. brun, encadrement de filets terminés aux quatre angles par des fers pleins dans le style italien, riches compart. couvrant entièrement les plats, tr. dor.

Exemplaire sur vélin. Les plats de la reliure sont décorés d'une suite de médaillons renfermant des F couronnés et reliés entre eux par des entrelacs.
Bibliothèque nationale. Livres exposés, n° 383.

16. Annei Senecæ natvralivm quæstionvm libri VII. *Aldus, M. D. XXII.* In-8, veau brun, encadrement de filets, fleurs de lis aux angles, tr. dor., armes.

Bibliothèque nationale. Réserve : R. 1230.

17. Alcinoi sermo doctrinalis de dogmatibvs Platonis, etc. *Venetiis, apud Steph. Sabio, M. D. XXIX.* Pet. in-8, veau brun, encadrement de filets, fleurs de lis découpées aux angles, F sur le dos, tr. dor., armes.

Bibliothèque nationale. Réserve : S. 800.

18. Il Segreto de segreti, le Moralità et la Phisionomia d'Aristotele... Fatti nuouamente volgari per Giovanni Manente. *In Vinegia, M. D. XXXVIII.* Pet. in-4, veau brun, encadrement de filets dorés avec ornements italiens, fleurs de lis aux angles intérieurs et fleurons frappés à froid aux quatre angles extérieurs, F et fleurs de lis sur le dos, tr. dor., armes.

Très beau volume.
Bibliothèque nationale. Réserve : R. 679.

19. L'Anthropologia di Galeazzo Capella, secretario dell' illvstrissimo signor duca di Milano. *Aldus, M. D. XXXIII.* Pet. in-8, veau brun, fil., encadrement de fers italiens frappés à froid, fleurs de lis en or aux angles, tr. dor., armes.

Joli exemplaire.
Bibliothèque nationale. Réserve : R. 2463.

9

20. ARISTOTE. De Republica qui politicorum dicuntur libri VIII. *Paris, M. D. XLIII.* In-4, mar. noir, fil. à entrelacs, losange fleurdelisé au centre, bordure de filets brisés formant encadrement, F frappés à froid à la place des armés, tr. dor.

> Charmante reliure.
> Bibliothèque nationale. Livres exposés, n° 386.

21. Habentur in hoc volumine hæc, Theodoro Caza interprete : Aristotelis de natura animalium, libri IX ; eiusdem de partibus animalium, libri IIII ; eiusdem de generatione animalium, libri V, etc., etc. — *Venetiis, Aldus (s. d.).* In-4, veau brun, encadrement de filets, fleurs de lis aux angles, tr. dor., armes.

> Bibliothèque nationale. Réserve.

22. Herbolario volgare, di latino in volgare tradotto. *In Venegia, per Francesco di Alessandro Bindone, M. D. XXXVI.* Pet. in-8, veau brun, fil., avec milieu en losange et fers italiens frappés en argent, dans le goût des reliures aldines, fleurs de lis en or à chaque angle des plats, tr. dor., armes en argent.

> Bibliothèque nationale. Réserve.

23. RUEL (JEAN). De natura stirpium. *Paris, impr. par Simon de Colines, 1536.* In-folio. (Reliure moderne.)

> Exemplaire sur vélin. Au verso du titre sont peintes en or et en couleurs, dans un très beau cadre, les armes du roi accompagnées de la Salamandre.
> Bibliothèque nationale. Livres exposés, n° 276.

24. Opera d'agricoltura cōposta p. leccelētissimo dottor Pietro Crescētio cittadio di Bologna. *In Venegia, per Bernardino de Viano de Lexona Vercellese, M. D. XXXVIII.* Pet. in-4, veau brun, encadrement de filets poussés à froid, fleurs de lis en or aux quatre angles, dos avec l'F en argent et la fleur de lis en or entre les nervures, tr. dor., armes.

> Bibliothèque nationale. Réserve : S. 1149.

25. Ioannis grammatici cognomento Philoponi ervditissima commentaria in quos primos quatuor Aristotelis de naturali auscultatione libros. Nunc primum e græco in latinum fideliter translata. Gvlielmo Dorotheo Venetò Theologo interprete. *Venetiis, M. D. XXXIX.* In-4, veau brun, même reliure.

> Bibliothèque nationale. Réserve : R. 93

26. AURELII CORNELII CELSI medicinæ libri VIII quam emendatissimi, Græcis etiam omnibvs dictionibvs restitutis. QUINTI SERENI liber de medicina et ipse castigatiss. Accedit index in Celsum et Serenum sane quam copiosus. *Venetiis, Aldus, M. D. XXVIII.* Veau brun, encadrement de filets, avec rinceaux poussés à froid, fleurs de lis découpées aux angles, F et fleurs de lis sur le dos, tr. dor., armes entourées d'arabesques.

Bibliothèque nationale. Réserve : T²⁸. 6.

27. GALIEN. Ars medica. *Paris, 1543.* In-4, veau brun, compartiments de filets, tr. dor.

Très belle reliure à entrelacs. Les armes sont au milieu d'un encadrement de filets à volutes entourées de fers pleins, dans le style italien.
Bibliothèque nationale. Livres exposés, n° 385.

28. TAGAULT (J.). De chirurgica institutione libri V. *Parisiis, 1543.* In-folio, veau brun, entrelacs noirs bordés de filets d'or, couvrant entièrement les plats et venant se relier à un losange au centre duquel sont frappées les armes; semis d'F et de fleurs de lis sur le dos, tr. dor.

Superbe reliure sur le modèle de celles qui furent exécutées pour Grolier.
Bibliothèque nationale. Livres exposés, n° 384.

29. CENTUM PTOLEMÆI SENTENTIÆ ad Syrum fratrem a Pontano e græco in latinvm trälatæ atque expositæ. — Eiusdem Pontani libri XIII de reb. cœlestibus. — Liber etiam de lvna imperfectus. *Aldus, M.D.XIX.* In-8, veau brun, encadrement de filets, fleurons aux angles, tr. dor., armes.

Bibliothèque nationale. Réserve : Z. 1958.

30. CHYROMANTIA del Tricasso da Ceresari Mantuano, ingeniosamente extratta dai libri de Aristotele et altri naturali philosophi. *In Vinegia, per Vittor. Q. Piero Rauano della Serena et Cöpagni, M. D. XXXV.* Pet. in-8, joli titre avec encadrement sur bois, fig., veau brun, fil., encadrement de fers italiens poussés à froid, fleurs de lis en or aux quatre angles, tr. dor., armes.

Jolie reliure, mais dont un des plats paraît avoir été refait.
Bibliothèque nationale. Réserve : V. 2474.

31. EXPOSITIONE del Tricasso Mantvano sopra il cocle. Al illustrissimo Federico Gonzaga, marquese Mantvano. *In Venetia, per Marchio Sessa, M. D. XXXI.* Pet. in-8, veau brun,

encadrement de filets avec rinceaux frappés à froid; F dans les angles intérieurs et fleurs de lis en or aux quatre coins; F et fleurs de lis sur le dos, armes avec arabesques en or entourant la Salamandre et la fleur de lis qui surmontent les armes.

Charmante reliure.
Bibliothèque nationale. Réserve : V. 2475.

32. POSTEL (GUILLAUME). Linguarum duodecim, characteribus differentium, alphabetum, introductio ac legendi modus. *Paris, 1538.* In-4, mar. marron clair, encadrement de filets ornés de fers pleins dans le style italien et coupé par des médaillons avec effigies; semis de fleurs de lis sur les plats, armes au centre.

Jolie reliure.
Bibliothèque nationale. Livres exposés, nº 380.

33. PRISCIANI GRAMMATICI CÆSARIENSIS libri omnes. *Aldus, 1527.* In-8, veau brun, encadrement de filets, fleurons aux angles, tr. dor., armes.

Bibliothèque nationale. Réserve : X. 571.

34. ERASMI ROTERODAMI Opusculum de octo orationis partium constructione. *Aldus, M. D. XXIII.* Pet. in-4, veau brun, même reliure.

Bibliothèque nationale. Réserve : X. 695.

35. NIC. PEROTTI CORNUCOPIÆ, sive commentarii linguæ latinæ ad Martialis epigrammata; ejusdem Perotti libellus quo Plinii epistola ad Titum Vespasianum corrigitur... *Venetiis, Aldus, 1527.* In-4, veau brun, encadrement de filets, F et fleurs de lis sur le dos, tr. dor., armes.

Bibliothèque nationale. Réserve : X. 832.

36. RECUEIL DE PIÈCES : Rhetoricorum ad C. Herennivm, libri IIII; M. T. Ciceronis de inuentione, libri II; eiusdem de oratore ad Quintvm fratrem, libri I; eiusdem de claris oratoribus, qui dicitur Brutus, libri I; eiusdem orator ad Brutum, libri I; eiusdem topica ad Trebatium, libri I; eiusdem oratoriæ partitiones, libri I; eiusdem de optimo genere oratorum præfatio quædam, libri I ...*Venetiis, in ædibus hæredum Aldi Manutii Romani, et Andreæ Asvlani soceri, M. D. XXXIII.* In-8, veau brun, même reliure.

Bibliothèque nationale. Réserve : X. 1761.

37. GEORGII TRAPEZUNTII Rhetoricorvm libri V. — Consulti Chirii
Fortunatiani libri III. — Aquilæ Romani de figuris sententia-
rvm et elocutionis liber, etc... *Venetiis, in ædibus Aldi,
M. D. XXIII.* In-folio, veau brun estampé, tr. dor., armes.

Bibliothèque nationale. Réserve.

38. BARTHOLOMEO DA LI SONNETTI (Zamberto). In-folio de 28 ff.
Veau brun, large encadrement de filets frappés à froid avec
fleurons en or aux quatre angles, fleurs de lis sur le dos, armes.

Livre extrêmement rare, sans signature ni chiffre de pagination et qui
commence ainsi :

*Al Diuo cinquecento cinque e diece tre cinque ado
Mil nulla tre e do. un cěto nulla questa opra
dar piu cha altri lecce.*

Vient ensuite un prologue en vers qui se termine au verso du frontispice.
Au second feuillet recto, commence la série des cartes des îles de l'Archipel,
accompagnées des sonnets. La date M.D.XXXII se lit au dernier feuillet
recto. A la suite, se trouve l'*Isolario* de Benedetto Bordone (Venise, 1534),
in-fol. de 10 ff. non chiffrés et de 74 ff. chiffrés I-LXXIII).
Bibliothèque nationale. Réserve : J. 172.

39. EX PLAUTI comediis XX quarum carmina magna ex parte in
mensvm svvm restitvta sunt. *Venetiis, in ædibus Aldi, mense
Iulio, M.D.XXII.* Petit in-4, veau brun, même reliure.

Bibliothèque nationale. Réserve : Y. 598.

40. VIE D'ÉSOPE, par Planude, et Fables d'Ésope, en grec. *Venise, s. d.* In-4, veau brun, encadrement de filets et losange au
milieu des plats; armes au centre d'un médaillon enlacé aux
filets de l'ornementation générale; semis d'F et fleurs de lis,
F sur le dos, tr. dor.

Très joli volume.
Bibliothèque nationale. Livres exposés, n° 387.

41. HYPNEROTOMACHIA POLIPHILI, ubi humana omnia
non nisi somnium esse docet atque obiter plurima scitu sane quam
digna commemorat (par F. Colonna). *Venise, impr. par Alde
Manuce, 1499.* In-folio, fig. sur bois, veau brun, double encadrement de filets réunis par des arabesques frappées à froid,
ornements dorés aux angles, fleurs de lis et F poussés à froid,
armes et Salamandre en or.

Superbe exemplaire avec témoins. Texte d'une incomparable fraîcheur.
La figure représentant le sacrifice à Priape est intacte.
Un des joyaux de notre Bibliothèque nationale. Livres exposés : n° 335.

42. GUILLAUME BUDÉ. De transitu hellenismi. *Paris, imp. par Robert Estienne, 1535.* In-folio. (Reliure moderne.)

Exemplaire sur VÉLIN. Le portrait de François Iᵉʳ est peint dans la riche bordure qui encadre la première page du second feuillet. Dans cette bordure se voient les armes du Roi supportées par deux salamandres, avec la devise : *Morior et revivisco.*
Bibliothèque nationale. Livres exposés, nᵒ 281.

43. ERASMI ROTERODAMI Adagiorvm chiliades quatvor, centuriæque totidem. Qvibus etiam qvinta additvr imperfecta. *Venetiis, in ædibus Aldi... M.D.XX.* In-folio, veau brun, encadrement formé par des arabesques frappées à froid, tr. dor., armes.

Bibliothèque nationale. Réserve : Z. 1731.

44. PETRI BEMBI epistolarvm libri sexdecim... *Venetiis, 1521.* Pet. in-folio, veau brun, même reliure.

Bibliothèque nationale. Réserve : Z. 7351.

45. OPERA OMNIA ANGELI POLITIANI, et alia quædam lectu digna, quorum nomina in sequenti indice uidere licet. *Aldus, M. D. II.* In-folio, veau brun, encadrement de six filets placés à intervalles égaux et se rétrécissant à mesure qu'ils se rapprochent du centre; fleurs de lis placées en gradins dans les angles, F sur le dos, tr. dor., armes.

Très curieuse reliure dont nous ne connaissons pas d'autre spécimen.
Bibliothèque nationale. Réserve : Z. 1947.

46. IOANNIS IOVIANI PONTANI, opera omnia solvta oratione composita. *Venetiis, in ædibus Aldi et Andreæ soceri, mense Ivnio, M.D.XVIII.* In-8, veau brun, encadrement de filets avec fleurs de lis, tr. dor., armes.

Bibliothèque nationale. Réserve : Z. 1958.

47. ANDREÆ NAVGERII PATRICII VENETI ORATIONES DVÆ, carminaque nonnvlla. *Impressum Venetiis, M. D. XXX.* In-4, veau brun, même reliure.

Bibliothèque nationale. Réserve : K. 246.

48. PROSE DI M. PIETRO BEMBO nelle quali si ragiona della volgar lingua. *In Venetia, Gio. Tacuino, 1525.* In-folio, veau brun,

1. DELLE RIME DI M. PIETRO BEMBO. *Seconda impressione. Vinegia, M.D.XXXV.* Pet. in-4, veau brun, même reliure.
Bibliothèque Mazarine. Livres exposés.

encadrement formé de nombreux filets rapprochés les uns des autres et ornés aux angles de fers pleins dans le style italien; F et fleurs de lis sur le dos, tr. dor., armes.

Reliure fatiguée, mais intacte.
Bibliothèque nationale. Réserve : X. 1059.

49. EUSÈBE. Histoire ecclésiastique(en grec). *Paris, imprimé par Robert Estienne, avec les caractères du roi (typis regiis), 1544.* In-folio, veau brun, double encadrement de filets dorés, coupé par un losange semé d'F et de fleurs de lis ; armes.

« Première édition grecque de cet ouvrage et premier livre imprimé avec les caractères dessinés par Ange Vergèce et gravés par Garamond d'après l'ordre du roi, caractères connus sous la désignation de *typi regii*. La garde de ces caractères, qui se conservent encore à l'Imprimerie nationale, avait été confiée à Robert Estienne, lequel, déjà imprimeur du roi pour l'hébreu et le latin, avait succédé à Néobar comme imprimeur du roi pour le grec. Ils sont de trois grandeurs : ceux employés dans l'*Eusebe* sont de moyenne force (*gros romain*); le plus petit caractère *(cicero)* a servi à l'impression de l'édition in-16 du Nouveau Testament connu sous le nom de *O mirificam;* et le plus gros caractère *(gros parangon)* a été employé pour imprimer l'édition in-folio du Nouveau Testament de 1550[1]. »
Bibliothèque nationale. Livres exposés, n° 284.

50. PAULO OROSO tradotto di latino in volgare. (*S. l. n. d.*) Pet. in-8, veau brun, triple encadrement de filets, orné de fleurs de lis, F et fleurs de lis sur le dos, tr. dor., armes.

Charmant volume.
Bibliothèque nationale. Livres exposés, n° 388.

51. XENOPHONTIS de Cyri minores expeditione libri VII. Romulvs Amasæus vertit. *Bononia, M.D.XXXIII.* In-4, veau brun, double encadrement de fil., tr. dor., armes.

Jolie reliure. Les filets du premier encadrement étaient en argent, mais ont été oxydés par l'action du temps; ceux du second encadrement sont en or et accompagnés d'arabesques en forme d'arcs reliés par des fleurs de lis.
Bibliothèque nationale. Réserve : J. 38.

52. XENOPHONTIS omissa : quæ et græca appellantur. GEORGII GE- MISTÆ, qui et Pletho dicitur : ex Diodori : et Plutarchi historiis de iis : quæ post pugnam ad Manthineam gesta sunt : per capita tractatio. HERODIANI a Marci principatu historiarū libri octo : quos Angelus Politianus elegantissime latinos fecit... *Aldus, M.D.III.* In-4, veau brun, double encadrement de filets orné

1. *Notice des objets exposés à la Bibliothèque nationale,* p. 61.

d'F et de fleurs de lis, armes au milieu d'un losange relié par des entrelacs aux filets de l'encadrement, tr. dor.

Reliure aldine, dont les plats sont charmants, mais dont le dos a été entièrement refait.
Bibliothèque nationale. Réserve : J. 33¹.

53. Xenophonte della vita di Cyro, re de Persi, tradotto in lingua toscana da Iacopo di messer Poggio fiorentino, nvouamente impresso. *In Tusculano, per Alessandro de Paganini, 1527.* In-12, veau brun, double encadrement de filets, fleurons aux angles, F et fleurs de lis sur le dos, tr. dor., armes.

Bibliothèque nationale. Réserve : J. 351.

54. Appiano Alessandrino delle guerre ciuili de Romani, tradotto da M. Alessandro Braccio. *Vinegia, M.D.XXXVIII.* Pet. in-8, veau brun, même reliure.

Bibliothèque nationale. Réserve : J. 1246.

55. Commentarii di Caio Giulio Cesare, tradotti di latino in volgar lingua, per Agostino Ortica de la Porta Genouese, nuouamente reuisto e cõ somma diligẽtia corretto. (*S. l. n. d.*) In-12, mar. brun, même reliure.

Bibliothèque nationale. Réserve : J. 1343.

56. Sallustio historico eloquentissimo con alcune altre belle cose, di latino nella uolgar lingua per Agostino Ortica della Porta Genouese tradotto. Nuouamente reuisto e stampato. *In Vinegia, per Marchio Sessa*, *M. D. XXXI.* Pet. in-8, veau brun, même reliure.

Bibliothèque nationale. Réserve : J. 1380.

57. La Prima parte delle Vite di Plutarcho, di greco in latino et di latino in volgare tradotto. *In Vinegia, M.D.XXV.* Pet. in-4, fig. sur bois, veau brun, encadrement de filets dorés renfermant des F et des fleurs de lis répétés sur le dos, tr. dor., armes.

Joli exemplaire.
Bibliothèque nationale. Réserve : J. 198.

1. Herodiani Historiarvm lib. VIII. Græce pariter, et latine. *Venetiis, in ædibus Aldi et Andreæ Asulani soceri, mense septembri M.D.XXIIII.* In-12, veau brun, double encadrement de filets, fleurs de lis aux angles et sur le dos, tr. dor., armes.

Joli exemplaire.
Bibliothèque Sainte-Geneviève.
Réserve : Œ. 12° 135.

58. La Seconda et Vltima parte delle Vite di Plutarcho... Petit in-4, fig. sur bois, même reliure.

Bibliothèque nationale. Réserve : J. 199.

59. Valerio Maximo volgare nuouamente correcto. *Impresso in Venetia, 1509.* In-folio, veau brun, même reliure.

Bibliothèque nationale. Réserve : Z. 1723.

LIVRES

AYANT APPARTENU A HENRI II

MANUSCRITS

1. BIBLE. Petit in-4, mar. vert, encadrement dans le style italien, triples croissants et doubles D. H. aux angles, fleurs de lis en or et H couronné en argent, sur le dos, tr. dor., armes sur mar. rouge.

> Manuscrit du xɪɪᵉ siècle, sur vÉLIN.
> Bibliothèque nationale. Département des manuscrits, fonds hébreu : 32.

2. LES QUATRE ÉVANGILES, dans la version peschîtto. In-4, mar. vert, encadrement d'entrelacs, chiffres et emblèmes, tr. ciselée, armes sur mar. rouge.

> Manuscrit du xvɪᵉ siècle sur papier, de 189 ff., décoré de dessins à la plume, et exécuté à Rome en 1521, par le Maronite Élie, fils d'Abraham, pour le cardinal de Plaisance, Bernardin-Loup Carvajal.
> Bibliothèque nationale. Fonds syriaque : 44.

3. LIVRE DES SOUVENIRS, ou Concordance hébraïque, composée par R. Élie Lévita. 2 vol. grand in-4, mar. vert, même reliure.

> Manuscrit du xvɪᵉ siècle, sur papier.
> L'auteur raconte, dans la préface, qu'il avait commencé cet ouvrage à Rome, lorsque la prise de cette ville en 1527 le força de fuir à Venise; qu'il avait perdu à cette occasion presque toute la partie déjà rédigée de son travail et que c'est sur les instances de l'ambassadeur du roi de France à Venise, à qui Élie donna des leçons d'hébreu, qu'il s'était décidé à le reprendre et à le terminer. Ce manuscrit est l'autographe de l'auteur, que celui-ci avait envoyé à Paris pour l'y faire imprimer. Il se compose de deux volumes de 514 et 606 feuillets.
> Bibliothèque nationale. Fonds hébreu : 134 et 135.

4. GILBERTI, ANGLICI, expositio in visionem Cyrilli, presbyteri. — Excerpta ex Joachimi abbatis, libri de concordantia Veteris et

Novi Testamenti. Petit in-4, mar. brun clair, encadrement formé d'arabesques frappées en or, d'un côté, et en argent, de l'autre ; chiffres, croissants, H couronnés sur les plats et sur le dos, tr. dor. armes,

> Manuscrit du xive siècle, sur vélin.
> Bibliothèque nationale. Département des manuscrits, fonds latin : no 3321.

5. LEONII, PRESBYTERI PARISIENSIS, HISTORIÆ VETERIS TESTAMENTI, versibus heroicis. Pet. in-folio oblong, mar. citron, filets, chiffres et emblèmes frappés à froid, armes sur ovale de mar. rouge prenant toute la largeur du plat.

> Manuscrit du xive siècle, sur vélin.
> Bibliothèque nationale. Département des manuscrits, fonds latin : no 8111

6. ARATORIS, SUBDIACONI, HISTORIÆ APOSTOLICÆ LIBRI DUO, versibus heroïcis. Petit in-folio, mar. rouge, même reliure.

> Manuscrit du xie siècle, sur vélin.
> Bibliothèque nationale. Département des manuscrits, fonds latin : 8096.

7. GUITBERTI BEATÆ MARIÆ DE NOVIGENTO ABBATIS, tropologiarum in Genesim libri decem. Petit in-folio, mar. rouge, même reliure.

> Manuscrit du xiie siècle, sur vélin.
> Bibliothèque nationale. Département des manuscrits, fonds latin : no 2501.

8. COMMENTAIRE d'Aben-Ezra sur le Pentateuque. Moyen in-4, mar. vert, encadrement formé d'arabesques en argent sur un des plats, en or sur l'autre, chiffres et emblèmes, tr. ciselée, armes sur mar. citron.

> Manuscrit sur papier exécuté par Pinéas, fils de Yaïr, en 1431.
> Bibliothèque nationale. Fonds hébreu : 178.

9. EXPOSITIONIS IN PROVERBIA SALOMONIS LIBRI QUINDECIM... Pet. in-4, mar. citron, armes sur pièce de mar. rouge.

> Manuscrit du xiie siècle, sur vélin. Lettres capitales en couleurs.
> Bibliothèque nationale. Département des manuscrits, fonds latin : no 465.

10. BRUNONIS, SIGNIENSIS EPISCOPI, commentarii in librum Job. Petit in-4, mar. rouge, encadrement formé par des arabesques frappées en or et en argent et mêlées aux croissants et à l'H couronné ; armes sur mar. citron.

> Manuscrit du xiiie siècle, sur vélin.
> Bibliothèque nationale. Fonds latin : no 2901.

11. Guitberti... tropologiarum in Oseam, Amos et Jeremiam libri quinque. Très petit in-folio, mar. vert, même reliure.

> Manuscrit du XIIᵉ siècle, sur vélin.
> Bibliothèque nationale. Département des manuscrits, fonds latin : nº 2502.

12. Thomæ, Cisterciensis monachi, commentariorum in Canticum canticorum libri sextus, septimus, octavus et nonus. Pet. in-4, mar. rouge, armes sur pièce de mar. citron.

> Manuscrit du XIIIᵉ siècle sur vélin.
> Bibliothèque nationale. Département des manuscrits, fonds latin : nº 533.

13. Commentaire de R. David Kimhi sur les Psaumes. Petit in-4, mar. vert, encadrement dans le style italien, tr. dor., armes sur mar. citron.

> Manuscrit sur vélin, exécuté en 1394 par Menahem, fils de Yehiel Galligi (le Gallicien), pour Joseph, fils de Mardochée Zarphãthi (le Français).
> Bibliothèque nationale. Fonds hébreu : 208.

14. Alcuini commentarius in Psalmos pœnitentiales... Anonymi commentarius in psalmum centesimum decimum octavum : manu pauló recentiore. In-8, mar. brun, encadrement de filets dorés, chiffres, croissants et H couronnés sur les plats et sur le dos, tr. dor., armes.

> Manuscrit du Xᵉ siècle, sur vélin.
> Bibliothèque nationale. Département des manuscrits, fonds latin : nº 4287.

15. Anonymi in Psalmos commentarii... Grand in-4, mar. brun, encadrement de filets décoré, dans le style italien, de volutes dorées sur un des plats de la reliure et argentées sur l'autre, fleurs de lis d'or, armes (or et argent) sur pièce de mar. rouge, tr. dor.

> Manuscrit du Xᵉ siècle, sur vélin très fin, mais malheureusement très endommagé.
> Bibliothèque nationale. Département des manuscrits, fonds latin : nº 435.

16. Anonymi commentarius in Psalmos et in cantica iis adjungi solita : sub finem nonnulla desiderantur. Pet. in-4, mar. vert, armes sur pièce de mar. brun; même reliure que ci-dessus.

> Manuscrit du Xᵉ siècle, sur vélin.
> Bibliothèque nationale. Département des manuscrits, fonds latin : nº 545.

17. ANONYMI COMMENTARII in Psalmos Davidis et in cantica iis adjungi solita. Pet. in-4, mar. rouge, armes sur mar. brun, tr.
dor.; même reliure que ci-dessus.

> Manuscrit du xᵉ siècle, sur VÉLIN.
> Bibliothèque nationale. Département des manuscrits, fonds latin :
> n° 546.

18. BRUNONIS, SIGNIENSIS EPISCOPI, commentarius in Psalmos. Petit
in-folio, mar. vert, même reliure.

> Manuscrit du xiiiᵉ siècle, sur VÉLIN.
> Bibliothèque nationale. Département des manuscrits, fonds latin :
> n° 2509.

19. SANCTI AMBROSII, Mediolanensis Episcopi, explanatio in psalmos I, XXXV, XXXVI, XXXVII, XXXVIII, XXXIX, XL,
XLIII, XLV, XLVIII et LXI. In-4, mar. brun. tr. dor., armes.

> Manuscrit du xiiᵉ siècle, sur VÉLIN. Même reliure.
> Bibliothèque nationale. Département des manuscrits. fonds latin :
> n° 1733.

20. VENERABILIS BEDÆ, presbyteri, retractatio in Actus Apostolorum. — Ejusdem homiliæ in Evangelia. In-4, mar. brun clair,
armes sur pièce rouge.

> Manuscrit sur VÉLIN. La première partie est du ixᵉ siècle, l'autre moitié
> du xᵉ.
> Bibliothèque nationale. Département des manuscrits, fonds latin :
> n° 2362.

21. ANONYMI EXPOSITIO in omnes Pauli Epistolas... Pet. in-4, mar.
brun, armes sur mar. vert, tr. dor.

> Manuscrit du ixᵉ siècle, sur VÉLIN.
> Bibliothèque nationale. Département des manuscrits, fonds latin :
> n° 653.

22. ANONYMI LECTIONES, seu commentarius in Epistolas Pauli...
Pet. in-4, mar. brun, armes sur pièce de mar. vert, tr. dor.

> Manuscrit du xvᵉ siècle, sur papier; écriture cursive.
> Bibliothèque nationale. Département des manuscrits, fonds latin :
> n° 704.

23. HAYMONIS, HALBERSTADIENSIS EPISCOPI, commentarii in epistolas Pauli ad Romanos, ad Corinthios et ad Thessalonicenses.
Petit in-4, même reliure.

> Manuscrit du ixᵉ siècle, sur VÉLIN.
> Bibliothèque nationale. Département des manuscrits; fonds latin :
> n° 2409.

24. CLAUDII, EPISCOPI TAURINENSIS, commentarii in Epistolam Pauli ad Romanos, et in duas ad Corinthios. Grand in-4, mar. brun clair, même reliure.

> Manuscrit du x⁰ siècle, sur VÉLIN.
> Bibliothèque nationale. Département des manuscrits, fonds latin : n⁰ 2392.

25. BERENGAUDI... expositio in Apocalypsim. — Fragmentum passionis sancti Quintini. — Sancti Bernardi liber de dispensatione, etc... Petit in-4, même reliure.

> Manuscrit du XII⁰ siècle, sur VÉLIN.
> Bibliothèque nationale. Département des manuscrits, fonds latin : n⁰ 2467.

26. ROBERTI, MONACHI, COMMENTARIUS in Evangelium Joannis... Pet. in-4, mar. vert, armes sur mar. citron. tr. dor.

> Manuscrit du XIII⁰ siècle, sur VÉLIN.
> Bibliothèque nationale. Département des manuscrits, fonds latin : n⁰ 695.

27. MAGISTRI ANSELMI DE MONTELEONIS glossæ in Mathæum... In-folio, mar. rouge, même reliure.

> Manuscrit du XIV⁰ siècle, sur VÉLIN.
> Bibliothèque nationale. Département des manuscrits, fonds latin : n⁰ 2491.

28. ANONYMI BREVIS EXPOSITIO in septem Epistolas canonicas.
> 2⁰ *Joachimi*, abbatis, commentarius in Apocalypsim.
> 3⁰ *Anonymi* expositio in Actûs Apostolorum. In-folio, mar. brun, armes sur mar. rouge, tr. dor.

> Manuscrit du XIV⁰ siècle, sur VÉLIN. Belle écriture gothique, capitales grandes et petites, en couleurs.
> Bibliothèque nationale. Département des manuscrits, fonds latin : n⁰ 682.

29. HEURES. Petit in-8, mar. citron marbré, noirci par le temps, double encadrement de filets dorés sur les plats, dos orné, dans toute sa longueur, d'un simple trois-filets, tr. dor.

> Très beau manuscrit sur VÉLIN, orné d'un nombre infini d'initiales, grandes et petites, dorées et enluminées, et de 17 miniatures qui font de ce livre de prières, un des monuments les plus intéressants de l'art du miniaturiste au XVI⁰ siècle.
> A la suite des trois premières peintures que nous avons déjà décrites [1] et qui représentent les *Armes de France*, la *Dédicace à Henri II* et l *Trinité*, se trouvent :
> 1⁰ HISTOIRE DE JONAS (du livre de Jonas).
> Au fond du tableau, dans un lointain plein de lumière, Jonas est préci-

1. Aperçu historique, page 29.

pité dans la mer et englouti par une baleine. Au premier plan, on le voit
sortir de la gueule du monstre et aborder sur le rivage.

Cette miniature, en camaïeu de couleur bleue, où l'on reconnaît les procédés de l'école italienne, alors en grand honneur, est très finement exécutée.
Les détails du navire sont d'une gracilité charmante et les règles de la perspective sont observées, dans les fonds, avec une science qui révèle un
maître.

Le cadre rectangulaire portant aux angles des têtes d'anges, et, de chaque
côté, des consoles réunies par des têtes de lion d'un beau caractère, fait va-
loir encore cette jolie peinture.

2º MIRACLE ACCOMPLI PAR ÉLISÉE (du livre IV des Rois).

« *Cependant Élisée fut importuné beaucoup par les prières d'une pauvre
veuve qui n'avait que deux enfants que ses créanciers voulaient lui enlever.
Le Prophète lui ayant demandé ce qu'elle avait chez elle, elle lui répondit
qu'il ne lui restait que très peu d'huile dans un vase. Élisée lui commanda
d'aller emprunter de ses voisins des vases vides autant qu'elle en pourrait
avoir, et d'emplir tous ces vases du peu d'huile qui lui restait. Elle le fit
sans que l'huile s'arrêtât jamais jusqu'à ce qu'il n'y eût plus de vases. Elle
vendit ensuite une partie de cette huile pour s'acquitter de ses dettes, et
garda l'autre pour son usage et celui de ses enfants.* »

Ce sujet est traité avec une grande chaleur de style et une remarquable
entente du dessin. On y rencontre les qualités précieuses des écoles flamande
et italienne heureusement confondues avec celles qui caractérisent plus particulièrement notre art national.

La femme accroupie au milieu des riches amphores qui lui ont été prê-
tées, tourne vers le prophète un visage où l'étonnement se mêle à la reconnaissance et dont l'expression est très heureusement rendue. La netteté des
contours, les attitudes des personnages, le soin avec lequel sont étudiées
les constructions architectoniques, ornées de colonnes, qui remplissent les
fonds, l'aspect lumineux du ciel, indiquent que cette peinture est l'œuvre
d'un des meilleurs artistes de la Renaissance française.

3º JOSUÉ ET LE MESSAGER DE DIEU (du livre V de Josué).

« *Lorsque Josué était sur le territoire de la ville de Jéricho, ayant vu un
homme qui était debout et tenait dans sa main une épée nue... Cet homme
lui dit : Je suis le prince de l'armée du Seigneur et je viens ici maintenant
de sa part... Otez vos souliers de vos pieds, parce que le lieu où vous êtes
est saint ; et Josué fit ce qu'il lui avait commandé.* »

Miniature sortie des mêmes mains que la précédente et traitée avec la
même perfection. Le paysage représente une riche vallée, au fond de laquelle les deux armées sont en présence, séparées par une rivière aux si-
nueux contours. Au premier plan, Josué, assis, a déposé son bouclier et sa
lance et se prépare à obéir au messager de Dieu qui le menace de son glaive.

4º LE SERPENT D'AIRAIN (du livre des Nombres).

Au milieu d'une foule poursuivie par des serpents et que la peur a affo-
lée, Moïse est debout, désignant du doigt le serpent d'airain que Dieu lui a
ordonné de dresser. A ses pieds une femme expirante, qu'un homme sou-
lève dans ses bras, implore du regard le signe mystérieux et tend vers lui
des mains suppliantes.

Peinture en camaïeu d'or, dans laquelle l'artiste paraît s'être inspiré du
tableau de Raphaël : *la Transfiguration*, et qui réunit, au double point de
vue du style et de la couleur, les qualités les plus brillantes. Certains détails rappellent la manière de Jean Cousin qui a traité le même sujet sur les
vitraux de l'église de Sens [1].

---

1. La gravure de ces vitraux malheureusement détruits à la Révolution, et
dont la Bibliothèque nationale possède un fort bel exemplaire, a été exécutée
sur cuivre par ETIENNE DELAUNE et est devenue très rare.

LE SERPENT D'AIRAIN

5º Le Seigneur apparaît a Abraham (de la Genèse).

« *Le Seigneur apparut un jour à Abraham dans la vallée de Mambré, lorsqu'il était assis, durant la chaleur du jour, à l'entrée de sa tente :* TRES VIDIT, UNUM ADORAVIT, *et il dit : Seigneur, si j'ai trouvé grâce devant vous, ne passez pas la maison de votre serviteur sans vous y arrêter.* »

Cette miniature est peinte également en camaïeu.

Les personnages sont en rouge vermillon et se détachent sur un fond d'une teinte rosée. Abraham, prosterné devant les anges, reconnaît le Seigneur qui lui promet un fils. Dans l'angle, Sara, qui a entr'ouvert la porte de sa demeure, écoute les paroles de Dieu. Dans le fond très éclairé, un amphithéâtre circulaire et une pyramide décorent le paysage. Le cadre, orné de cariatides d'un dessin très pur, est en or et porte à son sommet, sur un cartouche retenu par des banderoles, la légende : TRES VIDIT, UNUM ADORAVIT.

6º La Vision de saint Pierre.

Au premier plan, saint Pierre est endormi, la tête appuyée sur sa main droite. Du haut du ciel entr'ouvert, une nappe relevée aux quatre coins et remplie d'animaux de toute espèce, parmi lesquels on remarque un porc et des serpents, descend vers lui, tandis que Dieu, entouré de têtes d'anges ailées, apparaît au milieu des nuages et lui adresse ces mots : « *Tue et mange, n'appelle pas impur ce que Dieu a purifié,* » avertissement symbolique qui veut dire que les Gentils doivent être appelés, aussi bien que les Hébreux, à la communion chrétienne.

Le paysage est charmant et nous montre un château bâti sur le bord d'une rivière où flottent de légères embarcations. La tête du saint est admirable d'expression et de finesse. Les fonds, d'un bleu harmonieux, sont traités avec un rare sentiment de la perspective.

7º Moïse fait jaillir l'eau du rocher (de l'Exode).

Cette miniature, peinte en grisaille, se découpant sur un fond bleu, est d'un élève de Fontainebleau, et se recommande par la sévérité élégante des lignes et l'arrangement très étudié des personnages auxquels on peut reprocher, peut-être, un peu trop de raideur.

8º Les trois jeunes Hébreux dans la fournaise (du livre de Daniel).

Très jolie peinture en camaïeu, où les personnages sont représentés en rouge vermillon sur fond carminé. Les flammes qui s'échappent de la chaudière, sont d'un rouge plus éclatant et nuancé d'or. Cette succession de tons, tenue dans une harmonie parfaite, fait le plus grand honneur à l'artiste qui, dans l'ensemble de la composition, a su garder la tradition de l'école de Florence, sans se laisser entraîner dans la voie de l'imitation et du mauvais goût que trop d'enthousiasme avait fait naître. L'aspect des bourreaux terrassés sous les flammes, au moment où les trois jeunes Hébreux apparaissent sains et saufs, est d'un effet très dramatique. Au fond, le peuple est prosterné devant la statue d'or que le roi a fait élever. Le cadre qui entoure cette miniature est enguirlandé de banderoles auxquelles sont attachés des fruits.

9º Élisée assistant a l'enlèvement d'Élie dans un char de feu (du livre IV des Rois).

Jolie composition peinte également en rouge sur fond carminé, et due probablement au pinceau du même artiste.

10º Samson emportant les portes de Gaza (livre des Juges).

Très belle miniature. La tête, les bras et les jambes du colosse, dessinés avec une grande vigueur, sont d'un modelé superbe. Le cadre à enroulements découpés est du meilleur style.

11º Élie endormi dans le désert et l'ange qui vient le secourir (du livre III des Rois).

Élie est endormi au bord d'une fontaine entourée de rochers et de broussailles. Un ange lui apporte le pain et l'eau. Les têtes ne manquent pas de finesse, mais la pose du prophète est mal dessinée, les vêtements de l'ange tombent lourdement et ses ailes multicolores sont d'un effet vulgaire. Le cadre rectangulaire porte dans ses moulures des masques et deux têtes de bouc.

12° JOB SUR SON FUMIER (livre de Job).

« *Job, s'étant assis sur un fumier, ôtait, avec un morceau d'un pot de terre, la pourriture qui sortait de ses ulcères. Alors sa femme vint lui dire : Quoi, vous demeurez encore dans votre simplicité? Maudissez Dieu et mourez.* »

Cette scène est rendue avec une grande énergie. L'attitude de la femme de Job et celle de ses amis, l'expression de leurs physionomies témoignent d'un réel sentiment de l'art. Au fond, on voit la maison de Job en flammes et ses troupeaux dispersés.

13° DANIEL DANS LA FOSSE AUX LIONS (du livre de Daniel).

Peinture exécutée en grisaille tellement légère qu'on la prendrait pour un crayon.

La pose hardie du messager de Dieu, celle du prophète, admirable dans sa simplicité voulue, l'attitude des lions qui dorment à ses pieds ou s'écartent avec un respect mêlé de crainte, la belle ordonnance des détails architecturaux, font de cette composition une œuvre de premier ordre.

Le cadre, en camaïeu d'or, porte à chaque angle et au centre des arabesques dans des médaillons bleus et rouges et des fruits attachés à des guirlandes.

La 14e et dernière miniature représente Henri II touchant les malades des écrouelles dans l'église de Saint-Marcoul. Elle est d'un grand intérêt historique et nous en avons parlé plus haut[1] avec tous les développements que comporte une œuvre d'art de cette importance.

Les bordures, à ornements variés, qui servent de cadre à toutes ces compositions, peuvent être considérées comme un des plus remarquables spécimens de l'art décoratif de l'époque de Henri II[2].

Le manuscrit est terminé par les « Oraisons que ont accoutumé à dire les roys de France, quand ils veulent toucher les malades des écrouelles », et par les lignes suivantes : « Par sapience ont été saulvez tous ceulx, Seigneur, qui t'ont pleu dès le commencement. »

Les Heures de Henri II, après avoir fait partie de la Bibliothèque royale, ont passé, en 1866, dans le Musée des souverains, pour retourner, après la chute de l'Empire, à la Bibliothèque nationale, département des manuscrits (fonds latin), où elles sont inscrites sous le n° 1429.

o. IVONIS, EPISCOPI CARNOTENSIS, liber de sacramentis neophytorum, etc. In-folio, mar. vert, chiffres et croissants, armes.

Beau manuscrit du x° siècle, sur VÉLIN, avec lettres capitales en couleur.
Bibliothèque nationale. Département des manuscrits, fonds latin : n° 2481.

31. IVONIS, EPISCOPI CARNOTENSIS, EPISTOLARUM PARS MAJOR : præmittuntur quædam de mysterio Incarnationis Christi. Très petit in-8, mar. rouge, double D. H. et croissants en argent aux quatre angles, H couronnés et fleurs de lis, or et argent, sur le dos, armes sur mar. citron, clous sur les plats, tr. dor.

Manuscrit du XIII° siècle, sur VÉLIN.
Bibliothèque nationale. Fonds latin : n° 3005.

---

1. Aperçu historique, page 30.
2. La description de ces miniatures a été empruntée à la notice que la Société des Bibliophiles françois vient de publier sur le livre d'Heures de Henri II.

32. ARNOBII ADVERSUS GENTES, LIBRI OCTO. Petit in-4, mar. vert, encadrements de filets avec enroulements dans le style italien, en
or d'un côté, en argent sur l'autre; chiffres et croissants en argent
aux quatre angles intérieurs des plats; dos semé de fleurs de lis
d'or, avec l'H couronné en argent; tr. dor.; armes sur mar.
rouge.

> Manuscrit du XIII° siècle, sur VÉLIN.
> Bibliothèque nationale. Département des manuscrits, fonds latin :
> n° 1661.

33. ISIDORI, HISPALENSIS EPISCOPI, SOLILOQUIORUM LIBRI DUO. — Vi-
gilii episcopi, adversus Eutychetem libri quatuor, in defensio-
nem epistolæ sancti Leonis. — Ejusdem defensio concilii Chal-
cedonensis. — Petri Chrysologi epistola ad Eutychetem. —
Sancti Augustini liber ad Paulinum. Petit in-4, mar. rouge,
encadrement de filets avec fers italiens, chiffres et croissants aux
quatre angles intérieurs des plats, dos semé de fleurs de lis d'or
mêlées à l'H couronné, tr. dor., armes sur mar. citron.

> Manuscrit du IX° siècle, sur VÉLIN.
> Bibliothèque nationale. Département des manuscrits, fonds latin :
> n" 2317.

34. RECUEIL : Cassiani Bethleemitici Presbyteri, de Incarnatione
Verbi, libri novem. — Beati Leonis, Papæ, ad Flavianum... —
Ejusdem Leonis ad Julianum, epistola de Eutychis hæresi. —
Eusebii, Mediolanensis episcopi, ad Leonem epistola. — Raven-
nii et aliorum episcoporum Gallorum ad Leonem Papam epistola... — Sancti Leonis epistola ad Palæstinos. — Epistola Leonis, Papæ, ad Leonem Augustum. — Anselmi, Cantuariensis,
opus de Trinitate. In-4, mar. rouge, armes sur maroq. vert.

> Manuscrit du XIV° siècle, sur VÉLIN. Lettres capitales en couleurs.
> Bibliothèque nationale. Département des manuscrits, fonds latin :
> n° 2143.

35. RECUEIL DE PIÈCES :

   1° Anonymi expositio historica, moralis et allegorica in
Jeremiæ lamentationes.

   2° Drogonis, Ostiensis episcopi, soliloquium de Sacramento Dominicæ Passionis.

   3° Sancti Bernardi... tractatus de moribus et officio episcoporum.

   4° Anonymi tractatus asceticus.

   5° Anselmi... Sermo in illud Lucæ : Intravit Jesus in quod-
dam castellum.

6° *Sancti Bernardi* expositio in illud Cantici canticorum : Ibo ad montem mirrhæ.

7° *Anonymi* expositio quædam sancti Lucæ Evangelii... Pet. in-4, mar. rouge, armes sur mar. citron, tr. dor.

Manuscrit du xiiiᵉ siècle, sur vélin. Belle écriture gothique ; nombreuses lettres capitales, grandes et petites, en couleurs.
Bibliothèque nationale. Département des manuscrits, fonds latin : n° 576.

36. Recueil de pièces :

1° *Honorii, Augustodunensis*, gemma animæ.

2° *Cassiodori*... expositio in Canticum canticorum.

3° *Fragmentum* de tribus Dei habitaculis, scilicet cœlo, inferno et mundo.

4° *Sancti Hieronymi* expositio in Evangelium Marci.

5° *Juliani, Toletani*, prognosticon...

6° *Orosii* ad sanctum Augustinum quæstiones de Trinitate et aliis Sacræ Scripturæ locis.

7° *Excerpta* ad mores informandos idonea. Pet. in-4, mar. brun, armes sur mar. rouge, tr. dor.

Manuscrit du xiiiᵉ siècle, sur vélin.
Bibliothèque nationale. Département des manuscrits, fonds latin : n° 999.

37. Recueil de pièces :

1° *Preces et meditationes* : authore anonymo.

2° *Tractatus* de mysterio altaris fragmentum.

3° *Fragmentum Decretalium*.

4° *Sancti Bernardi* liber de vita et moribus religiosorum.

5° *Epigrammatum et epitaphiorum collectio*.

6° *Prudentii, Tricassini*, flores centum quinquaginta.

7° *Sancti Hieronymi* Psalterium abbreviatum.

8° *Preces variæ*.

In-16, mar. brun, plats couverts des deux côtés d'un large ovale en mar. rouge où sont frappées les armes, or et argent.

Manuscrit du xiiiᵉ siècle, sur vélin.
Bibliothèque nationale. Fonds latin, n° 3761.

38. Arnoldi, Bonævallis abbatis, tractatus de cardinalibus Christi operibus. — *Martini Dumiensis* ad Mironem liber de differentiis quatuor virtutum, sive formula honestæ vitæ. — Fragmenta duo, alterum de nominum origine, alterum de sacramento Eucharistiæ. Petit in-8, mar. brun, petit encadrement avec fers ita-

liens, chiffres et croissants sur les plats et sur le dos, tr. dor., armes.

Manuscrit du xiiie siècle, sur vélin.
Bibliothèque nationale. Fonds latin : n° 2946.

39. Prosperi, vel potiùs *Juliani Pomerii* libri tres de vita contemplativa. — *Isidori Junioris* de synonimis libri duo. — *Sententiæ sanctorum Patrum*... etc. In-folio, mar. brun, large bordure à entrelacs de mar. noir, chiffre et H couronnés, triple croissant, arcs et carquois entrelacés peints en blanc dans les compartiments, armes poussées en or et mosaïquées de noir sur fond citron, dos semé de fleurs de lis d'or mêlées à l'H couronné en argent, tr. dor.

Manuscrit du xiie siècle, sur vélin.
Belle reliure d'un goût très sobre et d'une conservation parfaite.
Bibliothèque nationale. Département des manuscrits, fonds latin : n° 2152.

40. Remigii, monachi, homiliæ in varia Evangelii loca. Grand in-4, mar. brun clair, armes sur pièce de mar. rouge.

Manuscrit du xie siècle, sur vélin.
Bibliothèque nationale. Département des manuscrits, fonds latin : n° 2451.

41. Anonymi sermones de tempore ac de Sanctis totius anni. In-8, mar. brun, plats couverts des deux côtés par un large ovale de mar. rouge où sont frappées les armes, or et argent, tr. dor.

Manuscrit du xiie siècle, sur vélin.
Bibliothèque nationale. Fonds latin : n° 3730.

42. Anonymi sermones de Dominicis et festis, de tempore et de communi, nulla ordinis habita ratione collecti. Petit in-4, mar. rouge, encadrement décoré d'arabesques, chiffres et emblèmes sur les plats, H couronnés et fleurs de lis sur le dos, tr. dor., armes.

Manuscrit du xiiie siècle, sur vélin.
Bibliothèque nationale. Fonds latin : 3823.

43. Anonymi sermones pro Dominicis et Festis totius anni. In-4, mar. vert, encadrement dans le style italien, or d'un côté, argent de l'autre, tr. dor., armes sur mar. brun.

Manuscrit du xiiie siècle, sur vélin.
Bibliothèque nationale. Fonds latin : n° 3831.

44. Sermones varii e Sanctorum Patrum homiliis concinnati. Petit in-4, mar. rouge, armes.

Manuscrit du xive siècle, sur vélin.
Même reliure.
Bibliothèque nationale. Fonds latin : n° 3810.

45. Sermones per annum ex homiliis sanctorum Patrum decerpti. Petit in-folio, mar. rouge, même reliure.

> Manuscrit du xive siècle, sur vélin.
> Bibliothèque nationale. Département des manuscrits, fonds latin : n° 3813.

46. Guitberti... de sanctis et de pignoribus sanctorum libri quatuor, ad Odonem Sancti Symphoriani abbatem... In-4, même reliure.

> Manuscrit du xiie siècle, sur vélin.
> Bibliothèque nationale. Fonds latin : n° 2900.

47. Livre appelé Clefs de la Cabale, d'après R. Baboukh. — Remarques sur l'analogie qui existe entre les quatre camps d'anges qui entourent Dieu, les quatre divisions des Israélites autour du tabernacle dans le désert, les quatre points cardinaux, etc. Petit in-4, mar. vert, encadrement avec fers italiens, chiffres et emblèmes, tr. ciselée, armes.

> Manuscrit sur vélin et papier.
> Bibliothèque nationale. Fonds hébreu : 770.

48. Commentaire sur la Mischna, par R. Moïse, fils de Maimoun (auteur du xiie siècle). Grand in-folio, mar. citron, encadrement avec arabesques, chiffres et emblèmes, tr. dor., armes sur mar. vert.

> Manuscrit en deux volumes, sur vélin, exécuté en 1399 et 1401. Très belle condition.
> Bibliothèque nationale. Fonds hébreu : 328 et 329.

49. La Vie du monde futur, dissertation cabalistique sur les différents noms de Dieu, par R. Abraham Aboul' Afya. — Traité cabalistique sur la forme et la signification des lettres des noms de Dieu, etc., appelé « Livre de la Configuration ». — Livre du Derviche (trad. hébraïque de la version arabe du livre Barlaam et Josaphat, faite par R. Abraham, fils de Samuel, Ibn-Hisdaï). In-4, mar. rouge, même reliure.

> Manuscrit sur vélin et papier. Les trois ouvrages sont de trois écritures différentes.
> Bibliothèque nationale. Fonds hébreu : 775.

50. « Livre des belles paroles », par R. Abraham Aboul' Afya. — Quelques notes et figures relatives au char céleste de la vision d'Ezéchiel et aux lettres cabalistiques. — Explication du nom de Dieu, appelée Vie du monde futur et mystère du nombre des lettres du nom de Jérusalem. — Observations cabalistiques détachées, dont une partie relative à la cabale pratique. — Le Livre

de la création... Petit in-4, mar. rouge, filets or et argent, armes
sur mar. citron.

Manuscrit du xv⁰ siècle, sur vélin.
Bibliothèque nationale. Fonds hébreu : 776.

51. Le « Guide du Guide » ou Commentaire sur le « Guide des Éga-
rés », par R. Schêm-Tôb. — Petit traité sur l'âme, par le même
auteur. — Explication de la vision d'Ezéchiel, etc. In-8, mar.
rouge, double filet formant encadrement, chiffres et emblèmes,
tr. ciselée, armes sur mar. citron.

Manuscrit du xv⁰ siècle, sur papier.
Bibliothèque nationale. Fonds hébreu : 706.

52. « Couronne du nom excellent », par R. Schêm-Tôb Ibn-Gaon.
— Livre appelé « Choix de perles », par R. Salomon Ibn-Gabi-
rol. — « Portes de la morale », par 'Abigdor Kohen. — « Morale d'intelligence », par R. Haï Gaon, etc. Petit in-4, mar.
rouge, même reliure.

Manuscrit sur vélin et papier, du xiv⁰ siècle. Écritures différentes.
Bibliothèque nationale. Fonds hébreu : 839.

53. Livre appelé « Œuvre d'Ephod », par R. Prophiat Douran.
Petit in-4, mar. brun, encadrement d'entrelacs, armes sur mar.
vert, tr. ciselée.

Manuscrit du xv⁰ siècle, sur papier.
Bibliothèque nationale. Fonds hébreu : 1245.

54. ALCORANUS. Petit in-folio, mar. brun, encadrement d'entrelacs, chiffres et emblèmes, armes sur mar. citron.

Manuscrit sur vélin de 218 feuillets, lettres capitales et inscriptions en or
Bibliothèque nationale. Fonds arabe : 419.

55. Alcoranus a quodam Haggi Ali filio Josephi, delubro arcis
Meccæ consecratus. Petit in-folio mar. brun, encadrement composé de fers enroulés, dans le style italien, or d'un côté, argent
de l'autre, chiffres et emblèmes, tr. ciselée, armes sur mar.
rouge.

Manuscrit sur papier, portant la date de 943 (ex anno Hegiræ).
Bibliothèque nationale. Fonds arabe : 414.

56. Tractatus theologico-moralis, cujus titulus est : Sapientium
via, auctore Mohammede Bokarensi. In-4, mar. vert, arabesques formant encadrement, chiffres et emblèmes, tr. ciselée,
armes.

Manuscrit sur papier.
Bibliothèque nationale. Fonds arabe : 1053.

12

57. COMMENTAIRE MOYEN D'AVERROÈS sur la métaphysique d'Aristote, trad. de l'arabe en hébreu, par R. Qalonimos. Petit in-4, mar. vert, même reliure.

> Manuscrit sur papier.
> Bibliothèque nationale. Fonds hébreu : 955.

58. COMMENTAIRE MOYEN D'AVERROÈS sur les premiers analytiques, trad. de l'arabe en hébreu par R. Jacob, fils d'Abba-Mâri. Petit in-8, mar. citron, encadrement dans le style italien, or et argent, chiffres et emblèmes, tr. dor., armes sur mar. rouge.

> Manuscrit du XIVe siècle, sur VÉLIN.
> Bibliothèque nationale. Fonds hébreu : 931.

59. LE LIVRE IV DU CANON D'AVICENNE, trad. en hébreu. — Matière médicale, disposée par ordre alphabétique. Petit in-folio mar. vert, encadrement d'arabesques mêlées à des fers azurés, dans le style italien, armes sur mar. rouge.

> Manuscrit du XIVe siècle, sur VÉLIN.
> Bibliothèque nationale. Fonds hébreu : 1146.

60. LE SECOND LIVRE DU CANON D'AVICENNE, trad. de l'arabe en hébreu, par R. Zerahya, fils d'Isaac, fils de Schealti'el, Sephardi, de Barcelone. In-4, mar. citron, encadrement d'entrelacs, armes sur mar. rouge.

> Manuscrit du XVe siècle, sur VÉLIN.
> Bibliothèque nationale. Fonds hébreu : 1145.

61. LE LIVRE I et la première partie du Livre II du canon d'Avicenne, trad. de l'arabe en hébreu, par R. Joseph, fils de Josué Ibn-Vivas, de Lorca. Très petit in-4, mar. brun, même reliure.

> Manuscrit du XVe siècle, sur VÉLIN.
> Bibliothèque nationale. Fonds hébreu : 1147.

62. LE LIS DE LA MÉDECINE, par maître Bernard de Gordon, composé en 1304 et traduit du latin en hébreu, à Narbonne, en 1387, par R. Yeqouthi'el, fils de Salomon; plus différents traités. In-folio, mar. citron, même reliure.

> Manuscrit du XIVe siècle, sur VÉLIN.
> Bibliothèque nationale. Fonds hébreu : 1185.

63. GRAND RECUEIL de formules de médicaments et de remèdes, pour diverses maladies, tirés de différents ouvrages. Petit in-4, mar. vert, encadrement de filets dans le style italien, armes sur mar. rouge, tr. ciselée.

> Manuscrit du XVe siècle, sur papier.
> Bibliothèque nationale. Fonds hébreu : 1191.

64. TRAITÉ DES ONGUENTS, tiré du livre des Manipulations d'Aboul-Qâsim Alzahrâwi, et différents traités de chirurgie. In-8, mar. rouge, même reliure.

> Manuscrit du xiv⁰ siècle, sur papier.
> Bibliothèque nationale. Fonds hébreu : 1165.

65. PETIT MANUEL DE THÉRAPEUTIQUE, par R. Abraham, fils de Schêm-Tòb. — Livre I⁰ᵗ du Traité de médecine de Jean, de Damas, trad. en hébreu. In-folio, mar. rouge, même reliure.

> Manuscrit du xiv⁰ siècle, sur VÉLIN.
> Bibliothèque nationale. Fonds hébreu : 1181.

66. RECUEIL DE PIÈCES :

1° *Michaelis Savonarolæ.* Speculum physionomiæ.

2° Ejusdem liber de balneis et thermis naturalibus omnibus Italiæ, eorumque proprietatibus : impressus Ferrariæ per Andream Gallum, 1485.

3° Liber nativitatum : authore *Albubather*, magni Alchasili filio ; impressus Venetiis per Alwisium de Contrata S. Luciæ, anno 1492.

4° *Hermetis* centiloquium : ibidem impressum.

5° *Almanzoris* judicia, sive capitula Almanzoris, interprete Platone Tiburtino. Petit in-4, mar. citron, encadrement d'entrelacs en mar. noir, tr. dor., armes sur mar. rouge.

> Manuscrit du xv⁰ siècle, sur papier. Écriture cursive.
> Bibliothèque nationale. Fonds latin : 7357.

67. TRATTADO DI MASCALCIA del maestro Facio. Petit in-4, mar. citron, encadrement de mar. noir avec arabesques, croissants et chiffres découpés en citron, dos orné de fleurs de lis d'or et d'H couronnés en argent, armes sur mar. noir, tr. ciselée.

> Manuscrit du xv⁰ siècle, sur papier, contenant 280 feuillets, en caractères semi-gothiques.
> Bibliothèque nationale. Fonds italien : 940.

68. COMPENDIO DEL TRATTADO DI MASCALCIA del maestro Facio. In-8, mar. brun, larges encadrement d'arabesques, poussées en or sur un des plats, en argent sur l'autre, et mêlées aux chiffres et aux emblèmes ordinaires, tr. ciselée, armes.

> Manuscrit du xv⁰ siècle, sur papier, contenant 114 pages.
> Bibliothèque nationale. Fonds italien : 941.

69. CLAUDII PTOLEMÆI COSMOGRAPHIÆ LIBRI OCTO, e Græco sermone in Latinum a Jacobo Angelo, Florentino, conversi, et Alexandro, Papæ V, nuncupati : accedunt tabulæ

geographicæ. Très grand in-folio, mar. brun, large encadrement à entrelacs peints en rouge, et renfermant des arcs, des carquois, le double D. H. et l'H couronné peints en blanc; armes poussées en or sur mar. brun clair, au milieu des plats; dos semé de fleurs de lis d'or, avec l'H couronné en argent, répété trois fois, et quadrillé, dans le haut et dans le bas, de losanges en argent, tr. dor.

Manuscrit du xvᵉ siècle, écrit sur vélin très fort et contenant 136 feuillets.

Il est précédé d'un magnifique frontispice, en miniature, renfermant le titre de l'ouvrage, écrit en lettres d'or sur fond vert, au milieu d'un portique formé de deux colonnes, avec entablement et supports dans le plus pur style de la renaissance italienne. Ce portique est peint lui-même sur un fond rouge, semé d'arabesques en or, qui occupe toute la page et est encadré d'un filet vert et or, en forme de torsade.

Le feuillet qui fait face au frontispice est entouré d'une large bordure, où sont peintes des fleurs et des arabesques rehaussées d'or, et porte, en tête de la préface, une miniature très finement exécutée, représentant Angelo offrant son livre au pape Alexandre. Au bas du feuillet, sont les armes de Ferdinand d'Aragon, roi de Naples et de Sicile, peintes également au bas du frontispice.

Le volume est orné d'un grand nombre de lettres capitales très délicatement peintes en or et en couleurs. Trente-trois cartes et les plans de *Venise, Rome, Constantinople, Jérusalem* et *Alexandrie*, suivis de tables explicatives encadrées de filets bleu, rouge et or, décorent ce magnifique ouvrage, copie commentée et augmentée du texte grec que nous avons décrit plus haut (p. 50, *note*).

Bibliothèque nationale. Département des manuscrits, fonds latin : n° 4802.

70. L'Almageste de Ptolémée, trad. de l'arabe en hébreu par R. Jacob Anatolio. — Abrégé de l'Almageste, par Averroès, trad., etc. — « Treizième livre des cercles qui sont possibles dans une sphère. » (Dissertation divisée en quatre chapitres et devant servir d'introduction à l'Almageste.) Grand in-4, mar. citron, chiffres et emblèmes, armes, tr. dor.

Manuscrit du xvᵉ siècle, sur papier.
Bibliothèque nationale. Fonds hébreu : 1018.

71. Joannis de Sacrobosco tractatus de sphæra. — *Anonymi* liber de judiciis in astrologia. — Quadrans magistri *Joannis Anglici* in geometria. — *Compotus astronomicus.* — Liber *Thebit*, ben Corath, de iis quæ indigent expositione antequàm legatur almagestum Ptolemæi... In-folio, mar. brun, même reliure.

Manuscrit du xivᵉ siècle, sur vélin. Fonds latin : 7267.

72. Eustachii de Eldris, Leodiensis astronomi, liber de directionibus : accedunt tabulæ. In-folio, mar. citron, riche encadrement formé d'entrelacs de mar. noir mêlés à des croissants peints en

blanc, aux emblèmes ordinaires et à l'H couronné frappés en or. Le double D. H., des arcs et des carquois enlacés, le triple croissant et des fleurs de lis sont répandus à profusion dans le panneau intérieur et sur le dos; armes sur mar. brun, tr. dor.

> Manuscrit du xve siècle, sur vélin. Très riche reliure.
> Bibliothèque nationale. Fonds latin : 7279.

73. Johannis Blanchini tabulæ astronomicæ. — Ejusdem liber de primo mobili, cum tabulis. Grand in-folio, mar. citron, large encadrement formé d'entrelacs de mar. noir, renfermant dans leurs compartiments le triple croissant peint en blanc, le double D. H., en rouge, et des arcs enlacés à des carquois. Ces emblèmes, reproduits en or dans le panneau intérieur, accompagnent les armes qui sont mosaïquées en noir et or sur pièce de mar. brun; dos semé de fleurs de lis et d'H couronnés; tr. ciselée.

> Magnifique reliure vierge de toutes retouches.
> Manuscrit du xve siècle, sur papier.
> Bibliothèque nationale. Fonds latin : 7270.

74. Commentaire sur le livre d'Al-Farghāni. — Abrégé de l'Astronomie d'Al-Farghâni, etc. Petit in-4, mar. rouge, chiffres et emblèmes, armes, tr. dor.

> Manuscrit du xve siècle, sur vélin.
> Bibliothèque nationale. Fonds hébreu : 1023.

75. Fragment d'un Traité d'astronomie. Traicté sur le quadrant, sa construction et son usage, par Mohammed Ibn-Yousouf-Ibn-Al-Istada, divisé en 16 chapitres. — Quelques chapitres d'un ouvrage d'astronomie de Djabir Ibn-Afláh, de Séville. — Un grand nombre de tables astronomiques sur la marche des planètes, depuis le commencement de l'ère chrétienne jusqu'à l'an 1512, et calculées pour le méridien de Novarre, en Italie. Petit in-4, mar. brun clair, même reliure.

> Manuscrit du xve siècle, sur papier.
> Bibliothèque nationale. Fonds hébreu : 1102.

76. Guidonis Bonati de Forlivio introductio ad judicia stellarum, in decem tractatus distributa. In-folio, mar. brun, encadrement formé d'entrelacs de mar. noir bordés d'argent, chiffres et emblèmes, tr. ciselée, armes.

> Manuscrit du xive siècle, sur vélin. Très beau volume.
> Bibliothèque nationale. Fonds latin : 7326.

77. Traduzione dell' opera di Vegezio sulle infermità del cavallo. Grand in-folio, mar. brun, large encadrement d'entrelacs décou-

pés en mar. noir, chiffres et emblèmes, tr. ciselée, armes mosaïquées de noir sur mar. citron.

Manuscrit du xvɪᵉ siècle, sur papier.
Bibliothèque nationale. Fonds italien : 452.

78. VOCABULAIRE CABALISTIQUE et autres traités. Petit in-4, mar.
vert, encadrement avec ornements italiens, tr. ciselée, armes sur
mar. citron.

Manuscrit sur papier.
Bibliothèque nationale. Fonds hébreu : 837.

79. ANONYMI TRACTATUS de astrologia judiciaria. Petit in-4. mar. noir,
encadrement d'entrelacs peints en blanc et en rouge et renfermant les emblèmes ordinaires en or et en argent, tr. ciselée,
armes.

Manuscrit du xvᵉ siècle sur papier, d'une jolie écriture cursive. Très jolie
reliure dont les fermoirs ont été malheureusement arrachés de manière à
laisser des déchirures.
Bibliothèque nationale. Fonds latin : 7345.

80. JOANNIS ESSENDEN, ANGLI SUMMA JUDICIALIS DE ACCIDENTIBUS
MUNDI, a *Joanne de Ponte* in epitomen contracta.
2° *Alberti Magni* speculum.
3° *Les Jugements et prognostications de Jean de Bruges*,
médecin et grand astrologien. Petit in-folio, mar. citron, encadrement décoré d'arabesques, chiffres et emblèmes sur les plats,
fleurs de lis et H couronnés sur le dos, tr. dor., armes.

Manuscrit du xvᵉ siècle, sur papier.
Bibliothèque nationale. Fonds latin : 7335.

81. FRAGMENT D'UNE EXPLICATION du nom de soixante-douze lettres.
— Amulettes, prières et prescriptions cabalistiques pour différentes circonstances de la vie, etc. Petit in-4, mar. rouge, même
reliure.

Manuscrit du xvᵉ siècle, sur papier.
Bibliothèque nationale. Fonds hébreu : 851.

82. PRISCIANI CÆSAREENSIS, DE ARTE GRAMMATICA LIBRI OCTODECIM.
Grand in-4, mar. brun, large encadrement formé d'arabesques
frappées en or d'un côté et en argent de l'autre, dos orné de
fleurs de lis d'or et d'H couronnés en argent, armes sur mar.
noir.

Manuscrit du xᵉ siècle, sur VÉLIN. Fonds latin, 7503.

83. LAURENTII VALLÆ elegantiarum linguæ latinæ libri sex. Petit

in-4, mar. citron, encadrement à compartiments mosaïqués de noir et renfermant les emblèmes ordinaires, parmi lesquels figurent les grands croissants peints en blanc; armes sur pièce de de mar. brun; tr. dor.

Manuscrit du xv⁰ siècle, sur vÉLIN. Fonds latin : 7526.

84. GLOSSAIRE HÉBREU-FRANÇAIS. Petit in-4, mar. vert, encadrement d'arabesques mêlées à des fers azurés, dans le style italien, tr. ciselée, armes sur maroq. rouge.

Manuscrit sur papier.
Bibliothèque nationale. Fonds hébreu : 1243.

85. P. VIRGILII MARONIS OPERA OMNIA. Subjiciuntur varia in Virgilii laudem carmina. In-4, mar. citron, même reliure.

Très beau manuscrit sur vÉLIN, daté de 1456. Lettres capitales en or et en couleurs. Le 1ᵉʳ feuillet est encadré d'un filet d'or accompagné d'arabesques; des armes qui étaient peintes au bas de la page, ont été détruites.
Bibliothèque nationale. Fonds latin : 7938.

86. TIBERII CLAUDII DONATI AD TIBERIUM CLAUDIUM MAXIMUM DONATIANUM FILIUM COMMENTARII in quinque priores Virgilii Æneidos libros. In-4, citron, même reliure.

Manuscrit sur papier portant la date de 1461.
Bibliothèque nationale. Fonds latin : 7957.

87. Q. HORATII FLACCI OPERA OMNIA. In-4, mar. brun, même reliure malheureusement très fatiguée.

Manuscrit du xiiᵉ siècle, sur vÉLIN.
Bibliothèque nationale. Fonds latin : 7976.

88. P. OVIDII NASONIS HEROIDES. — Ejusdem de Arte amandi libri tres. — Ejusdem de Remedio amoris libri duo. — Ejusdem Metamorphoseon libri quindecim. — Ejusdem Fastorum libri sex. — Ejusdem Tristium liber. — Ejusdem liber de Ponto. — Theoduli ecloga. In-4, mar. vert, large encadrement formé d'arabesques, avec fers pleins dans le goût italien, mêlées aux emblèmes ordinaires, armes sur mar. citron.

Manuscrit du xiiiᵉ siècle, sur vÉLIN.
Bibliothèque nationale. Fonds latin : 7993.

89. P. OVIDII NASONIS METAMORPHOSEON libri quindecim, cum *Guillelmi de Thiegis* commentario. In-4, mar. vert, même reliure.

Manuscrit du xivᵉ siècle, sur vÉLIN.
Bibliothèque nationale. Fonds latin : 8010.

90. P. OVIDII NASONIS METAMORPHOSEON libri quindecim. Petit in-folio, mar. rouge, même reliure.

> Manuscrit du xvᵉ siècle, sur vélin très fin. Lettres capitales en or et en
> couleurs. Le 1ᵉʳ feuillet est entouré d'une très belle bordure en camaïeu or,
> renfermant, au milieu d'entrelacs et d'arabesques, des portraits-camées, du
> plus fin travail, dans des médaillons et des losanges. Une petite miniature,
> peinte dans la lettre initiale, représente Ovide travaillant à son livre des
> Métamorphoses. Le texte est bien conservé, mais la reliure est malheureu-
> sement très fatiguée.
> Bibliothèque nationale. Fonds latin : 8016.

91. P. TERENTII AFRI COMEDIÆ. Petit in-4, mar. vert,
encadrement composé d'entrelacs renfermant les emblèmes,
l'H couronné et le double D. H., fleurs de lis et H couronné,
or et argent, sur le dos, tr. dor., armes.

> Manuscrit du xvᵉ siècle, sur vélin.
> Joli volume, mais dont la reliure a été déchirée à la place des fermoirs.
> Bibliothèque nationale. Fonds latin : 7913.

92. PLAUTI COMEDIÆ OCTO, Amphytrio scilicet, Asinaria,
Aulularia, Captivi, Curculio, Casina, Cistellaria et Epidicus.
Petit in-4, mar. noir, large encadrement composé d'arabesques
avec fers azurés dans le style italien, mêlées au double D. H. et
frappées en or d'un côté, en argent de l'autre, tr. ciselée, armes
sur maroq. citron.

> Manuscrit du xvᵉ siècle, sur papier.
> Bibliothèque nationale. Fonds latin : 8183.

93. Johannis Sarisberiensis epistolæ. Pet. in-4, mar. rouge, encadrement formé d'entrelacs et d'arabesques, or d'un côté, argent
de l'autre; chiffres et emblèmes, H couronnés sur le dos, tr.
dor., armes.

> Manuscrit du xᵉ siècle, sur vélin.
> Bibliothèque nationale. Fonds latin : 8562.

94. Chronicon Januense, ab originibus urbis ad annum 1420;
authore *Georgio Stella*. — Synaregæ ad Johannem Pontanum,
regis Ferdinandi majorem secretarium, epistola de rebus gestis
Megolii, patricii Genuensis. Petit in-4, même reliure.

> Manuscrit du xvᵉ siècle, sur papier.
> Bibliothèque nationale. Département des manuscrits, fonds latin : 5900.

95. L'ISTOIRE DE JUSTIN, trad. de Claude de Seyssel. Grand
in-4, mar. noir, même reliure.

Manuscrit du xvi⁰ siècle, sur vélin. Les armes et la présentation du livre au roi Louis XII par le traducteur de l'ouvrage, figurent au commencement du volume. Belles lettres capitales en or et en couleur, en tête de chaque livre, accompagnées d'ornements variés le long de la marge du feuillet.
Bibliothèque nationale. Fonds français : 715.

96. QUINTI CURTII de Gestis Alexandri Magni libri decem. In-4, mar. vert, encadrement formé par de riches entrelacs peints en vert clair et blanc et portant au centre des compartiments le triple croissant, le double D. H., des arcs et des carquois entrelacés, le tout poussé en argent; fleurs de lis d'or sur le dos; armes mosaïquées de vert sur mar. citron, accompagnées de 4 fleurs de lis d'or et des emblèmes ordinaires en argent, tr. dor.

Manuscrit sur vélin, portant la date de 1448. Grandes capitales en or et en couleurs.
Bibliothèque nationale. Département des manuscrits, fonds latin : n⁰ 5722.

97. LA VIE D'ANNIBAL. Pet. in-4, mar. fauve, très riches entrelacs sur fond pointillé d'or; dos orné des mêmes entrelacs auxquels sont mêlés le triple croissant, des fleurs de lis et l'H couronné; tr. ciselée, armes.

Manuscrit sur vélin. Très remarquable reliure.
Bibliothèque nationale. Livres exposés, n⁰ 245.

98. L'ISTOIRE DE APPIAN, des gestes des Rommains, trad. de Claude de Seyssel. — Les Livres des guerres civiles d'Appien, trad. de Claude de Seyssel. 2 vol. grand in-4, mar. citron, encadrement décoré d'arabesques mêlées à des fers azurés, argent d'un côté, or de l'autre; fleurs de lis et H couronnés sur le dos, tr. dor., armes.

Très beau manuscrit du xv⁰ siècle, sur vélin. Capitales en or et en couleurs; au verso du dernier feuillet de la table, les armes de Louis XII, portant au-dessus de l'écusson, deux porcs-épics se regardant. En face, en tête du 1ᵉʳ feuillet magnifiquement encadré d'une large bordure, où se voient des fleurs et des chimères sur fond or, l'auteur est représenté offrant son livre au Roi. Dans le corps du tome I se trouvent, en outre, cinq grandes miniatures d'une belle exécution, mais fatiguées.
Bibliothèque nationale. Fonds français : 713.

99. CAII JULII CÆSARIS COMMENTARIORUM DE BELLO GALLICO LIBRI SEPTEM. Ejusdem Cæsaris de bello civile libri tres. — Liber de bello Alexandrino. — Liber de bello Africano. — Liber de bello Hispanico. Petit in-folio, mar. brun clair, encadrement formé par des entrelacs de mar. noir, mêlés

13

aux chiffres et aux emblèmes ordinaires, armes sur mar. rouge,
tr. dor.

> Manuscrit du xvᵉ siècle, sur vélin très fin. Grandes capitales en or et en
> couleurs. Les notes marginales sont de la main de Mellin de Saint-Gelais,
> du vivant duquel cet exemplaire a été relié. Très beau volume.
> Bibliothèque nationale. Département des manuscrits, fonds latin : nº 5780.

100. Rufi Festi, viri consularis, breviarium de victoriis ac provin-
ciis populi romani, ad Valentinianum II Augustum. — Anonymi tractatus de baptismo. — Formularium litterarum regia-
rum, quod obtinebat temporibus Joannis et Caroli V regum
Francorum. Grand in-8, mar. marron clair, encadrement avec
arabesques et à fers pleins, dans le goût italien, renfermant, à
intervalles réguliers, des fleurs de lis et l'H couronné, reproduits également sur le dos de la reliure. Le triple croissant figure
aux quatre angles et les armes sont poussées sur maroquin
rouge.

> Manuscrit sur vélin dont la 1ʳᵉ partie a été écrite au xiiiᵉ siècle et la
> seconde au xvᵉ.
> Bibliothèque nationale. Fonds latin : 5822.

101. SUMMARIA, BREVIS ET COMPENDIOSA DOCTRINA
felicis expeditionis et abbreviationes guerrarum ac litium regni
Francorum : authore anonymo, qui hoc suum opus Philippo III
Francorum regi nuncupavit. — De la Vie, complexion et condition du roy Charles VII. Petit in-4, mar. noir, arabesques sur
fond rouge et mêlées aux emblèmes ordinaires; fleurs de lis et
H couronné sur le dos, tr. dorée, armes mosaïquées de noir
sur mar. citron.

> Joli manuscrit du xvᵉ siècle, sur vélin. Très belles capitales en or et en
> couleurs.
> La partie française, écrite sur papier, est décorée des 5 grandes minia-
> tures en camaïeu foncé rehaussé d'or sur fond noir, représentant l'au-
> teur à genoux, offrant son livre à Charles VIII « son souverain seigneur et
> prince » et le même Charles VIII, partant en guerre, rendant la justice, et
> se faisant rendre des comptes par son argentier.
> Bibliothèque nationale. Fonds latin : 6222 c.

102. Normandiæ reductio per regem Carolum VII ferè unius anni
decursu prosperè consummata, et a *Roberto Blondelli* edita.
Petit in-4, mar. citron, encadrement d'arabesques mêlées au
double D. H. et aux croissants poussés sur fond rouge, dos fleurdelisé, armes frappées sur maroquin noir au milieu d'un panneau intérieur marbré au pinceau, tr. ciselée.

> Manuscrit du xvᵉ siècle, sur papier.
> Bibliothèque nationale. Fonds latin : 6198.

103. Historiæ Florentinæ libri duodecim; authore *Leonardo Aretino*. In-4, mar. citron, entrelacs peints en rouge et en jaune sur fond pointillé, dos semé d'argent, armes frappées en or, tr. ciselée.

Manuscrit du xve siècle, sur papier. Écriture cursive.
Bibliothèque nationale. Département des manuscrits, fonds latin : 5896.

104. Historia regni Siciliæ, ab anno 1266 ad annum 1278.—Chronica de rebus gestis Frederici, regis Siciliæ, in octo libros distributa. — Descriptio urbis Romæ. — Chronicon ejusdem ab urbe condita ad annum Christi 800, authore anonymo. In-4, mar. vert, riches compartiments d'entrelacs peints en vert clair et en blanc, formant encadrement, et au milieu desquels se trouvent le double D. H., le triple croissant, l'H couronné et des arcs enlacés à des carquois, le tout frappé en argent: armes mosaïquées de vert, sur pièce de mar. citron, tr. dor.

Manuscrit du xve siècle, sur papier. Lettres capitales en couleurs. Très jolie reliure, un peu fatiguée, mais vierge de toute restauration.
Bibliothèque nationale. Département des manuscrits, fonds latin : 5912.

105. Historia regum Ferdinandi patris et Alphonsi filii : authore *Laurentio Valla*. Petit in-4, mar. citron, encadrement d'entrelacs de mar. noir reliés par des arabesques poussées en argent d'un côté de la reliure, et en or, de l'autre; chiffres, croissants et H couronné dans les compartiments; croissants plus gros aux angles, H et fleurs de lis sur le dos, tr. ciselée, armes mosaïquées de noir.

Manuscrit du xve siècle sur papier. Jolie reliure dont les fermoirs ont été violemment arrachés au détriment de la couverture.
Bibliothèque nationale. Fonds latin : 6174.

106. Memorie di quanto accadde nel tempo che il duca di Calabria dirigeva le operazioni della sacra Lega. In-folio, mar. citron, entrelacs découpés sur fond noir et formant encadrement, tr. ciselée, armes sur mar. noir.

Manuscrit du xvie siècle sur papier, contenant 600 pages d'une écriture cursive.
Bibliothèque nationale. Fonds italien : 414.

107. Libri tres de gestis Ferdinandi regis Aragonum, authore *Laurentio Valla*. Petit in-4, mar. brun clair; encadrement d'entrelacs noirs; chiffres et emblèmes ordinaires dans les compartiments; fleurs de lis et H couronnés sur le dos, armes sur mar. noir.

Manuscrit du xve siècle, sur papier. Écriture cursive. Belle reliure.
Bibliothèque nationale. Département des manuscrits, fonds latin : 6022.

108. ORDINAZIONE fate per lo S. En Pere terzo re de Aragona sopra lo regimento della sua corte. In-folio, même reliure.

> Manuscrit du xvi⁰ siècle, sur papier.
> Bibliothèque nationale. Fonds italien : 408.

109. PETRI RIGÆ AURORA. Grand in-8, mar. citron, encadrement composé de fers italiens frappés en or sur un des plats de la reliure, en argent sur l'autre; chiffres et emblèmes poussés à froid sur le panneau intérieur, fleurs de lis et H couronnés sur le dos, tr. dor., armes sur mar. rouge.

> Manuscrit du x⁰ siècle, sur vélin.
> Bibliothèque nationale. Fonds latin : 8100.

LIVRES IMPRIMÉS

110. BIBLIA SACRA, hebraīcè, chaldaīcè, græcè et latinè; nunc primum impressa de mandato et sumptibus Francisci Simenii de Cisneros, cardinalis, etc. *In Complutensi Universitate, industria Arnaldi Guilielmi de Brocario, 1514-1517.* 6 vol. in-fol. mar. vert, large encadrement avec arabesques mêlées aux croissants, à l'H couronné et au double D. H., tr. ciselée, armes.

> Superbe exemplaire.
> Bibliothèque nationale. Réserve : X.

111. BIBLIA SACRA, hebraīca, cum latina planèque nova Sebastiani Munsteri tralatione; adjectis è Rabbinorum commentariis annotationibus. *Basileæ, ex officina Bebeliana, impendiis Michaelis Insingrinii et Henrici Petri, 1534-1535.* 2 vol. in-folio.

> Ces deux volumes ont reçu chacun une reliure différente. Le tome I⁰ᵉ est en maroq. noir avec un étroit encadrement de maroq. citron relevé par une légère dentelle, argentée d'un côté et dorée de l'autre. Le milieu des plats est occupé par un large losange portant, à son sommet, le titre du livre en lettres d'or; ce losange, au centre duquel sont frappées les armes (d'argent sur le plat recto et d'or sur le plat verso), est en maroquin citron bordé de maroq. vert; le dos est orné d'entrelacs en maroquin citron sur fond noir.
> Le tome II, en maroq. brun, porte, sur les plats, le même encadrement; mais le titre est placé, dans un cartouche, au-dessus des armes qui sont accompagnées des chiffres et des emblèmes ordinaires.

Le dos est semé de fleurs de lis et d'H couronnés. Ces deux reliures ont subi des restaurations.

« Je serais porté à croire, dit Dibdin, dans son *Voyage bibliographique*, qu'il n'existe pas d'exemplaire plus beau et de plus grandes dimensions. Il serait même possible que ce fût un exemplaire *grand papier*; mais certes, s'il ne l'est pas, il n'y en a guère de plus beau et de plus grand. Le papier en est uniformément blanc, ce qui est assez rare dans cet ouvrage. Sa hauteur est de 14 pouces 9 lignes. Il a fait partie de la bibliothèque de Henri II et de Diane de Poitiers. Il ne manquait que cette *qualité* à l'exemplaire pour qu'il fût incomparable et il l'*est* certainement en effet. »

Bibliothèque nationale. Réserve : A. 35.

112. PSALTERIUM DAVIDIS in ipsa vera lingua chaldea seu æthiopa characteribus æthiopicis : addita sunt ad calcem Cantica canticorum, eadem lingua : studio Joannis Potken. *Romæ, 1513,* Pet. in-4, mar. citron, encadrement de filets décoré d'entrelacs dorés sur un plat de la reliure, argentés sur l'autre ; croissants et chiffres en argent, fleurs de lis d'or, armes (or et argent) sur pièces de mar. vert, fleurs de lis et H couronné (or et argent) sur le dos, tr. ciselée.

Bibliothèque nationale. Réserve : A. 296.

113. PSALTERIUM HEBREUM, grecū, arabicū, et chaldeū, cū tribus latinis īterp̄tatiōnibus et glossis. *Genuæ, impressit Pet. Paulus Porrus in ædibus Nicolai Justiniani Pauli, 1516.* In-folio, mar. vert.

Exemplaire sur VÉLIN.
Même reliure avec de légères variantes[1].
Bibliothèque nationale. Réserve.

114. CANTICA, versibus armenicis composita. (*S. l. n. d.*) 2 vol. pet. in-8, mar. citron, encadrement de filets dorés et à froid sur les plats, croissants et chiffres en argent, fleurs de lis frappées en or, fleurs de lis et H couronnés en argent sur le dos, armes sur mar. vert au 1er volume, et sur mar. rouge au second, tr. ciselée.

Cet exemplaire, dont la conservation est parfaite, offre cette particularité que la reliure d'un des volumes est à recouvrement et que l'un des plats se replié complètement sur l'autre. On voit encore, au milieu des armes, la trace des fermoirs qui servaient à enfermer l'ouvrage.

1. APOLLINARII INTERPRETATIO PSALMORUM, versibus heroicis. Ex Bibliotheca Regia. *Parisiis, M.D.LII, apud Adr. Turnebum, typographum regium.* Pet. in-8, vélin blanc, entrelacs et volutes mêlés à des croissants et poussés à froid, couvrant entièrement les plats et le dos du volume. Le chiffre H. D. est mêlé à l'ornementation dans le haut et dans le bas de chacun des plats. Armes frappées en or sur un fond d'azur, surmontées de la couronne royale et entourées du cordon de Saint-Michel ; tr. ciselées et dorées ; cordelettes ferrées servant de fermoirs, en haut, en bas, et sur les côtés du volume.

Charmante reliure de la plus belle conservation ; exemplaire provenant de la bibliothèque de Colbert.
Bibliothèque Sainte-Geneviève. Réserve : A. 473.

L'ouvrage est imprimé en caractères rouges et noirs et chaque pièce est précédée d'un en-tête dans le style arabe et du plus beau caractère.
Bibliothèque nationale. Réserve : Y. 6519 A et B.

115. TESTAMENTUM NOVUM, græcè. Imprimé par R. Estienne, avec les caractères du roi, 1550. In-folio, mar. citron, entrelacs et arabesques, argent et or, couvrant entièrement les plats du volume et venant se rattacher à un médaillon central où sont frappées les armes ; dos décoré d'arabesques dans toute sa longueur, avec le triple croissant aux deux extrémités et le double D. H. au milieu ; tr. ciselée.

« Voilà encore un trésor de cette collection si richement pourvue. C'est un exemplaire parfait ; mais quelques-uns des ornements d'argent qui l'entouraient, ont été enlevés. M. Van Praet, au sujet de cette reliure, me dit qu'il pensait que dans la Bibliothèque de Henri II et de Diane de Poitiers, les volumes étaient placés à plat, sur des rayons penchés, afin de laisser voir la reliure. » (Dibdin, *Voyage bibliographique*.)
M. Van Praet nous paraît avoir deviné juste et les titres étant placés sur les plats, au lieu de l'être sur le dos, on a une raison suffisante pour partager son opinion.
Bibliothèque nationale. Livres exposés, n° 403.

116. Concordantiæ Hebraicæ in ordinem digestæ studio et labore R. Mardochai Nathan editæ. *Venetiis, Daniel Bombergi*, 1523. In-folio, mar. citron, encadrement orné d'arabesques mêlées aux croissants, à l'H couronné et au double D. H. ; fleurs de lis et H couronnés sur le dos. ; tr. ciselée ; armes sur mar. vert.

Bibliothèque nationale. Réserve : A. 646.

117. Philonis Ivdæi in libros Mosis de mundi opificio, historicos, de legibus. Eiusdem libri singulares. Ex Bibliotheca Regia. *Parisiis, ex officina Adriani Turnebi typographi Regii. Regiis typis, M. D. LII.* In-folio, mar. blanc, entrelacs et rinceaux peints de diverses couleurs (gris, rouge et vert), représentant des arcs et des carquois couvrant entièrement les plats et le dos du volume et venant se rattacher à un écusson où sont frappées les armes accompagnées du croissant (gris et rouge), tr. ciselée.

Reliure restaurée, mais composition magnifique dans le genre de Maioli.
Bibliothèque nationale. Réserve : C. 12.

118. In Proverbia Salomonis tres libri commentariorvm ex ipsis Hebræorum fontibus manantivm. Authore Rodolpho Bayno Cantabrigensi et sanctæ linguæ Regio professore Lutetiæ. *Parisiis, ex officina Michaelis Vascosani, M. D. LV.* In-folio, mar. noir ; entrelacs, rinceaux et feuillages de différentes couleurs

(vert, marron et blanc), couvrant entièrement les plats du volume
et reliés à des arcs et à des croissants peints en marron et en
blanc; armes sur fond vert, entourées du cordon de Saint-
Michel, mais sans les arcs et les croissants qui les entourent
ordinairement; dos orné d'arabesques en argent, tr. dor.

> Riche reliure, également dans le genre des Maioli, et qui a subi des
> restaurations comme la précédente.
> Bibliothèque nationale. Réserve : A. 1523.

119. Isychii presbyteri Hierosolymorum, in Leviticum libri septem.
Coloniæ, in ædibus Melchioris Nouesiani, M. D. XXXVII. In-
folio, mar. vert, double compart. de filets avec encadrement à
entrelacs, tr. ciselée, armes sur mar. rouge.

> Bibliothèque nationale. Réserve : C. 371.

120. Commentariis in Pentateuchum, autore R. Menachem Recana-
tensi. (Texte hébreu.) *Venetiis, apud Dianelem Bombergum
Antuerpianum, 1523.* In-fol. mar. rouge, encadrement à entrelacs mosaïqués de mar. noir, avec l'H couronné et la fleur de
lis (or d'un côté, argent de l'autre); H couronnés et fleurs de lis
sur le dos; armes sur mar. vert (argent d'un côté, or de l'autre);
tr. ciselée.

> Bibliothèque nationale. Réserve : A. 689.

121. Expositiones antiquæ, ex diversis S. S. Patrum commentariis,
studio Œcumenii et Arethæ collectæ, in hosce Novi Testamenti
libros... (Texte grec.) *Veronæ, Steph. et fratres Sabii, 1532.*
In-folio, mar. vert.

> Même reliure.
> Bibliothèque nationale. Réserve : C. 402.

122. POSTILLES ET EXPOSITIONS de toutes les Epistres, Leçons et Euangiles de l'année. *Imprimé nouuellement à Paris,
le VIIIᵉ iour d'aoust mil cinq cens et douẓe pour Anthoine
Verard, libraire-marchant demourant en la dite ville deuăt la
rue neufue Nostre-Dame, à l'enseigne Sainct Jehan leuange-
liste...* 5 vol. in-folio, double compart. de filets, large encadrement orné de volutes et d'arabesques en or sur le plat recto,
en argent sur l'autre, triple croissant et H couronnés, dos ornés
de carquois, de croissants et du double D. H., tr. ciselée, armes.

> Magnifique exemplaire imprimé sur vélin, décoré de miniatures, et dont
> toutes les lettres initiales, grandes et petites, sont en or et en couleurs.
> La reliure de chaque volume diffère quant à la couleur et au dessin.
> En tête de chaque chapitre, se trouve une planche encadrée d'un filet

d'or et représentant un des saints évangélistes ou un épisode tiré du texte même.

La grande miniature qui est en tête du tome II, est du plus beau caractère. Elle nous montre Jésus-Christ entre les deux larrons. Celle qui lui fait face a un peu souffert de l'humidité.

Une autre grande peinture, digne également d'être remarquée, se trouve au commencement du tome V et représente le triomphe de la Vierge Marie.

Bibliothèque nationale. Réserve : A. 1917.

123. LUDOLPHE. Le grant Vita Christi, translate en françois par Guil. Le Menand. *Paris, Anthoine Verard* (vers 1501). 2 vol. in-folio, mar. citron, large bande à compart. dorés, formant encadrement, armes sur mar. vert, tr. ciselée.

Magnifique exemplaire imprimé sur VÉLIN, et enrichi de 121 miniatures dont quatre grandes encadrées dans une large bordure à arabesques sur fond or. Toutes les lettres initiales, grandes et petites, sont en or et en couleurs.

Bibliothèque nationale : Livres exposés, n° 269.

124. MISSEL ROMAIN. *Paris*, 1542. In-folio (Canon sur vélin), mar. noir, entrelacs de mar. brun clair bordés de filets dorés, couvrant entièrement le dos et les plats du volume et venant se relier à un médaillon décoré d'arabesques, où sont enfermées les armes, tr. ciselée.

Superbe composition d'un style hardi et d'une suprême élégance dans le genre des reliures de Maioli.

Bibliothèque nationale. Livres exposés : n° 393.

125. CONCILIA OMNIA, tam generalia quam particularia, ab Apostolorum temporibus in hunc usque diem a sanctissimis patribus celebrata, et quorum acta literis mandata, ex vetutissimis diversâr. regionū bibliothecis haberi potuere, his duobus tomis continentur. *Coloniæ, M. D. XXXVIII.* 2 vol. in-folio, mar. vert, large encadrement, chiffres et emblèmes, tr. ciselée, armes.

Bibliothèque nationale. Réserve : B. 1673.

126. S. JUSTINI philosophi et martyris, opera; Græce : ex Bibliotheca regia. *Lutetiæ, Robertus Stephanus*, 1551. In-folio, mar. rouge, encadrement avec entrelacs noirs et blancs mêlés aux croissants et aux chiffres; H couronnés et fleurs de lis sur le dos; armes sur mar. noir; tr. ciselée.

Jolie reliure sans restaurations.
Bibliothèque nationale. Réserve : C. 62.

127. T. FLAVII CLEMENTIS, Alexandrini presbyteri, opera omnia. (Texte grec.) Ex editione Petri Victorii. *Florentiæ, ex biblio-*

theca Medicea, Laurentius Torrentinus, 1550. In-folio, mar.
citron, entrelacs de mar. noir bordés de filets d'argent couvrant
entièrement les plats et le dos du volume et formés de courbes
reliées à des arabesques et à des fleurons, armes en argent mosaïqué de noir au milieu d'un médaillon se rattachant à la composition générale; croissants, arcs, carquois et chiffres également
en argent mosaïqué de noir, tr. ciselée.

> Superbe reliure.
> Bibliothèque nationale. Réserve : C. 88.

128. Origenis Adamantii eximii scripturarum interpretis opera, quæ
quidem extant omnia per Des. Erasmum Roterodamum partim versa, partim vigilanter recognita. *Apud inclytam Basileam,
ex officina Frobeniana, M. D. XXXVI.* In-folio, mar. vert,
encadrement à entrelacs du plus beau style, chiffres, emblèmes
et fleurs de lis, tr. ciselée, armes.

> Superbe exemplaire.
> Bibliothèque nationale. Réserve : C. 104.

129. Origenis commentariorvm in B. Ioannis evangelivm tomi novem, ex XXXIX qvos evm scripsisse ait B. Ieronymus. Ioachimo
Perionio Benedictino interprete. Cormœriaceno interprete. Ad
Henrichum Valesivm christianissimvm regem Galliæ. Ex bibliotheca eiusdem principis. *Parisiis, apud Carolam Guillard viduam Claudii Cheuallonii, et Gulielmum Desboys,* 1555. In-
folio, mar. noir, large encadrement décoré de motifs dans le style
italien, accompagnés des emblèmes ordinaires frappés en argent, et terminé à chaque angle par le chiffre H. D. se détachant
en noir sur fond criblé d'argent; dos également pointillé d'argent avec les chiffres, des carquois, le triple croissant et l'H
couronné poussés en or; tr. ciselée, armes.

> Reliure d'un grande richesse et d'un puissant effet décoratif, bien que
> les ornements qui la couvrent, sur les quatre angles des plats, soient un peu
> lourds.
> Bibliothèque nationale. Réserve : C. 109.

130. Eusebii Pamphili Cæsariensis opera omnia, videlicet, præparatio
et demonstratio evangelica, historia ecclesiastica et chronicon;
latinè, ex variorum interpretatione. *Basileæ, 1542.* 4 tomes en
2 volumes, mar. vert, large bordure à entrelacs, carquois et
fleurs de lis mêlés au double D. H. et à l'H couronné, tr. ciselée,
armes.

> Bibliothèque nationale. Réserve : C. 137.

131. Eusebii Pamphili Evangelicæ præparationis libri XV. Ex Biblio-

14

theca Regia. *Lutetiæ, ex officina Roberti Stephani, typographi Regii, Regiis typis, M. D. XLIIII.* In-folio, mar. vert.

Même reliure, vierge de toutes restaurations.
Bibliothèque nationale. Réserve : C. 104.

132. Omnia D. Basilii Magni archiepiscopi, Cæsareæ Cappadociæ, quæ extant opera. *Basileæ, ex officina Frobeniana, anno M. D. XL.* In-folio, mar. vert.

Même reliure.
Bibliothèque nationale. Réserve : C. 175.

133. Basilii Magni Homeliæ et Epistolæ... (Texte grec.) *Basileæ, ex officina Frobeniana, M. D. XXXII.* In-folio, mar. rouge, tr. ciselée, armes.

Même reliure.
Bibliothèque nationale. Réserve : C. 170.

134. Epistolæ Basilii Magni, Libanii rhetoris, Chionis Platonici Æschinis et Isocratis oratorum Phalaridis tyranni, Bruti romani, Apollonii Tyanensis, Iulani Apostatæ. (Texte grec.) *Venetiis, Aldus, M. D. L.* Petit in-4, mar. marron, encadrement de huit filets argentés sur le plat recto, dorés sur l'autre; chiffres et H. couronnés en argent; croissants peints en blanc; dos uni avec filets dorés à la place des nervures, tr. ciselée.

Bel exemplaire.
Bibliothèque nationale. Réserve : Z. 553.

135. Gregorii Nazianzeni theologi orationes, lectissimæ XVI. (Texte grec.) *Venetiis, in ædibus Aldi... M. D. XVI* (1516). In-8, mar. citron, fil., chiffres et croissants en argent dans les angles des plats, armes en or, d'un côté, en argent, de l'autre; dos semé de fleurs de lis en or et d'H couronnés en argent; tr. ciselée portant au milieu d'arabesques la lettre H et des croissants entrelacés.

Conservation parfaite.
Bibliothèque nationale. Réserve : C. 204.

136. D. Gregorii Nazianzeni cognomento theologi Tractatus, Sermones et Libri aliquot... *Parisiis, in officina Claudii Chevallonii, anno M. D. XXXII.* In-folio, mar. citron, tr. ciselée, armes.

Même reliure.
Bibliothèque nationale. Réserve : C. 212.

137. D. Joannis Chrysostomi interpretatio accuratissima, vereque

aurea et divina, in omnes Pauli apostoli epistolas, græce, ex
editione Bernardini Donati. *Veronæ, Steph. et fratres a Sabio, 1529.* 3 vol. in-folio mar. vert, encadrement avec arabesques,
chiffres, croissants et fleurs de lis, armes sur mar. citron, tr.
ciselée.

Bibliothèque nationale. Réserve : C. 254.

138. INDEX AMPLISSIMUS insignium sententiarum quæ a divo Ioanne
Chrysostomo archiepiscopo Constantinopolitano, in suis lucu-
brationibus præclarè dictæ sunt, ad omnium studiosorum uti-
litatum, quanta maxima fieri potuit diligentia, per Ioannē Bene-
dictum, Parisiensis theologiæ doctorē bene meritu selectiss... *ʃ
Parisiis, ex officina Carolæ Guillard,* 1543. In-folio, mar,
rouge, tr. ciselée, armes.

Même reliure.
Bibliothèque nationale. Réserve : C. 250.

139. QUINTUS ET ULTIMUS TOMUS operum divi Ioannis Chrysostomi... ᵖ
Parisiis, 1543. In-folio, mar. rouge.

Même reliure.
Bibliothèque nationale. Réserve : C. 250.

140. OPERA Q. SEPTIMII FLORENTIS TERTULLIANI inter latinos Ecclesiæ
scriptores primi... *Basileæ, M. D. XXVII.* In-folio, mar. rouge,
tr. ciselée, armes.

Même reliure, mais restaurée.
Bibliothèque nationale. Réserve : C. 449.

141. D. AMBROSII OPERA OMNIA, diversorum codd. collatione emendata. Accedit ejusdem enarratio in epistolam ad Hebreos nun-
quam impressa : ex editione Desiderii Erasmi. *Parisiis, Gerv.
Chevallonius, 1539.* 2 vol. in-folio, mar. noir.

Même reliure.
Bibliothèque nationale. Réserve : C. 579.

142. S. HIERONYMI LUCUBRATIONES OMNES... in novem digestæ tomos
sed multo quam ante vigilantius per D. Erasmum Roterodamum
emendatæ. *Sebastianus Gryphius Germanus excudebat Lugduni,
anno M. D. XXX.* 7 vol. in-fol., mar. citron.

Même reliure.
Bibliothèque nationale. Réserve : C. 417.

143. AURELII AUGUSTINI LIBRI XXII DE CIVITATE DEI.
Venetiis, Joan. Spira et Vindelinus frater, 1470. In-folio, mar.

noir, large encadrement à entrelacs de mar. noir sur fond quadrillé en argent et en couleur et renfermant des arcs, des carquois, le double D. H. et l'H couronné; armes mosaïquées de
noir et de blanc sur fond citron, dos orné simplement de la fleur
de lis et de l'H couronné, avec le haut et le bas quadrillé de losanges en argent, tr. ciselée.

> Magnifique exemplaire imprimé sur vélin. Le premier feuillet est encadré
> dans une large bordure entourée d'un filet d'or, où l'on voit des centaures
> et des dauphins peints en blanc sur fond bleu criblé d'argent; les lettres
> capitales sont en or et en couleurs, sur fond également bleu, mais pointillé
> d'argent. La reliure est du meilleur style.
> Bibliothèque nationale. Réserve : C. 656.

144. D. Aurelii Augustini opera omnia, ex ejusdem Desiderii Erasmi
emendatione; editio auctior ac locupletior, cum indice locuple-
tissimo, cura et studio Florentii Bourgoini. *Parisiis, Carola
Guillard, 1541.* 10 tomes en 8 vol. in-fol., mar. citron, large
bordure à entrelacs formant encadrement, carquois et fleurs de
lis mêlés au double D. H. et à l'H couronné, le tout frappé à
froid sur les deux plats, armes sur pièce de mar. rouge.

> Très belle reliure.
> Bibliothèque nationale. Réserve : C. 645.

145. D. Eucherii Lugdunensis episcopi doctiss. lucubrationes aliquot non minus piæ quam eruditæ, cura ac beneficio Ioannis Alexandri Brassicani iurisconsulti recens editæ. *Basileæ,
M. D. XXXI.* In-folio, mar. noir, encadrement avec arabesques,
chiffres, etc., tr. ciselée, armes.

> Bibliothèque nationale. Réserve : C. 575.

146. Leonis Papæ I Sermones, ex recognitione Ioannis Andreæ,
episcopi Aleriensis, editio Paulo II dicata. (*S. d., avant* 1475).
In-folio, mar. brun clair, encadrement avec entrelacs à la Grolier sur mar. noir, chiffres, croissants, etc., tr. ciselée, armes
sur pièce de mar. citron.

> Belle reliure.
> Bibliothèque nationale. Réserve : C. 806.

147. S. Gregorii Magni, Papæ I Opera omnia, ad fidem veterum
exemplarum emendata. *Parisiis, Carola Guillard, 1542.* 2 vol.
in-folio, mar. rouge.

> Reliure identique et d'une conservation parfaite.
> Bibliothèque nationale. Réserve : C. 889.

148. Ruperti, abbatis Tuitiensis, opera omnia; ex editione Johannis

Cochlæi. *Coloniæ, Arnold. Birkman, 1528, 1532, 1533* et *1534.* 4 vol. in-folio, mar. rouge, encadrement avec arabesques, chiffres, etc., tr. ciselée, armes sur mar. citron.

Bibliothèque nationale. Réserve : C. 1022.

149. BERNARD (SAINT). Opera omnia. *Paris, 1540.* In-folio, mar. brun, encadrement avec arabesques, chiffres et emblèmes en argent, armes sur mar. citron.

Bibliothèque nationale. Livres exposés : 392.

150. Prima pars Joannis Gersonis, studii Lutetiani Cancellarii de origine et ingressu Christi, etc. *Parisiis, M. CCCC. XXXI.* In-folio, mar. rouge, encadrement avec arabesques, chiffres, etc.

Bibliothèque nationale. Réserve.

151. Tertia pars operum Joannis Gersonis... Apud inclitam Gallie Parrhiseam. (*S. d.*) In-folio, mar. vert.

Même reliure.
Bibliothèque nationale. Réserve : D. 272.

152. D. Hilarii, Pictavorum episcopi, lucubrationes quotquot extant olim par Des. Erasmum Rot. haud mediocribus sudoribus emendatæ, nunc denuo vigilantissima cura recognitæ. *Basileæ, M. D. XXXV.* In folio, mar. vert, armes.

Même reliure.
Bibliothèque nationale. Réserve : C. 563.

153. Venerabilis Bedæ, presbyteri et theologi, opera omnia ; ex editione Francisci Jametii. *Parisiis, Joan. Roigny, 1544.* 3 tomes en 1 vol. in-folio, mar. bleu.

Même reliure.
Bibliothèque nationale. Réserve : C. 933.

154. D. Iohannis Fabri, episcopi Viennensis, sermones. *Anno M. D. XXXVII.* In-folio, mar. bleu.

Même reliure.
Bibliothèque nationale. Réserve : D. 7463.

155. Opus eruditissimum divi Irenaei episcopi Lugdunensis in quinque libros digestum... *Basileæ, in officina Frobeniana, anno M. D. XXXII.* In-folio, mar. citron, double compart. de filets, avec encadrement à entrelacs, armes, chiffres et emblèmes, tr. ciselée.

Très belle reliure. Conservation parfaite.
Bibliothèque nationale. Réserve : C. 438.

156. Thomæ Illirici, minoritæ, clypeus catholicæ Ecclesiæ in Lutheranos hæreses. *Taurini, Antonius Ranotus, 1524.* Petit in-4, mar. vert, double compartiment de filets formant encadrement, armes sur mar. brun, tr. ciselée.

Bibliothèque nationale. Réserve : D. 7433.

157. De Veritate corporis et sangvinis Christi in Evcharistia, per reverendum in Christo patrem ac dominum D. Iohan. Roffensem episcopum, adversus Ioannem Æcolampadium. *Coloniæ, anno Domini M. D. XXVII.* In-folio, mar. citron, encadrement avec arabesques reliées par des entrelacs et renfermant le triple croissant et le double D. H., d'or sur le premier plat et d'argent sur le second, armes sur mar. noir, tr. ciselée.

Bibliothèque nationale. Réserve : D. 7447.

158. Pyrrychiatheov, sev stimulus ad Deum adversus Luteranos... a Ioanne Bernardo Burdegalensi... *Tolosæ, impensa autoris e Prælo N. Vieillard, M. D. XL.* Petit in-4, mar. citron, encadrement avec ornements dans le style italien, chiffres, emblèmes, tr. ciselée, armes.

Bibliothèque nationale. Réserve : D. 7472.

159. Antitidogma, sev christianæ et catholicæ religionis per Reuerend. et illust. dños canonicos metropolitanæ ecclesiæ Colonien. propugnatio... *Coloniæ, apud Iasparem Gennepæum, M. D. XLIIII.* In-folio, mar. vert, encadrement avec arabesques, chiffres et emblèmes, armes sur mar. rouge, tr. ciselée.

Bibliothèque nationale. Réserve : D. 8083.

160. Homiliarvm Iohannis Fabri... de tempore et sanctis centvria prima, nvnc recens in lvcem edita. *Excudebat Coloniæ Agrippinæ Petrus Quentel, anno a Christo nato M. D. XLI.* In-folio, mar. bleu, encadrement à entrelacs, chiffres et emblèmes, armes sur mar. citron.

Bibliothèque nationale. Réserve : 7.464.

161. Ein Jacob, oculus Jacob et Bet Jacob, domus Jacob; sive collectio variarum historiarum, allegoricarumque explicationum quæ passim occurrunt in Talmude, atque secundum librorum ordinem distributa, et commentario illustrata... Autore R. Jacob F. R. Salomonis F. Habib. Adjunctæ sunt variæ interpretationes ex collatione commentariorum R. Salomonis Jarchi,

Ramban, Ritba et aliorum. (Texte hébreu.) *S. l. n. d.* In-folio, mar. brun, encadrement orné de fers azurés représentant des arcs mêlés à des arabesques, armes sur mar. vert, tr. ciselée.

Bibliothèque nationale. Réserve : A. 880.

162. CORPUS JURIS CANONICI sive Decretum Gratiani, Decretales Gregorii IX. Sextus decretalium, Clementinæ et Extravagantes, cum glossis et annotationibus castigatum par Ægidium Perrinum et auctum per Jac. Fontanum. *Lugduni, Hugo à Porta, 1549.* 2 vol. in-folio, mar. citron, large encadrement, chiffres, emblèmes, etc., armes sur mar. vert, tr. ciselée.

Magnifique exemplaire.
Bibliothèque nationale. Réserve : E. 105.

163. Promptuarium divini juris et utriusque humani, Pontifici et Cæsarei, celebriores ejusdem divini juris et historias et sententias, humanis juribus tum annotatas tum elucidatas, sub alphabetica serie complectens : autore Montholonio. *Parisiis, Henr. Stephanus, 1520.* 2 vol. in-folio, joli frontispice gravé sur bois, mar. noir, encadrement avec arabesques, chiffres et emblèmes, tr. ciselée, armes sur mar. citron.

Bibliothèque nationale. Réserve : E. 10.

164. Omnia Platonis opera. (Texte grec.) *Venetiis, Aldus, 1513.* In-folio, encadrement de filets, chiffres et emblèmes, tr. ciselée, armes.

Bibliothèque nationale. Réserve : R. 8.

165. Hæc Aristotelis volumina in hoc libro impressa continentur : (Texte grec.) 1° Ethicorum ad Nicomarchum, libri X;
    2° Politicorum, libri VIII;
    3° Œconomicorum, libri II;
    4° Magnorum moralium, libri II;
    5° Moralium ad Eudemum, libri VIII. *Venetiis, apud Aldum.* In-folio, mar. vert, encadrement avec volutes, chiffres et emblèmes, tr. ciselée, armes.

Bibliothèque nationale. Réserve : R. 42.

166. Simplicius. Commentarii in X libros Aristotelis. (Texte grec.) *Venetiis, 1499.* In-folio, mar. rouge, encadrement avec arabesques, chiffres et emblèmes, tr. ciselée, armes.

Très beau volume.
Bibliothèque nationale. Réserve : R. 105.

167. SIMPLICII COMMENTARII in tres libros Aristotelis de anima...
Venetiis, Aldus, M. D. XXVII. In-folio, mar. rouge, encadrement décoré d'ornements dans le style italien, or et argent, tr. ciselée, armes.

Bibliothèque nationale. Réserve : R. 109.

168. PETRI VICTORII COMMENTARII longe doctissimi, in tres libros Aristotelis de Arte dicendi, nunc primum in Germania editi. *Basileæ* (1549). Petit in-fol., mar. citron, encadrement avec arabesques, accompagné du double D. H., de carquois et de croissants ; les coins, en mar. vert, sont parsemés d'une série de petits points réunis trois par trois, en forme de pyramide, et le dos est décoré d'arcs et de carquois ; armes entourées de quatre fleurs de lis, tr. ciselée.

Très joli volume.
Bibliothèque nationale. Réserve : R. 240.

169. FRANCISCI VICOMERCATI MEDIOLANENSIS in octo libro Aristotelis de natvrali avscvltatione commentarii. Et eorvndem librorvm e græco in latinvm per evndem conversio. Ad Henric. II, Galliarvm Regem. *Lutetiæ Parisiorum, apud Vascosanvm, M. D. L.* In-folio, mar. noir, entrelacs et rinceaux en mosaïque de mar. brun clair, couvrant entièrement les plats du volume, et venant se rattacher par des courbes hardies à un médaillon central où sont frappées les armes également en mosaïque de mar. fauve ; au milieu du dos, dans un milieu figuré par des arcs et rappelant le dessin principal, le double D. H. et le croissant ; tr. ciselée.

Superbe volume.
Bibliothèque nationale. Livres exposés : n° 404.

170. RECUEIL DE PIÈCES (texte grec) :

1° Porphyrii introductio sive universalia, liber unus Aristotelis ;

2° Prædicamenta, liber unus ;

3° Priora resolutoria, libri duo ;

4° Posteriora resolutoria, libri duo ;

5° Topica, libri octo ;

6° Elenchi, libri duo. *Venetiis, Aldus, M. cccc L xxxxv.* In-folio, mar. rouge, encadrement avec arabesques, chiffres et emblèmes. tr. ciselée, armes.

Bibliothèque nationale. Réserve.

171. ALEXANDRI APHRODISIENSIS in priora analytica Aristotelis commentaria. *Venetiis, Aldus, M. D. XX.* Petit in-folio, mar. brun clair, encadrement avec ornements italiens, chiffres et emblèmes, tr. ciselée, armes.

Bibliothèque nationale. Réserve : R. 70.

172. AMMONII HERMEI COMMENTARIA... Margentini archiepiscopi Mitylenensis in evndem enarratio. (Texte grec.) *Venetiis, apud Aldum, M. D. IIII.* Petit in-folio, mar. bleu, encadrement décoré d'entrelacs or et argent, armes également en or et en argent, chiffres et emblèmes argentés, tr. ciselée.

Reliure d'un joli caractère et bien conservée.
Bibliothèque nationale. Réserve : R. 85.

173. **PLUTARCHI OPUSCULA LXXXXII.** *Aldus, 1509.* Petit in-4, mar. brun, armes sur mar. vert.

Exemplaire sur VÉLIN.
Même reliure.
Bibliothèque nationale. Réserve : I. 60[1].

174. GEORGII AGRICOLÆ de ortu et causis subterraneorum, libri V..... *Basileæ, M.D.XLVI.* Petit in-folio, mar. brun, large bande de mar. rouge orné d'arabesques frappées en or et d'entrelacs où sont enfermés l'H couronné, le triple croissant et le double D.H. Aux angles du panneau central sont figurés des carquois en argent, et le dos, sur lequel sont reproduits les ornements des plats, porte, au milieu, le triple croissant bordé d'or sur fond noir; armes sur mar. brun foncé; tr. ciselée.

Belle reliure.
Bibliothèque nationale. Livres exposés : n° 396.

175. GEORGII AGRICOLÆ DE RE METALLICA LIBRI XII. *Basileæ, M. D. LVI.* In-folio, mar. brun. encadrement de mar. vert bordé de noir et décoré d'arabesques en argent, avec compartiments peints en rouge; croissants et fleurs de lis noirs, dos orné d'arabesques et de volutes avec l'H couronné sur fond noir, armes, tr. ciselée.

Bibliothèque nationale. Livres exposés, n° 413.

---

1. Autre exemplaire (sur papier), dans des conditions de reliure presque identiques.

Bibliothèque Mazarine. Réserve.

Autre exemplaire : *Lugduni, apud Seb. Gryphium,* 1549. Veau brun, avec l'effigie du roi poussée en or sur chacun des plats de la reliure.

Bibliothèque Sainte-Geneviève. Réserve : I. 129.

176. Eorum quæ in hoc libro continentur nomina et ordo :
    1° Theophrasti de historia plantarum, libri decem ;
    2° Eiusdem de causis plantarum, libri sex ;
    3° Aristotelis problematum, sectiones duo de quadraginta ;
    4° Alexandri Aphrodisiensis problematum, libri duo ;
    5° Aristotelis mechanicorum, liber unus ;
    6° Eiusdem metaphysicorum, liber quatuordecem ;
    7° Theophrasti metaphysicorum, liber unus. *Venetiis, Aldus* (s. d.). In-folio, mar. vert, double encadrement de filets sur mar. noir, reliés aux angles par des fleurs de lis et portant au centre le double D. H. faisant face au triple croissant ; armes frappées d'un côté, en argent, sur mar. violet, et de l'autre, en or, sur mar. citron ; croissants et chiffres en argent sur les plats ; dos orné de filets formant losanges ; tr. lisse.

> Exemplaire sur vélin.
> Bibliothèque nationale. Réserve : R. 31.

177. Omnia opera Hippocrati. *Venetiis, Aldus, 1526.* In-folio, mar. citron, encadrement décoré d'entrelacs en or et en argent, chiffres et emblèmes en argent, armes également or et argent, tr. ciselée.

> Bibliothèque nationale. Réserve : T. 23.

178. Diosdorides. Pedacii Diosdoridis de materia medica libri sex. *Venetiis, Aldus, 1523.* In-8, mar. vert, encadrement avec fers azurés, chiffres et emblèmes, tr. ciselée, armes.

> Très joli exemplaire.
> Bibliothèque nationale. Réserve : T. 28.

179. Pauli Æginetæ medici optimi libri septem. *Venetiis, in ædibus Aldi, M. D. XXVIII.* In-folio, mar. rouge, encadrement avec arabesques, emblèmes, armes, tr. ciselée.

> Bibliothèque nationale. Réserve : T. 23, 108.

180. GALIEN. Opera omnia. *Bâle, 1549.* 7 tomes en 4 volumes in-folio.

> Ces quatre volumes ont reçu chacun une reliure différente :
> Le tome Ier, auquel a été réuni l'*index*, est en maroquin olive foncé, avec un étroit encadrement dans le style italien. Des arabesques dorées et des entrelacs poussés sur maroquin fauve au fond pointillé d'or, couvrent les plats ; le dos est enrichi d'arabesques et de fleurs, et les armes sont frappées en or au milieu d'un écusson qui se relie par des courbes savantes à l'ornementation générale.
> Le second volume (tomes II et III) est sur maroquin rouge. Un encadrement, décoré d'arabesques et de compartiments pointillés, entoure les plats ; le dos est orné d'arabesques dans toute sa longueur, et les armes, frappées en or, occupent le milieu d'un ovale semé de fleurs de lis.

Le troisième volume (tomes IV et V), en maroquin olive bruni par le temps, porte dans un large encadrement des entrelacs reliés à des médaillons placés à intervalles réguliers, sur les quatre côtés du rectangle; le dos est criblé d'or et montre dans un riche milieu la lettre royale coupée d'un croissant; les armes sont sur pièce de maroquin rouge.

Le quatrième volume (tomes VI et VII), sur maroquin citron très foncé, présente une ornementation analogue avec cette variante que les entrelacs mêlés d'arabesques de l'encadrement, forment quatre motifs placés isolément le long de la bande; des arcs et des carquois occupent les angles des plats; le dos, richement orné, porte, au milieu d'arabesques et de fleurs, le double D. H., et, dans un médaillon central, le triple croissant traversé par une flèche; les armes sont frappées en or, au milieu d'un cartouche formé de volutes et d'entrelacs.

Bibliothèque nationale. Livres exposés : nᵒˢ 399-402.

181. FERNEL (JEAN). Medicina. *Paris, 1554.* In-folio, mar. rouge, arabesques sur les plats, armes remplacées par trois fleurs de lis accompagnées d'un double croissant et du double D. H.

Belle reliure.
Bibliothèque nationale. Livres exposés : nᵒ 412.

182. LA MÉTHODE CURATOIRE DE LA MALADIE VÉNÉRIENNE, vulgairement appelée grosse vairole et de la diversité de ses symptômes. Composée par Thierry de Herry, lieutenant général du premier barbier chirurgien du Roy. Avec privilège du Roy et de sa cour de Parlement. *A Paris, par Mathieu David, en la rue des Amandiers, à l'enseigne de la Vérité, et au Palais, en la boutique d'Arnout l'Angelier, 1552.* In-12.

Exemplaire sur VÉLIN. Titre colorié et rehaussé d'or. La reliure en veau brun est décorée d'arabesques peintes en blanc, d'un dessin différent sur chacun des plats, et porte l'écusson royal sur fond vert, avec les trois fleurs de lis et la couronne fermée. Le dos est orné d'entrelacs également peints en blanc. A l'intérieur, l'ex-libris sur papier de P. Cochon, avec *armoiries parlantes.*

D'après M. Fournier, ce livre, à raison du chiffre et des emblèmes qui sont gravés sur son titre, aurait appartenu à Diane de Poitiers; mais nous devons faire remarquer que cette particularité est commune à tous les exemplaires et que celui de la Bibliothèque nationale ne se distingue des autres que par les enluminures, d'ailleurs assez grossières, dont il est décoré.

Ce volume, simplement relié aux armes royales, et sans les emblèmes ordinaires, a donc fait partie de la Bibliothèque de Henri II et n'en a jamais été distrait.
Bibliothèque nationale. Réserve : Vélins, 1984.

183. OPERA MATHEMATICI IOANNIS SCHONERI CAROLOSTADII in vnvm volvmen congesta, et publicæ vtilitati studiosorum omnium, ac celebri famæ Norici nominis dicata. *Impressa Norimbergæ, in officina Ioannis Montani, anno Domini M. D. LI.* In-folio, mar. brun clair, large bande de mar. rouge formant encadrement et décoré de volutes représentant des arcs et des croissants sur

fond pointillé d'or; ornements du même style sur mar. noir aux angles intérieurs de l'encadrement, dos orné d'entrelacs frappés à froid et d'ornements en or sur pièce de mar. vert et rouge, rappelant le dessin des plats, tr. ciselée, armes sur mar. vert.

Très belle reliure.
Bibliothèque nationale. Réserve : V. 194.

184. VITELLIONIS MATHEMATICI DOCTISSIMI PROPOSITIONES (libri X). *Norimbergæ, apud Ioan. Petreium, M. D. LI*. In-folio, fig. en bois sur le frontispice, mar. noir, cadre de mar. rouge sur les plats, chiffres et croissants en mosaïque de mar. rouge, carquois et arcs frappés en or et disséminés sur les plats, armes sur pièce de mar. citron, tr. ciselée.

Reliure d'un aspect singulier et qui n'a d'autre mérite que de sortir de la banalité.
Bibliothèque nationale. Réserve: V. 148.

185. CLAUDII PTOLEMÆI de prædictionibus astronomicis, cui titulum fecerunt quadripartitu, græce et latine libri III. Philippo Melanchthone interprete. *Basileæ, per Ioannem Oporinum, M. D. LIII*. Petit in-8, mar. noir, encadrement de mar. rouge, croissants aux quatre angles des plats, dos avec milieu à entrelacs sur fond noir pointillé, tr. ciselée, armes.

Jolie reliure sans retouches.
Bibliothèque nationale. Réserve : V. 2284.

186. JULII FIRMICI Materni ivnioris sicvli v. c. ad Mavortium Hollianum, astronomicõn libri VIII, per Nicolaum Prvcknervm astrologum, uindicati. *Basileæ, per Ioannem Hervagium, M. D. LI*. In-folio, mar. noir, encadrement de mar. rouge orné du triple croissant, de l'H couronné et du double D. H , alternant et frappés en or; coins de mar. brun clair avec carquois, arcs et croissants entrelacés sur fond noir, dos également mosaïqué en rouge et en noir avec les mêmes emblèmes, arcs, carquois et palmes en argent disséminés sur les plats, tr. ciselée.

Reliure originale, bien conservée, mais d'un goût contestable.
Bibliothèque nationale. Réserve : V. 184.

187. NICOLAÏ COPERNICI TORINIENSIS de revolutionibus orbium cœlestium libri VI. *Norimbergæ, apud Ioh. Petreium, M. D. XLIII*. Petit in-fol. mar. brun, large encadrement de mar. noir, chiffres et emblèmes, tr. ciselée, armes sur mar. rouge.

Belle reliure.
Bibliothèque nationale. Livres exposés, n° 394.

188. TABULÆ LIGNEÆ, quibus continentur figuræ chartaceæ et mobiles ad explicationem motŭs sphæræ octavæ, nonæ et epicylorum planetarum accommodatæ.

Sorte de boîte exécutée sur le modèle d'un livre, avec reliure dans le style vénitien, composée d'un étroit encadrement de maroquin rouge, orné des emblèmes ordinaires, du chiffre D. H. et de fleurs de lis, et faisant saillie sur un panneau de soie bleue, couvert d'arabesques en maroquin citron et blanc; autour des armes, un autre panneau, bordé de maroquin brun faisant également relief, est couvert de fleurs de lis, de croissants, d'arcs enlacés à des carquois et du double D. H. frappés en or.

Pièce très curieuse, au double point de vue du contenu et du contenant.

Bibliothèque nationale. Fonds latin : 7276 B.

189. ROBERTI VALTVRII DE RE MILITARI LIBRI XII. *Parisiis, apud Christianum Wechelum, M.D.XXXII.* In-folio, mar. citron, encadrement à entrelacs de mar. noir portant dans ses compartiments le triple croissant, l'H couronné et le chiffre peints en blanc; dos avec l'H couronné et les croissants; armes sur pièce de mar. brun clair avec les trois fleurs de lis frappées sur mar. bleu; tr. ciselée.

Belle reliure sans retouches, dont le dessin imité des reliures de Grolier est remarquable.

Bibliothèque nationale. Réserve : R. 572¹.

190. L'ART DE LA GUERRE, composé par Nicolas Machiauelli, citoien et secretaire de Florence. L'estat aussi et charge d'vn lievtenāt general d'armes, par Onosander, anciē philosophe platonique. Œuures tres utilz et necessaires à tous roys, princes, republiques, seigneurs, capitaines, gentilzhommes, et autres suiuans les armes. Le tout traduict en vulgaire frācois, par Iehan Charrier, par luy adresse a tres hault et tres excellēt prince Mōseigneur le Daulphin. *A Paris, chez Iehā Barbé, à l'Escu de Cologne, ioignāt S. Benoist, rue S. Iaques, M.D.XLVI.* In-folio, fig. sur bois sur le titre, représentant des gentilhommes à cheval et bardés de fer; au-dessous les deux vers suivants :

Gens, armes, cheuaux, hardiesse et vaillance
De bien peu seruent sans conseil et prudence.

mar. noir, encadrement de mar. rouge orné de volutes et de

1. H. VEGETII DE RE MILITARI LIBRI QUATUOR. *Lutetiæ, M.D.XXXII.* In-folio, fig. sur bois, mar. bleu, large bande formée d'entrelacs à filets courbes et mosaïqués de différentes couleurs (vert, rouge et blanc); H couronné, croissants, chiffres, arcs, carquois enlacés aux compartiments; armes sur mar. citron, accompagnées de fleurs de lis d'or, d'H couronnés argentés et du chiffre D. H. également argenté. Les fleurs de lis des armoiries sont sur bleu azur et l'arc qui les entoure est peint en blanc mosaïqué de noir, tr. ciselée.

Superbe reliure d'une conservation parfaite.

Bibliothèque Mazarine. Livres exposés.

fleurs de lis aux angles, coins bordés de mar. rouge et semés
d'argent, large cartouche de mar. rouge orné d'arabesques en
or, au centre duquel sont frappées les armes, dos pointillé
d'argent et décoré de l'H couronné, des croissants et du double
D. H.; tranche lisse.

Très belle reliure.
Bibliothèque nationale. Réserve : R. 523.

191. ARTEMIDORI DE SOMNIORUM INTERPRETATIONE LIBRI QUINQUE. De
insomniis, quod Synesii cuiusdam nomine circũfertur. *Aldus,
M. D. XVIII.* — Arriani Epictetus. (Texte grec.) *Venetiis, in
ædibus Bartholomæi Zanetti Castarʒagensis, M. D. XXXV.*
Petit in-8, mar. brun, encadrement, chiffres et emblèmes, tr.
ciselée, armes.

Bibliothèque nationale. Réserve : V. 2433.

192. L'ART DE BIEN BASTIR du seigneur Léon-Baptiste Albert,
gentilhomme florentin, diuisé en dix liures, traduicts de latin en
françois par deffunct Ian Martin, Parisien, naguère secrétaire
du Reuerendissime cardinal de Lenoncourt. *A Paris, par Iacques Kerver, 1553.* In-folio, plans et fig. sur bois, mar. brun,
large médaillon de mar. noir au centre duquel sont frappées les
armes entourées du cordon de Saint-Michel; à ce milieu, viennent se rattacher des entrelacs et des rinceaux noirs bordés
d'argent d'un dessin magnifique et sur lesquels se détachent les
croissants et le double D. H. peints en blanc et noir; le dos est
orné d'arcs et d'écussons dans lesquels sont enfermés les croissants et le chiffre en argent bordé de noir; tr. ciselée et peinte en
noir et en blanc.

Très riche reliure.
Bibliothèque nationale. Livres exposés : n° 411[1].

193. GLAREANI DODECACHORDON. *Basileæ, 1547.* Pet. in-
folio, mar. rouge, large encadrement de filets ornés d'arabesques
sur fond pointillé d'or; croissants peints en blanc aux angles;
chiffre également peint en blanc de chaque côté de l'encadrement; sur les plats, se détachent le triple croissant, des carquois
et des arcs en argent mêlés à des fleurs de lis d'or; armes frap-

1. M. VITRVVII POLLIONIS, de Architectura libri X. *Argentorati* (Strasbourg),
ex officina Knoblochiana, per Georgium Machæropeium, anno M.D.L. Petit in-4,
mar. brun, encadrement de filets, coins ornés d'arabesques en forme d'arcs sur
fond noir, dos avec milieu de fers azurés sur fond pointillé d'or, tr. ciselée,
armes.

Charmant volume.
Bibliothèque Mazarine. Livres exposés.

pées en or sur fond pointillé; dos orné d'arabesques, de chiffres et de croissants peints en blanc, tr. ciselée.

Jolie reliure d'une conservation parfaite.
Bibliothèque nationale. Livres exposés, n° 397

194. THEODORI INTRODUCTIVÆ GRĀMATICES LIBRI QUATUOR. Eiusdem de mensibus opusculum... Apollonii grāmatici de constructione. Herodianus de numeris. (Texte grec.) *Venetiis, Aldus, M.CCCCLXXXXV.* In-folio, mar. rouge, encadrement de filets, chiffres et emblèmes, tr. ciselée, armes.

Bibliothèque nationale. Réserve : X. 289.

195. DIOMEDES. De Arte grammatica opus utilissimvm Nicolavs Ienson Gallicvs. (*S. d.*) Pet. in-folio, mar. rouge, encadrement d'entrelacs à compartiments avec les chiffres et les emblèmes ordinaires, armes, tr. ciselée.

Charmante dorure.
Bibliothèque nationale. Réserve : X. 573.

196. CONSTANTINI LASCARIS, BYSANTII, de octo orationis partibus liber primus, de constructione liber secundus, de nomine et verbo liber tertius, de pronomine opusculum, de græcarum proprietate linguarum ex scriptis Joannis grammatici, etc... Hæc omnia edita, curante Gasp. Philomuso. *Venetiis, J. A. de Nicolinis, 1540.* In-8, mar. rouge, encadrement avec ornements dans le style italien, chiffres et emblèmes, armes, tr. ciselée.

Joli exemplaire.
Bibliothèque nationale. Réserve : X. 286.

197. COMMENTARII LINGUÆ GRÆCÆ, Gulielmo Budæo, consiliario regio, supplicumque libellorū in regio magistro, auctore. *Parisiis, ex officina Roberti Stephani, M.D.XLVIII.* In-folio, mar. citron, fil., coins de mar. rouge décorés d'arcs et d'arabesques, croissants aux angles, dos orné de croissants, armes sur mar. vert, tr. ciselée.

Bibliothèque nationale. Réserve : X. 469.

198. THESAURUS CORNUCOPIÆ ET HORTI ADONIDIS. (Texte grec.) *Venetiis, Aldus, M.D.IIII.* In-folio, mar. brun, encadrement de filets, chiffres et emblèmes, tr. ciselée, armes.

Bibliothèque nationale. Réserve : X. 293[1].

1. THESAURUS CORNUCOPIÆ ET HORTI ADONIDIS. *Venetiis, Aldus, M.D.IIII.* In-folio, mar. brun, double encadrement de filets orné au dedans d'arabesques.

199. ETYMOLOGICON MAGNUM GRÆCUM; græce editum cura Nicolai Blasti, Cretensis. *Venetiis, 1499.* Grand in-folio, mar. vert.

Même reliure. Très bel exemplaire.
Biliothèque nationale. Réserve : X. 459.

200. HESYCHII DICTIONARIVM. (Texte grec.) *Venetiis, Aldus, M.D.XIII.* In-folio, mar. vert, encadrement avec arabesques, chiffres, et emblèmes, tr. ciselée, armes.

Bibliothèque nationale. Réserve : X. 442.

201. SUIDAS, græcè editus, curante Demetrio Chalcondylo. *Mediolani, 1499.* In-folio, mar. vert, large encadrement avec arabesques, sans l'accompagnement ordinaire des chiffres et des emblèmes qui sont seulement frappés sur le dos.

Bibliothèque nationale. Réserve : X. 451.

202. SUIDAS, græcè. *Venetiis, Aldus, 1514.* In-fol. mar. citron, encadrement, chiffres et emblèmes, tr. ciselée, armes.

Bibliothèque nationale. Réserve : X. 452.

203. DICTIONARIVM GRÆCUM, cum interpretatione latina. *Venetiis, Aldus, M.D.XXIII.* In-folio, mar. vert.

Même reliure.
Bibliothèque nationale. Réserve : X. 439.

204. TORTELLII COMMENTAR. GRAMM. DE ORTHOGRAPHIA OPUS. *Vicent., 1488.* In-folio, mar. citron, encadrement, chiffres et emblèmes, armes sur mar. rouge, tr. ciselée.

Bibliothèque nationale. Réserve : X. 730.

205. NONIUS MARCELLUS. DE PROPRIETATE SERMONUM. *1471.* In-folio, mar. rouge, encadrement avec arabesques, chiffres et emblèmes, tr. ciselée, armes.

Bibliothèque nationale. Réserve : X. 580[1].

reliées par des fers azurés et mêlées à l'H couronné, au double D. H. et au triple croissant peint en blanc comme les arcs qui entourent les armes. Cette ornementation, en or sur un des plats, est en argent sur l'autre ; le dos est semé de fleurs de lis d'or et d'H couronnés en argent ; tr. ciselée.

Charmante reliure.
Bibliothèque Mazarine. Livres exposés.

1. NONI MARCELLI peripatetia Tibvrticencis compendiosa doctrina ad filium de proprietate sermonum. *Impressum Brixiæ, M. CCCCLXXIII.* Petit in-folio, mar. brun clair, encadrements avec arabesques, chiffres et emblèmes, tr. ciselée, armes.

Conservation parfaite.
Bibliothèque Mazarine. Livres exposés.

206. Osvald Stocker. Grammaire française. Ouvrage dédié à Henri II. Sur les plats du volume sont peintes les armes des cantons suisses. Une inscription rappelle les traités conclus entre la Suisse et les rois François Ier et Henri II.

> Bibliothèque nationale. Livres exposés, n° 244.

207. Francesc. Alunno. Le Riccheze della lingua volgare. *Venegia, 1551.* In-folio, mar. brun, encadrement avec arabesques, chiffres et emblèmes, armes, tr. ciselée.

> Bibliothèque nationale. Réserve : X. 1143.

208. Hoc est finis thesauri linguæ sanctæ (Lexicon hebraïcum). *Sebastianus Gryphius Germanus excudebat Lugduni, anno M.D.XXIX.* In-folio, mar. brun.

> Même reliure.
> Bibliothèque nationale. Réserve : X. 170.

209. Orationes Rhetorum Græcorum, Eschinis, Lysiæ, Alcimadantis, Antisthenis, Demadis, Andocidis, Isæi, Dinarchi, Antiphontis, Licurgi, Gorgiæ, Lesbonactis, Herodis : accedunt Æschinis et Lysiæ vitæ; omnia græcè. *Venetiis, Aldus, 1513.* Petit in-folio, mar. vert, encadrement à entrelacs, chiffres et emblèmes, tr. ciselée, armes.

> Charmant exemplaire.
> Bibliothèque nationale. Réserve : X. 1754.

210. Demosthenis orationes duæ et sexaginta. Accedunt Libanii, Sophistæ, in eas argumenta; vita Demosthenis per Libanium, et eiusdem vita per Plutarchum; omnia græcè. *Venetiis, Aldus, 1504.* Petit in-folio, mar. vert, encadrement avec ornements italiens, chiffres et emblèmes, tr. ciselée, armes.

> Bibliothèque nationale. Réserve : X. 1679.

211. Vlpiani commentarioli in Olynthiacas, Philippicasq̃ Demosthenis orationes. *Venetiis, Aldus, M.D. XXVII.* Petit in-folio, mar. citron, encadrement avec arabesques, chiffres et emblèmes, tr. ciselée, armes.

> Très joli exemplaire.
> Bibliothèque nationale. Réserve : X. 1687.

212. Anthologia, sive Florilegium epigrammatum veterum, græce a Ioanne Lascari editum... *Florentiæ, 1594.* In-4, mar. brun, large encadrement avec arabesques, chiffres et emblèmes, tr. ciselée, armes.

> Charmante reliure.
> Bibliothèque nationale. Réserve : Y. 503.

213. FLORILEGIUM DIVERSORUM EPIGRAMMATUM IN SEPTEM LIBROS. (Texte grec.) *Venetiis, Aldus, M. D. XXI.* Petit in-8, mar. vert, encadrement, chiffres et emblèmes, tr. ciselée, armes.

> Bibliothèque nationale. Réserve : Y. 506.

214. EPIGRAMMATVM GRÆCORUM LIBRI VII, annotationibus Ioannis Brodæi Turonensis illustrati. (Texte grec.)...*Basileæ, M.D.XLIX.* In-folio, mar. noir, encadrement de filets sur fond parsemé de petits points réunis trois par trois, en forme de pyramide, chiffres et emblèmes, tr. ciselée, armes.

> Bibliothèque nationale. Réserve : Y. 521.

215. HOMERI ILIAS ET ODYSSEA; græcè. Ex emendatione Demetrii Chalcondylæ; cum præfatione Bern. Nerlii. *Florentiæ, 1488.* 2 vol. in-fol., mar. vert, encadrement avec volutes, chiffres et emblèmes, tr. ciselée, armes en or et en argent.

> Bibliothèque nationale. Réserve : Y. 159.

216. HOMERI ILIAS, ODYSSEA ET ALIA OPUSCULA; græcè. *Venetiis, Aldus, M. D. IIII.* 2 vol. pet. in-8, mar. vert, fil., H couronnés et fleurs de lis sur le dos, armes et chiffres, en argent sur l'un des plats, en or sur l'autre; tr. ciselée.

> Très bel exemplaire imprimé sur VÉLIN.
> Bibliothèque nationale. Réserve: Y. 160.

217. HOMERI ILIAS. *Venetiis, in ædibus Aldi et Andreæ Asulani soceri.* (Texte grec.) *M. D. XXIII, mense Aprili.* Petit in-8, mar. citron, fil., dos semé de fleurs de lis en or, et d'H couronnés en argent, armes en argent sur l'un des plats et en or sur l'autre, chiffres et croissants dans les angles intérieurs, tr. ciselée portant au milieu d'arabesques la lettre H et des croissants entrelacés, clous sur les plats et cordelettes servant de fermoirs.

> Merveilleuse conservation. Charmant volume.
> Bibliothèque nationale. Réserve : Y. 161.

218. EUSTATHIUS. In Homeri Iliadem et Odysseam commentarii. *Rome, 1542-1550.* 4 vol. in-folio, mar. citron, avec entrelacs noirs, d'un dessin différent sur chaque volume, chiffres et emblèmes, armes.

> Bibliothèque nationale. Livres exposés, nᵒˢ 405-408.

219. INTERPRETATIONES et antiquæ et perquam utiles in Homeri

Iliada, nec non in Odyssea. (Texte grec.) *Venetiis, Aldus, M. D. XXVIII.* Petit in-8, mar. vert, chiffres et emblêmes, tr. ciselée, armes.

> Bibliothèque nationale. Réserve : Y. 179.

220. PORPHYRII HOMERICARUM QUÆSTIONUM LIBER : accessit eiusdem de Nympharum antro in Odyssea opusculum. Græcè. *Romæ, 1518.* Petit in-4, mar. vert, encadrement avec ornements dans le style italien, en argent sur l'un des plats, en or sur l'autre, chiffres et emblèmes, armes également en or et en argent, tr. ciselée, cordelettes servant de fermoirs.

> Charmant volume d'une admirable conservation.
> Bibliothèque nationale. Réserve : Y. 180.

221. ULYSSEA. BATRACHOMYOMACHIA. HYMNI XXXII. *Venetiis, Aldus, M. D. XXIII.* Petit in-8, mar. citron.

> Reliure identique et dans les mêmes conditions de conservation extraordinaire.
> Bibliothèque nationale. Réserve : Y. 161. 2.

222. MAURI SERVII HONORATI in tria Virgilii opera expositio. *S. l. n. d.* (xv° siècle). In-folio, mar. rouge, large encadrement avec arabesques, chiffres et emblèmes, tr. ciselée, armes.

> Bibliothèque nationale. Réserve : Y. 810[1].

223. Q. HORATII FLACCI OPERA, cum commentariis Acronis et Porphyrionis, admixtis C. Æmilii, Julii Modesti et Terentii Scauri annotatiunculis : edita per Geor. Fabricium, Chemnicensum. *Basileæ, Henric.-Petrus, 1555.* In-folio, mar. citron, large bande de mar. rouge ornée d'arabesques peintes en blanc et en noir, formant encadrement, dos orné d'arabesques, armes entourées d'arcs également blancs et noirs, tr. ciselée.

> Bibliothèque nationale. Réserve : Y. 990.

224. P. OVIDII NASONIS METAMORPHOSEOS. *Venetiis, 1472.* 2 vol. in-fol. mar. citron, encadrement avec arabesques, chiffres et emblèmes, dos semé de fleurs de lis et d'H couronnés, tr. ciselée, armes.

> Très bel exemplaire.
> Bibliothèque nationale. Réserve : Y. IIII. A. 7.

> 1. Autre exemplaire. *Romæ, M.CCCC.LXIX.* Petit in-fol., mar. brun clair, armes.
> Bibliothèque Mazarine. Vitrine.

225. P. Ovidii Nasonis Elegiarvm, sive Amorvm liber primus. *Venetiis, 1472.* Petit in-folio, lettres majuscules en or et en couleur, mar. citron.

> Même reliure.
> Bibliothèque nationale. Réserve : Y. IIII. A. 4.

226. P. Ovidii Nasonis Sulmonensis poetæ clarissimi Heroïdvm alias Epistolarvm liber unicus incipit... *Vicentiæ, 1480.* Petit in-fol. mar. citron.

> Reliure identique.
> Bibliothèque nationale Réserve : Y. IIII. E. 1.

227. Omniboni Vicentini in Lucanvm commentarii. *Venetiis, 1475.* In-folio, mar. citron, encadrement avec arabesques, en argent sur l'un des plats, en or sur l'autre, chiffres et emblèmes, tr. ciselée, armes.

> Bibliothèque nationale. Réserve : Y. 1300.

228. A. Sabini in Juvenalem paradoxa. *Romæ, per Geor. Sachfel de Reichenhal, 1474.* In-4, mar. rouge.

> Même reliure.
> Bibliothèque nationale. Réserve : Y. 1374.

229. Domitii Calderani Veronensis commentarii in M. Valerium Martialem, cum defensione. *Venetiis, Jo. de Colonia, 1474.* Petit in-4, mar. citron.

> Même reliure.
> Bibliothèque nationale. Réserve : Y. 1387.

230. La Spositione di M. Simon Fornari da Rheggio sopra l'Orlando fvrioso di M. Lvdovico Ariosto. *Fiorenʒa, 1549.* Petit in-8, mar. noir, fil. à froid, H couronné aux angles, dos orné, tr. ciselée, armes.

> Reliure sans les emblèmes que l'on trouve ordinairement sur les livres de Henri II.
> Bibliothèque nationale. Réserve : 8° Y. 3488.

231. Aristophanis Comœdiæ novem. *Venetiis, apud Aldum, M.DII.* In-folio, mar. citr., encadrement, chiffres et emblèmes, tr. ciselée, armes.

> Bibliothèque nationale. Réserve : Y. 333.

232. Euripidis tragœdiæ septemdecim, ex quibus quædam habent

commentaria. (Texte grec.) *Venetiis, apud Aldum.* Petit in-8,
mar. citron.

Même reliure.
Bibliothèque nationale. Réserve : Y. 388.

233. SCHOLIA IN SEPTEM EURIPIDIS TRAGŒDIAS ex antiquis exemplari-
bus ab Arsenio archiëpo collecta, et nunc primü in lucem edita.
(Texte grec.) *Venetiis, 1533.* Petit in-8, mar. citron.

Même reliure.
Bibliothèque nationale. Réserve : Y. 408.

234. SOPHOCLIS TRAGŒDIÆ SEPTEM, cum commentariis. (Texte grec.)
Venetiis, Aldus, M.D.II. Petit in-8, mar. citron, encadrement de
filets, dos semé de fleurs de lis et d'H couronnés en argent,
chiffres et croissants en argent, armes or et argent, tr. ciselée.

Conservation irréprochable.
Bibliothèque nationale. Réserve : Y. 365.

235. COMMENTARII IN SEPTEM TRAGŒDIAS Sophoclis. Græcè. Opus in
gymnasio medicæo recognitum, repurgatumque. *Romæ, 1518.*
Petit in-4, mar. noir, encadrement de mar. noir orné d'arabesques et de feuillages frappés en argent et faisant saillie sur
un panneau de soie bleue dont les coins sont garnis de cuir
estampé; chiffres et armes également découpés dans du cuir
doré et placés en relief; dos uni avec filets dorés à la place des
nervures; tr. jaspée de différentes couleurs.

Reliure curieuse, mais exécutée lourdement. Le seul spécimen de ce
genre que nous ayons rencontré dans la bibliothèque de Henri II.
Bibliothèque nationale. Réserve : Y. 383. A.

236. PLAUTINÆ VIGINTI COMŒDIÆ LATINÆ, magna ex
parte emendatæ per Georgivm Alexandrinvm. *Venetiis, 1472.*
In-folio, mar. brun, encadrement de filets orné au dedans d'arabesques reliées par des fers azurés et mêlées à l'H couronné,
au double D. H., et au triple croissant peint en blanc comme les
arcs qui entourent les armes; cette ornementation, en or sur le
premier plat, est en argent sur l'autre; le dos est semé de fleurs
de lis d'or et d'H couronnés, en argent.

Reliure du plus beau style, mais qui a subi des restaurations.
Bibliothèque nationale. Réserve : Y. 594[1].

1. Autre exemplaire, mar. rouge, armes sur mar. citron.

Même ornementation extérieure.
Bibliothèque Mazarine. Livres exposés.

237. PLAUTI COMŒDIÆ. *Bâle, 1538.* In-8, mar. brun, filets, armes
sur mar. rouge, tr. ciselée.

Reliure bien conservée.
Bibliothèque nationale. Livres exposés, n° 391.

238. TERENTIUS. COMŒDIÆ. *Venetiis, 1482.* Petit in-folio, mar.
brun clair, encadrement avec arabesques, chiffres et emblèmes,
tr. ciselée, armes.

Très bel exemplaire.
Bibliothèque nationale. Réserve : Y. 648.

239. AULI GELII NOCTIVM ATTICARVM COMMENTARII LIBER PRIMUS. *Venetiis, 1477.* Petit in-folio, mar. rouge, encadrement avec arabesques, chiffres et emblèmes, tr. ciselée, armes.

Bibliothèque nationale. Réserve : Z. 204.

240. IOANNIS STOBÆI SENTENTIÆ in thesauris Græcorum delectæ...
Basileæ, M. D. XLIX. In-folio, mar. citron, encadrement avec
arabesques et entrelacs de mar. noir, chiffres et emblèmes, tr.
ciselée, armes.

Bibliothèque nationale. Réserve : R. 464.

241. M. TULLII CICERONIS EPISTOLÆ ad Atticum, ad M. Brutum,
ad Quintum fratrem, multorum locorum correctione illustra-
tæ, ut, post omnes omnium editiones, exeant emendatissimæ.
In quas omnes epistolas commentarii separatim impressi, pro-
pediem edentur, auctore Paulo Manutio Aldi filio. Paulvs Ma-
nvtivs Aldi filivs. *Venetiis, M. D. XLIIII.* Petit in-8, mar. citron,
encadrement de mar. noir, arcs aux quatre angles des plats, dos
orné d'arabesques en mosaïque de mar. noir, armes sur mar.
rouge, tr. ciselée.

Joli exemplaire d'une conservation parfaite.
Bibliothèque nationale. Réserve : Z. 598.

242. EPISTOLARUM quæ inter aliquot centurias videbantur partim
profuturæ theologicarvm litterarvm studiosis, partim innocentis
famam adversus sycophantiam defensuræ, libri quatuor Georgii
Wicelii. *Lipsiæ, excudebat Nicolaus Vuolrab, M. D. XXXVII.*
Petit in-4, mar. citron, encadrement de filets, chiffres et emblèmes, tr. ciselée, armes.

Bibliothèque nationale. Réserve : D. 7462.

243. DELLE LETTERE DI M. PIETRO BEMBO. Secondo volume. *In Venegia, M. D. LI.* Petit in-8, mar. citron, encadrement de huit

filets poussés à froid, chiffres et emblèmes, armes sur mar. rouge, dos estampé à froid, tr. ciselée.

Bibliothèque nationale. Réserve : Z. 1070.

244. LVCIANI OPERA. Icones Philostrati. Eiusdem Heroïca. Eiusdem Vitæ sophistarum. Icones Junioris Philostrati. Descriptiones Callistrati. (Texte grec.) *Aldus*, 1523. In-folio, mar. citron, encadrement à entrelacs, chiffres et emblèmes, tr. ciselée, armes.

Bibliothèque nationale. Réserve : Z. 1888.

245. LVCIANI DIALOGI et alia mvlta opera quorum index est in proximis paginis. *Venetiis, Aldus, M. D. XXII.* In-4, mar. vert.

Même reliure.
Bibliothèque nationale. Réserve : Z. 1880.

246. GEORGII GEMISTI, qui et Pletho dicitur, ex Diodori et Plutarchi historiis de iis, quæ post pugnam ad Mantineam gesta sunt, per capita tractatio. — Herodiani a Marci principatu historiarum libri octo, quos Angelus Politianus elegantissime latinos fecit. — Enarratiunculæ antiquæ et perbreues in totum Thucydidem, sine quibus autor intellectu est quam difficillimus. (Texte grec.) *Venetiis, Aldus, M. D. III.* In-folio, mar. vert.

Même reliure.
Bibliothèque nationale. Réserve : J. 34.

247. CLAUDII PTOLEMÆI ALEXANDRINI philosophicum cum primis eruditi, de Geographia libri octo, summa cum vigilantia excusi. *Basileæ, anno M. D. XXXIII.* Petit in-4, mar. noir, encadrement de mar. brun bordé de filets dorés, coins ornés d'arabesque et d'arcs en argent, fleurs de lis d'or et croissants en argent répandus sur les plats, dos orné d'arabesques et pointillé d'or, tr. ciselée, armes sur mar. rouge.

Bibliothèque nationale. Réserve : G. 263.

248. DIONYSII ALEXANDRINI DE SITU ORBIS LIBELLUS, Eustathii Thessalonicensis archiepiscopi commentariis illustratus. Ex Bibliotheca regia. *Lutetia, ex officina Roberti Stephani, M.D.XLVII.* Petit in-folio, mar. rouge, encadrement orné d'arabesques et de rinceaux, chiffres et emblèmes, tr. ciselée, armes.

Bibliothèque nationale. Réserve : G. 257[1].

1. FLAVII JOSEPHI OPERA. *Basileæ, 1544.* In-fol. mar. citron.
    Même reliure.
    Bibliothèque Mazarine. Vitrine.
ECCLESIASTICÆ HISTORIÆ EUSEBII PAMPHILI. *Lutetiæ Parisiorum, 1544.* Grand in-folio, mar. bleu.
    Même reliure.
    Bibliothèque Mazarine. Vitrine.

249. GEOGRAPHIA DI FRANCESCO BERLINGHIERI FIORENTINO. (*Florence, vers 1480*). Grand in-folio, mar. brun, encadrement d'entrelacs peints en noir et bordés d'argent; croissants et carquois peints en blanc dans les compartiments et accompagnés du double D. H. peint en rouge; H couronné, en argent, aux quatre angles des plats; fleurs de lis frappées en or; dos très simple et ne portant pour tout ornement que l'H couronné frappé à froid; armes en or mosaïquées de noir; tr. ciselée.

> Magnifique reliure qui a subi des restaurations nécessaires, mais dont le dessin est un des plus beaux qui existent.
> Le 1er feuillet de ce précieux volume est encadré dans une bordure d'un joli style, avec oiseaux, fleurs et feuillages en or et en couleurs; toutes les lettres capitales sont également en or et en couleurs, et les cartes sont peintes avec beaucoup de soin.
> Bibliothèque nationale. Livres exposés : n° 390.

250. ITINERIŨ PORTUGALLESIŨ e Lusitania in India et inde in Occidentem et demum ad Aquilonem, ex Vernaculo sermone in latinum traductum. *M. D. VIII*. Petit in-folio, mar. citron, large encadrement à entrelacs de mar. noir bordé d'argent et renfermant dans leurs compartiments l'H couronné, en argent, et les croissants accompagnés du double D. H., en rouge, armes sur mar. noir, tr. ciselée.

> Superbe exemplaire imprimé sur vélin. Très belle reliure.
> Bibliothèque nationale : Réserve : G.¹.

251. GLI COSTUMI, LEGGI ET USANZE DI TUTTE LE GENTI, raccolte da molti illustri scrittori, per Giouani Boemo Aubano Alemano, e tradotte per il Fauno in lingua uolgare. *Stampate in Vineggia per Michele Tramezino, nell' anno M. D. XLIX*. Petit in-8, mar. brun clair, encadrement de filets, chiffres et emblèmes, en argent sur l'un des plats, en or sur l'autre, dos orné d'arabesques, tr. ciselée, armes sur mar. brun foncé.

> Bibliothèque nationale. Réserve : G. 452.

1. PAUSANIAS. *Aldus, 1516*. In-folio, mar. bleu, encadrement de filets avec ornements dans le style italien, chiffres et emblèmes, tr. ciselée, armes.
    Bibliothèque Mazarine. Vitrine.
DESCRITTIONE DE TVTTA ITALIA DI LEANDRO ALBERTI BOLOGNESE. *In Venegia, M. D. LI*. Petit in-4, mar. rouge, encadrement d'entrelacs mêlés de fers azurés, H couronnés dans les compartiments, dos estampé d'arabesques frappées à froid, armes sur pièce de mar. citron, entourées du double D. H., de croissants argentés et de fleurs de lis d'or, tr. ciselée.
    Très belle conservation.
    Bibliothèque Mazarine. Vitrine.

252. NICEPHORI CALLISTI XANTHOPULI, scriptoris uere Catholici, Ecclesiasticæ historiæ libri decem et octo. *Basileæ, per Ioannem Opporinum, M. D. LV.* Grand in-folio, mar. rouge, large filet noir servant d'encadrement, arabesques couvrant entièrement les plats, armes dans un cartouche, au fond criblé, sur pièce de mar. vert, arabesques sur le dos avec le double D. H. au milieu, tr. ciselée.

> Jolie reliure. Ornements d'un dessin très élégant.
> Bibliothèque nationale. Réserve : H. 60.

253. BAP. PLATINÆ CREMONENSIS, de vitis ac gestis svmmorvm Pontificvm, ad sva vsque tempora, liber vnvs. *Coloniæ, apud Iasparem Gennepæum, M. D. LI.* Petit in-folio, mar. vert, bande étroite de mar. rouge, accompagné d'un double filet d'or, servant d'encadrement, triple croissant en mar. citron dans les angles, dos à compartiments sur fond sablé et frappés à froid, armes sur mar. citron au milieu d'un large cartouche à entrelacs sur fond criblé, tr. ciselée.

> Belle reliure qui s'éloigne du type ordinaire.
> Bibliothèque nationale. Réserve : H. 189.

254. GLI OTTO LIBRI DI THVCYDIDE ATHENIENSE delle guerre della Morea, tradotto dal greco idioma nella lingua thoscana, con ogni diligëza, per Francesco di Soldo Strozzi, Fiorentino. *In Venetia (s. d.), appresso Baltassar de Costantini.* Petit in-8, mar. citron, même reliure.

> Bibliothèque nationale. Réserve : J. 345.

255. LES SEPT LIVRES DES HISTOIRES DE DIODORE SICILIEN, novellement traduyts de grec en françois. *A Paris, de l'imprim. de Michel Vascosan, 1554.* In-folio mar. noir, entrelacs d'un dessin magnifique se détachant en noir sur un fond pointillé en argent et couvrant entièrement les plats et le dos du volume; des carquois enlacés à des arcs, des croissants et le double D. H., mêlés à des arabesques et à des feuillages, sont frappés sur le dos, qui porte en haut et en bas la lettre H couronnée; armes sur mar. brun clair.

> Magnifique volume de la plus belle conservation et d'une importance capitale au point de vue de l'histoire de la reliure au XVIe siècle.
> Bibliothèque nationale. Réserve : J. 47.

256. APPIANI ALEXANDRINI Romanorvm historiarvm Celtica Libyca vel Carthaginensis Illyrica, Syriaca, Parthica, Mithridatica, quinque libris distincta. *Lutetiæ, typis Regiis, cura ac dili-*

gentia Caroli Stephani, M. D. LI. In-folio, mar. brun, large bande à entrelacs peints en rouge et en blanc, formant encadrement, carquois enlacés à des arcs dans les compartiments formés par ces entrelacs et autour des plats, chiffres, croissants, H couronnés, fleurs de lis en or et en argent, dos semé de fleurs de lis frappées en or et alternant avec la lettre H frappée en argent, armes mosaïquées en noir, en vert et en blanc sur pièce de mar. citron, tr. ciselée.

Très belle reliure.
Bibliothèque nationale. Réserve : J. 583.

257. DIONYSII HALICARNASSEI antiquitatum Romanarum libri X. *Lutetiæ, ex officina Rob. Stephani, M. D. XLVI.* In-folio, mar. vert, encadrement avec arabesques, chiffres et emblèmes, tr. ciselée, armes.

Bibliothèque nationale. Réserve : J. 579.

258. DIONIS Romanarum historiarum libri XXIII a XXXVI ad LVIII vsque. Ex bibliotheca Regia. *Lutetiæ, ex officina Rob. Stephani, M. D. XLVIII.* In-folio, mar. rouge.

Même reliure.
Bibliothèque nationale. Réserve : J. 592.

259. HERODOTI LIBRI NOVEM quibvs Mvsarvm indita sunt nomina. *Venetiis, Aldus, M.D.II.* In-folio, mar. vert, encadrement avec fers azurés, chiffres et emblèmes, tr. ciselée, armes.

Bibliothèque nationale. Réserve : J. 9.

260. DIONIS NICÆI Rerum Romanarum a Pompeio magno ad Alexandrum epitome authore Ioanne Xiphilino. Ex Bibliotheca Regii. *Lutetiæ, ex officina Rob. Stephani, typographi Regii, Regiis typis, M. D. LI.* Petit in-folio, mar. noir, encadrement à entrelacs de couleurs (rouges et blancs), H couronnés et fleurs de lis sur le dos, armes sur pièce de mar. citron, tr. ciselée.

Bibliothèque nationale. Réserve : J. 593.

261. FABRICIUS (GEORG.). Roma. *Bâle, 1551.* In-8, mar. rouge, encadrement de filets dorés, carquois argentés aux angles, tr. ciselée, armes.

Reliure très simple, mais d'un joli goût et bien conservée.
Bibliothèque nationale. Livres exposés, n° 410.

262. RODERICI EPISCOPI PALENTINI HISTORIA HISPANICA. *Romæ,*

M cccc. Lxix (1469). In-4, mar. citron bruni par le temps, encadrement à entrelacs noirs portant dans ses compartiments le triple croissant, le double D. H. et l'H couronné peints en blanc; dos avec l'H et les croissants; armes sur pièce de mar. brun clair, avec les trois fleurs de lis frappées sur azur et les arcs peints en rouge; tr. dorée et ciselée et reproduisant, en partie, les ornements des plats.

Très belle reliure imitée de Grolier.
Bibliothèque nationale. Réserve : O* I.

263. LA PRIMA PARTE delle historie de svo tempo di Mons. Paolo Giovio Vescovo di Nocera. Tradotto per M. Lodovico Domenichi. *In Fiorenza, M. D. L. I* (1551). Grand in-8, mar. brun, encadrement de filets, dos orné d'arabesques frappées à froid, chiffres et emblèmes, tr. ciselée, armes sur mar. citron.

Bibliothèque nationale. Réserve : K. 517 [1].

264. JOHANNIS SIMONETÆ commentarii rervm gestarvm Francisci Sphortiæ ducis. *Mediolani, M.cccc L xxviii* (1478). In-folio, mar. brun clair, encadrement à entrelacs de mar. noir, chiffres et emblèmes, dos orné de fleurs de lis et de la lettre H couronnée, armes sur mar. noir, tr. ciselée.

Riche reliure.
Bibliothèque nationale. Réserve : K. 198.

265. IOANNES HEROLD. Originvm ac Germanicarvm antiquitatvm libri. *Basileæ, 1557.* In-folio, mar. citron, entrelacs et rinceaux sur fond pointillé, dos pointillé d'argent, armes frappées en or au haut d'un écusson dont le bas est garni d'arabesques en argent, tr. ciselée.

Un des rares volumes de Henri II, qui ne porte pas les emblèmes.
La reliure, au double point de vue de la composition et de l'exécution du dessin, est une des plus complètes qu'ait produites la Renaissance.
Les ornements couvrent les plats du volume en entier, et paraissent avoir été frappés à froid, bien qu'ils aient pu être primitivement argentés. Les arabesques sont en argent et le milieu en or.
Bibliothèque nationale. Livres exposés, n° 416 [2].

1. DELL' ECCELLÉTISSIMO ORATORE MESSER BERNARDINO LORIO MILANESE HISTORIA... *Mediolani, apud Alexandrü Minvtianvm, M.D.III.* Grand in-folio, mar. citron, large bande à entrelacs servant d'encadrement avec les croissants, les chiffres et l'H couronné frappés en or ou dans les compartiments; H couronné de grandeurs différentes en or et en argent sur le dos, tr. ciselée, armes.

Très belle reliure sans retouches.
Bibliothèque Mazarine. Vitrine.

2. LE LIVRE DES STATUTS ET ORDONNANCES DE L'ORDRE SAINCT-MICHEL, establis

266. PIE II (ÆNEAS SILVIUS PICCOLOMINI). Historia bohemica. *Rome, 1475.* Petit in-fol. mar. brun, encadrement d'entrelacs noirs bordés d'or; dans les compartiments se trouvent des croissants et des carquois peints en blanc, accompagnés du double D. H. peint en rouge; H couronné en argent aux quatre angles des plats; dos ne portant pour tout ornement que l'H couronné frappé à froid; armes mosaïquées de noir; tr. ciselée.

Superbe reliure semblable à celle de la *Geographia* di Francesco Berlinghieri fiorentino (voir plus haut, n° 249) qui a été reproduite avec une grande exactitude, par les procédés d'héliogravure de Charreyre, dans le livre : *la Reliure française*, de MM. Marius Michel.

« Les larges bandes d'entrelacs purs exécutés à filets, qui servent à l'encadrement des plats du volume, sont d'une richesse de composition extrême. Elles ne sont pas particulières aux reliures, et nous les retrouvons, à cette époque, sur une foule d'objets. Elles forment des frises superbes sur des vases de faïence émaillée, sur des buires, des aiguières en étain. Parmi les beaux modèles que le South Kensigton Museum de Londres a réunis, et qui ont tant aidé aux progrès artistiques de l'Angleterre, dans ces dernières années, il y a plusieurs pièces de céramique hors ligne, décorées d'entrelacs dessinés par les mêmes ornemanistes qui firent les modèles de ces reliures françaises du roi et de Diane de Poitiers. Il y a toute une série de volumes, appartenant à Henri II, ornés de dessins de ce genre, et dont les tranches, admirablement ciselées, offrent les mêmes modèles d'ornements que les plats. Elle est réunie presque tout entière à la Bibliothèque nationale [1]. »

L'*Historia bohemica* figure, parmi les livres exposés, sous le n° 389 (*bis*).

267. HISTORIA DE GENTIBVS SEPTENTRIONALIBVS, eorvmque diversis statibvs, conditionibvs, moribvs, ritibvs... opvs vt varivm plvrimarvmque rervm cognitione refertvm, atque cvm exemplis externis, tum expressis rervm internarvm pictvris illustratvm, ita delectatione iucunditateque plenvm, maxima lectoris animvm volvptate facile perfvndens. Avtore Olao magno gotho archiepiscopo Vpsalensi Suetiæ et Gothiæ Primate. *Romæ, 1555.* In-4, nombreuses fig. sur bois, mar. brun, encadrement de mar. citron décoré de croissants, d'arcs, de carquois, du double D. H.,

par le tres chrestien Roy de France Loys Vnziesme de ce nom. Institution de l'office de prevost et maistre des ceremonies, auec autres statuts des ordonnances sur le faict dudict ordre. *S. l. n. d.* (*Paris, vers 1550*). Petit in-4 de 32 ff.; mar. brun, double encadrement de filets, arcs aux quatre angles intérieurs et carquois entre les filets de l'encadrement, fleurs de lis, tr. ciselée, armes.

Exemplaire sur vélin. Le dos de la reliure a été refait.
Bibliothèque Mazarine. Livres exposés.

Autre exemplaire... mar. rouge; même reliure, conservation parfaite.
Bibliothèque Sainte-Geneviève. Réserve : Œ. (15) 291.

1. *La Reliure française depuis l'invention de l'imprimerie...* par MM. Marius Michel, relieurs-doreurs. Paris, Damascène Morgand et Charles Fatout, 1880, grand in-4, pages 60-61.

de fleurs de lis et de l'H couronné, coins avec ornements sur fond pointillé d'or, dos à compartiments également pointillés, armes sur mar. citron, tr. ciselée.

> Bel exemplaire. Reliure intacte.
> Bibliothèque nationale. Réserve : M. 1421.

268. GEORGII AGRICOLÆ DE MENSURIS... *Basileæ, M. D. L.* In-folio, mar. rouge, encadrement de filets noirs avec arabesques; chiffres et croissants peints en noir; coins ornés d'arabesques en argent sur fond noir; dos avec arabesques et fers azurés; tr. ciselée; armes en or sur mar. noir.

> Composition charmante et d'une exécution parfaite.
> Bibliothèque nationale. Livres exposés, n° 409.

269. PAULI IOVII Novocomensis, episcopi Nvcerini, illustrium virorum vitæ. *Florentiæ, in officina Laurentii Torrentini, M. D. LI* (1551). In-folio, mar. rouge, arabesques à mosaïque de mar. noir frappées à froid et couvrant entièrement les plats, dos également orné d'arabesques et portant un carquois au centre, armes poussées au milieu d'un cartouche dont le fond est pointillé d'or, tr. ciselée.

> Très jolie reliure. Le dessin du dos est d'une extrême élégance, et traité avec une ampleur et une facilité merveilleuses.
> Bibliothèque nationale. Réserve : K. 35.

270. FILOSTRATO LEMNIO, della vita di Apollonio Tianeo, tradotto per messer Francesco Baldelli... *In Fioreɀa, appresso Loreɀo Torrentino, M. D. XLIX.* Petit in-8, mar. brun, filets formant encadrement, fleurs de lis, chiffres et emblèmes, dos orné d'arabesques en argent, armes sur pièce de mar. citron, tr. ciselée.

> Bibliothèque nationale. Réserve : J.

271. GESSNER (CONRAD). Bibliotheca universalis. *Zurich, 1545.* In-folio, mar. rouge avec encadrement à entrelacs sur fond noir, emblèmes, croissants, carquois, chiffres, etc., arabesques sur le dos, armes sur mar. citron, tr. ciselée.

> Jolie reliure.
> Bibliothèque nationale. Livres exposés, n° 395.

272. PANDECTARVM sive Partitionvm uniuersalivm Conradi Gesneri Tigurini, medici et philosophiæ professoris, libri XXI. *Tigvri excudebat Christophorus Froschouerus anno M. D. XLVIII.* In-folio, mar. noir, double encadrement à mosaïque de mar. rouge et marron, fleurs de lis, larges croissants et chiffres à mo-

saïque de mar. brun, dos pointillé en argent, armes sur pièce de mar. rouge, tr. ciselée.

> Reliure restaurée.
> Bibliothèque nationale. Réserve : Q. 47 [1].

1. Digestorvm sev Pandectarvm libri qvinqvaginta... *Florentiæ, M. D. LIII.* 3 vol. in-folio.

> Magnifique exemplaire d'une édition précieuse, chef-d'œuvre de typographie. Chaque volume est revêtu d'une reliure différente. Le tome I est en mar. brun clair encadré d'une large bande ornée d'arabesques sur mar. rouge. Un écusson à mosaïque de mar. bleu renferme les armes qui sont, elles-mêmes, mosaïquées de bleu; au milieu du dos, un autre écusson à entrelacs de mar. noir sert de cadre au triple croissant.
> Le tome II, plus simple, est en maroquin noir encadré d'un double filet droit poussé sur mar. rouge; à chaque angle se trouve le triple croissant également mosaïqué de rouge; le dos est orné d'arabesques argentées, et les armes sont frappées sur mar. fauve.
> Le tome III est en mar. rouge orné d'un large encadrement décoré d'arabesques découpées en mar. marron sur fond noir. Le panneau intérieur est semé d'arabesques d'un dessin merveilleux, venant se relier à un écusson bleu azur où se trouvent les armes. Le dos est orné d'arabesques imprimées à froid. Cette dernière reliure est une des plus belles de la bibliothèque de Henri II et a été reproduite dans le livre sur la *Reliure française* de MM. Marius Michel.

> Bibliothèque Mazarine. Livres exposés.

LIVRES

AYANT APPARTENU A FRANÇOIS II

MANUSCRITS

1. **Arresta varia in materia Regaliarum.** In-folio, mar. brun, encadrement dans le style italien frappé à froid sur les plats, dos orné d'arabesques, tr. ciselée, armes accompagnées de la lettre F couronnée et du chiffre II.

> Manuscrit sur papier.
> Bibliothèque nationale. Département des manuscrits, fonds latin : 4645.

2. **Liber florum Albumassar** de revolutionibus annorum. — *Alfragani* rudimenta astronomiæ. — *Joannis* Hispalensis prognosticationes de variis tempestatibus. — Centiloquium *Bereni :* interprete Joanne Hispalensi. — Capitula *Almanzoris*... — *Anonymi* tractatus de meteoris. — Epistola *Messahallach* de prognosticationibus pluviarum et ventorum. — *Messahallach* liber conjunctionis et receptionis in interrogationibus. — Tabulæ astronomicæ : accedunt canones. In-4, mar. rouge, même reliure.

> Manuscrit du xive siècle, sur vélin.
> Bibliothèque nationale. Département des manuscrits, fonds latin : 7316.

3. **Guidonis Bonati de Forlivio tractatus de electionibus.** — Idem de revolutionibus annorum mundi. — Recollectiones et proprietates septem planetarum : authore *Reynhardo.* — *Guillelmi Angli*, Massiliensis, liber in quo docetur cognoscere dispositionem urinæ non visæ; et multa alia medicinalia secundum astrologiam. — Capitula et introductiones diversorum judiciorum artis astronomiæ, secundum Zahelem et quamplurimos alios doctores. — *Alchindus* de pluviis. — *Zahelus* septuaginta

18

præcepta. —*Messahallach* epistola in rebus eclipsis lunæ et solis. In-4, mar. rouge, encadrement avec ornements dans le style italien; arabesques en argent couvrant entièrement les plats et le dos; tr. dor., armes.

Manuscrit du xvᵉ siècle, écrit moitié sur vélin, moitié sur papier. Bibliothèque nationale. Fonds latin : 7328.

4. PHŒBUS. De la Chasse. Petit in-fol. mar. rouge-brique foncé, encadrement d'entrelacs alternativement rouges, noirs et vert-gris dans le style italien, arabesques couvrant les coins, armes dans un médaillon central, tr. dorée et ciselée.

Copie, en écriture assez négligée, du livre de Gaston Phœbus sur la chasse, exécutée dans la seconde moitié du xviᵉ siècle, sans aucune miniature. Très jolie reliure. Bibliothèque nationale, manuscrits français 1290, exposé armoire XX, nº 246.

LIVRES IMPRIMÉS

5. Lexicon græco-latinum, Jacobi Tusani studio locupletatum. *Parisiis, apud Carolam Guillard*, *1552*. 2 vol. in-folio mar. brun clair, double compartiment de filets, encadrement intérieur avec volutes, fleurs de lis aux angles, armes sur pièce de mar. rouge, fleurs de lis et F couronnés (suivis du nombre II) sur le dos, tr. ciselée, clous et ferrures sur les plats.

Très bel exemplaire. Bibliothèque nationale. Réserve : X. 467.

6. Clavdiani Æliani opera quæ extant omnia, græce latineque... *Tiguri, apud Gesneros fratres*, *M. D. LVI*. In-folio, mar. citron, encadrement à enroulements dans le style italien, frappé à froid, armes dans un médaillon au centre des plats, F couronnés sur le dos, tr. ciselée.

Superbe exemplaire d'une conservation parfaite. Bibliothèque nationale. Réserve : Z.

7. Ioannis Cvspiniani, viri clarissimi, commentarii, ex optimis uetutissimisq authoribus collecti. *Basileæ, ex officina Ioannis*

Oporini, 1553. In-folio, mar. brun clair, encadrement de filets avec enroulements à la manière italienne, armes dans un médaillon, au centre des plats, fleurs de lis sur le dos, tr. dor.

Bibliothèque nationale. Réserve : J. 753.

8. MUNSTER (SÉB.). La Cosmographie universelle. *Bâle, 1556.* In-folio, mar. rouge, double encadrement de filets, fleurs de lis et F couronnés sur les plats, armes dans un médaillon central, surmontées de la lettre F couronnée, dos orné d'un riche milieu composé d'arabesques en argent, tr. ciselée.

Très belle reliure.
Bibliothèque nationale. Livres exposés : n° 420.

9. DE GENTIVM ALIQVOT migrationibus, sedibus fixis, reliquiis, lingvarvmque initiis et immutationibus ac dialectis, libri XII. *Basileæ (1557).* Grand in-folio, mar. brun clair, encadrement de mar. vert avec enroulements dans le style italien, coins de mar. noir, avec arabesques en argent fermées par des arcs, armes sur mar. rouge, accompagnées en haut et en bas, par la lettre F et des fleurs de lis couronnées; dos orné d'arabesques en argent et de grosses fleurs de lis découpées sur mar. noir, tr. ciselée.

Très beau volume.
Bibliothèque nationale. Réserve : G. 851.

10. LAONICI CHALCONDYLÆ ATHENIENSIS, de origine et rebvs gestis Tvrcorvm libri decem, nuper e græco in latinum conuersi. Conrado Clavsero interprete. *Basileæ, per Ioannem Oporinvm, M. D. LVI.* In-folio, mar. vert, double encadrement de filets, fleurs de lis aux angles intérieurs, armes dans un écusson central, dos semé à l'infini d'F et de fleurs de lis, tr. ciselée.

Très belle reliure, d'une remarquable conservation.
Bibliothèque nationale. Réserve : J. 153.

11. NICETÆ CHONIATÆ ANNALES. *Basileæ, 1557.* In-folio, mar. rouge, double compart. de filets frappés à froid, F et fleurs de lis répétés sur les plats, dos orné d'arabesques et de la lettre F, tr. ciselée, armes.

Belle reliure.
Bibliothèque nationale. Réserve : J. 97.

12. DION CASSIUS. Romanæ historiæ libri, de græcis latini facti. *Bâle, 1558.* In-folio, mar. brun, tr. ciselée, armes.

Jolie composition à entrelacs poussés à froid sur fond pointillé.
Bibliothèque nationale. Livres exposés : n° 421.

13. GELENIUS. Notitia provinciarum imperii Romani. *Bâle,
1552.* In-folio, mar. brun clair orné d'entrelacs sur fond noir,
venant se relier par des courbes savantes à un médaillon central où sont frappées les armes accompagnées de la lettre F", tr.
ciselée.

> Reliure importante, citée dans le livre de MM. Marius-Michel.
> Bibliothèque nationale. Livres exposés : nº 419.

14. HIEROGLYPHICA, sive de sacris Ægyptiorvm literis commentarii, Ioannis Pierii Valeriani Bolzanii bellvnensis. *Basileæ,
1556.* In-folio, très beau portrait de l'auteur gravé sur bois dans
un encadrement du plus beau style de la Renaissance, fig. sur
bois, mar. rouge, filets dorés avec fleurons d'argent, angles fer-
més par des arabesques également en argent, armes frappées en
or dans un médaillon de forme ovale et surmontées de la lettre
F"; arabesques en argent sur le dos, clous aux angles intérieurs
de l'ornementation des plats, tr. ciselée.

> Superbe exemplaire. Les arabesques en argent qui décorent le dos de la
> reliure, sont du dessin le plus élégant et le plus hardi. La conservation du
> volume ne laisse rien à désirer.
> Bibliothèque nationale. Réserve : Z. 1442.

LIVRES

AYANT APPARTENU A CHARLES IX

MANUSCRITS

1. **LA BIBLE** qui est compillee des VII eztaz du monde, par Geffroy de Paris. Pet. in-4, mar. brun, fil., arabesques frappées à froid dans les angles et sur le dos, armes accompagnées du double C couronné, tr. dorée.

   Manuscrit du XIIIᵉ siècle, sur VÉLIN. Lettres historiées.
   Bibliothèque nationale, département des manuscrits. Fonds français : 1526.

2. **EVANGELIA**, quorum initio singulorum Evangelistarum icones minùs eleganter depictæ. Grand in-4, mar. brun, encadrement dans le style italien, armes.

   Manuscrit du Xᵉ siècle sur VÉLIN. Grandes lettres ornées, en or et en couleurs. Les figures au trait, rehaussées d'or, qui représentent les quatre évangélistes, sont d'un beau caractère.
   Bibliothèque nationale, département des manuscrits. Fonds latin : n° 269.

3. HESYCHII, EPISCOPI HIEROSOLYMITANI, commentariorum in Leviticum libri septem... In-4, mar. rouge, même reliure.

   Manuscrit du XIIᵉ siècle, sur VÉLIN.
   Bibliothèque nationale. Fonds latin : 2312.

4. CANONES APOSTOLORUM. — Canones Concilii Nicæni. — Canones Concilii Ancyrani. — Canones Concilii Neocæsariensis. — Canones Concilii Gangrensis. In-4, mar. brun, même reliure.

   Manuscrit du Xᵉ siècle, sur VÉLIN.
   Bibliothèque nationale. Fonds latin : 1453.

5. SANCTI JOANNIS CHRYSOSTOMI AD DEMETRIUM libri duo de compunctione cordis... Petit in-4, même reliure.

   Manuscrit du Xᵉ siècle, sur VÉLIN.
   Bibliothèque nationale. Fonds latin : 2659.

6. SANCTI AMBROSII, Mediolanensis episcopi, officiorum libri tres. In-8, mar. brun, même reliure.

Manuscrit du XIIIe siècle, sur VÉLIN.
Bibliothèque nationale. Fonds latin : 2641.

7. CŒCILII Firmiani Lactantii libri septem institutionum divinarum... In-4, mar. brun, même reliure.

Manuscrit du IXe siècle, sur VÉLIN.
Bibliothèque nationale. Fonds latin : 1663.

8. CASSIODORI, viri Senatoris, liber de artibus et disciplinis sæcularium studiorum. In-4, mar. rouge, encadrement dans le style italien, doubles C sur le dos, tr. dor., armes.

Manuscrit du Xe siècle, sur VÉLIN.
Bibliothèque nationale. Fonds latin : 8679.

9. SALVIANI, Massiliensis piscopi, Timotheus, libri quatuor. — *Vincentii*, Lirinensis, liber pro Catholicæ fidei antiquitate et universitate. In-4, mar. brun, même reliure.

Manuscrit du XIe siècle, sur VÉLIN.
Bibliothèque nationale. Fonds latin : 2785.

10. RABANI MAURI de naturis rerum libri viginti duo. Grand in-folio, mar. rouge, double encadrement de filets, doubles C et fleurs de lis couronnés.

Manuscrit du XIVe siècle, sur VÉLIN.
Bibliothèque nationale. Fonds latin : 2420.

11. HUGONIS A SANCTO VICTORE de sacramentis christianæ fidei libri duo... Petit in-4, même reliure.

Manuscrit du XIIIe siècle, sur VÉLIN.
Bibliothèque nationale. Fonds latin : 2918.

12. VENERABILIS BEDÆ de tabernaculo et vasis ac vestibus sacerdotum libri tres. — Ejusdem liber de ædificatione Templi. — *Hugonis* epistola de Ecclesiæ unitate. Petit in-4, mar. brun, arabesques formant encadrement, doubles C couronnés sur le dos, armes.

Manuscrit du XIIIe siècle, sur VÉLIN.
Bibliothèque nationale. Fonds latin : 2842.

13. NOVUM FORMULARIUM PŒNITENTIARUM de speciali mandato Benedicti Papæ XII. Petit in-4, mar. citron, double encadrement de filets, doubles C couronnés sur le dos, tr. dor., armes.

Manuscrit du Xe siècle, sur VÉLIN.
Bibliothèque nationale. Fonds latin : 4323.

14. Remundi, Monachi, pia meditatio ante sanctum altaris sacrificium. — Anonymi moralis tropologia, assignata proprietatibus solemnium totius anni dierum, et e Scriptura sanctisque Patribus petita. In-4, mar. brun, même reliure.

>Manuscrit du xiii⁰ siècle, sur vélin. Capitales en couleur.
>Bibliothèque nationale. Fonds latin : 2611.

15. Le Livre des bonnes mœurs, par Jacques le Grant, Augustin, Petit in-4, mar. citron foncé, fleuronné et frappé à l'écu de France et au double chiffre de François II et de Charles IX sur les plats.

>Manuscrit du xvi⁰ siècle, sur papier, contenant 113 feuillets à lignes longues.
>Charmante reliure parfaitement conservée. Le dernier feuillet du manuscrit a été enlevé.
>Bibliothèque nationale. Fonds français : 954.

16. Codicis Theodosiani libri duodecim priores : ibi solæ interpretationes..... Petit in-folio, même reliure.

>Manuscrit du viii⁰ siècle, sur vélin.
>Bibliothèque nationale. Fonds latin : 4403.

17. Codicis Theodosiani libri sexdecim, cum interpretationibus..... Grand in-4, même reliure.

>Manuscrit du ix⁰ siècle, sur vélin.
>Bibliothèque nationale. Fonds latin : 4405.

18. Codicis Theodosiani libri sexdecim. — *Theodosii Junioris, Valentiniani III, Martiani, Majoriani et Severi* novellæ constitutiones. — *Gaii* institutionum epitome. — *Julii Pauli* sententiarum libri quinque. — *Excerpta* ex Gregoriano codice. In-4, mar. brun, double encadrement de filets à froid, double C couronné frappé en or aux quatre angles intérieurs des plats; fleurs de lis et doubles C couronnés sur le dos, tr. dor.

>Manuscrit du ix⁰ siècle, sur vélin.
>Bibliothèque nationale. Fonds latin : 4408.

18 (*bis*). Codicis Theodosiani libri sexdecim : ibi solæ interpretationes; præmittitur arbor consanguinitatis..... Petit in-folio, même reliure.

>Manuscrit du ix⁰ siècle, sur vélin.
>Bibliothèque nationale. Fonds latin : 4410.

19. Justiniani novellarum constitutionum epitome. — Constitutio de muneribus civitatum. — *Justiniani* constitutio de raptu vir-

ginum, viduarum et matrimonialium. — Ejusdem constitutio, ut
omnia firma sint quæ Amalasuinta, vel Attalaricus, vel Theuda-
tus concesserunt. — *Justini* Imperatoris novella constitutio ad
Julianum præfectum urbis Constantinopolitanæ, ut possit ex
consensu dissolvi matrimonium. — Ejusdem constitutio de filiis
liberarum, in Africam directa. In-4, mar. rouge, double encadrement de filets dorés, dos orné d'arabesques et portant le
double C couronné dix fois répété, tr. dor., armes.

Manuscrit du vIIIe siècle, sur vélin.
Bibliothèque nationale. Fonds latin : 4568.

20. CODICIS JUSTINIANEI LIBRI NOVEM PRIORES.
In-folio, mar. marron clair, double encadrement dans le style
italien poussé à froid, double C couronné sur le dos, armes
frappées au centre d'un médaillon absolument semblable à celui
des reliures de François II, tr. dor.

Manuscrit du xIIIe siècle, sur vélin. Très beau volume écrit en gothique
avec une grande perfection et dont les feuillets sont ornés de lettres zoo-
morphes, en couleurs, extrêmement curieuses et du plus délicat travail.
Bibliothèque nationale. Fonds latin : 4517.

21. Codicis Justinianei libri novem priores. Très petit in-folio, mar.
brun, encadrement dans le style italien, dos orné des doubles C
couronnés, tr. dor., armes.

Manuscrit du xIIIe siècle, sur vélin.
Bibliothèque nationale. Fonds latin : 4518.

22. Codicis Justinianei libri tres posteriores, cum glossis. In-folio,
mar. marron, double encadrement de filets, dos orné du double
C couronné, armes dans un médaillon central, tr. dor.

Manuscrit du xIIIe siècle, sur vélin. Très belle écriture gothique; lettres
capitales en couleurs.
Bibliothèque nationale. Fonds latin : 4538.

23. Brief traicté sur le stille et forme de poursuivre plusieurs matières en la court de parlement et pardevant Messeigneurs des
requestes du Palais, avec plusieurs extraicts des registres des
dites requestes, depuis 1520 jusqu'en 1535, pour servir d'exemple. Petit in-4, mar. citron, étroit encadrement d'arabesques,
doubles C couronnés sur les plats et sur le dos, tr. ciselée, armes.

Manuscrit du xvIe siècle, sur papier.
Bibliothèque nationale. Fonds français : 2840.

24. Ordonnances pour les libertés de l'Église gallicane. In-4, mar.
citron, petit encadrement de maroq. noir, arabesques en argent

couvrant entièrement les plats et venant se relier à un large cartouche de mar. noir où sont frappées les armes; dos pointillé
d'argent.

Manuscrit sur papier.
Bibliothèque nationale. Fonds français : 5275.

25. GRATIANI DECRETUM : præmittuntur. 1° Catalogus summorum
Pontificum a S. Petro ad Alexandrum III; 2° Excerpta e Conci-
liis. In-folio, mar. brun clair; même ornementation que ci-dessus, moins les doubles c et les fleurs de lis couronnées placées
entre les deux encadrements de filets.

Manuscrit du xive siècle, sur vélin, avec initiales en couleurs.
Bibliothèque nationale. Fonds latin : 3888.

26. GRATIANI DECRETUM. Grand in-folio, même reliure.

Manuscrit du xve siècle, sur vélin.
Bibliothèque nationale. Fonds latin : 3890.

27. RECUEIL DE PIÈCES contenant : 1° *Anonymi* in titulum de regu-
lis juris commentarius.
2° *Petri*, jurisconsulti, ad Odilonem Florentinum, exceptio-
num juris libri quatuor.
3° *Regulæ juris* ex institutionibus, Codice, Digestis et Novellis
collectæ.
4° *Gratiani* Decreti pars prima et secunda in compendium
contractæ.
5° *Quintiliani* declamationum Synopsis.
6° *Fragmenta* ad theologiam pertinentia. Grand in-8, mar.
rouge, encadrement de filets, dos orné des doubles C couronnés, tr. dor., armes.

Manuscrit du xiiie siècle, sur vélin.
Bibliothèque nationale. Fonds latin : 4709.

28. ARISTOTELIS ETHICORUM AD NICOMACHUM libri decem. In-4, mar.
brun, encadrement de filets poussés à froid, doubles C couronnés sur le dos, tr. dor., armes.

Manuscrit du xive siècle, sur vélin.
Bibliothèque nationale. Fonds latin : 6308.

29. L. ANNEI SENECÆ de beneficiis libri septem. — Ejusdem de
clementia libri duo, ad Neronem. Grand in-8, mar. rouge, encadrement avec fers italiens, double C sur le dos, tr. dor., armes.

Manuscrit du xiiie siècle, sur vélin.
Bibliothèque nationale. Fonds latin : 6382.

30. M. T. Ciceronis Officiorum libri tres. In-folio, mar. rouge, double encadrement de filets, dos orné du double C couronné, tr. dor., armes.

Manuscrit du xive siècle, sur vélin.
Bibliothèque nationale. Fonds latin : 6343.

31. M. T. Ciceronis Topica. — *Anicii Manlii Severini Boëtii* commentariorum in Ciceronis Topica libri sex. In-4, mar. citron, même reliure.

Manuscrit du xiie siècle, sur vélin.
Bibliothèque nationale. Fonds latin : 7709.

32. M. T. Ciceronis Topica. Accedunt Anicii Manlii Severini Boëtii commentarii. Très petit in-folio, mar. citron, encadrement dans le style italien frappé à froid, dos orné du double C, tr. dor., armes.

Manuscrit du xiie siècle, sur vélin.
Bibliothèque nationale. Fonds latin : 7712.

33. Somnium Scipionis, authore Cicerone. — *Macrobii* in Somnium Scipionis libri duo. — Ejusdem Saturnaliorum liber. Petit in-folio, mar. rouge, encadrement dans le style italien; doubles C couronnés répétés treize fois sur les plats, arabesques en argent sur le dos et double C couronné frappé en or, tr. dor., armes.

Manuscrit du xive siècle, sur vélin.
Bibliothèque nationale. Fonds latin : 6367.

34. Macrobii Ambrosii Theodosii, in Somnium Scipionis libri duo. — Ejusdem Saturnaliorum libri primi fragmentum. In-4, mar. rouge, même reliure.

Manuscrit du ixe siècle, sur vélin.
Bibliothèque nationale. Fonds latin : 6370.

35. ANCII MANLII SEVERINI BOETII de consolatione philosophiæ libri quinque. In-4, mar. brun, encadrement d'entrelacs de mar. noir, armes sur mar. noir.

Manuscrit du xve siècle, sur vélin. Le premier feuillet est orné d'un joli entourage en couleur.
Très jolie reliure.
Bibliothèque nationale. Fonds latin : 6405.

36. Anicii Manlii Severini Boetii commentariorum in Porphyrii isagogen libri duo. In-4, même reliure.

Manuscrit du xiie siècle, sur vélin.
Bibliothèque nationale. Fonds latin : 6399.

37. ARISTOTELIS PHYSICORUM liber octo. — Ejusdem de anima libri tres, cum scholiis. Petit in-4, mar. brun, même reliure.

Manuscrit du XIVᵉ siècle, sur VÉLIN.
Bibliothèque nationale. Fonds latin : 6321.

38. HOLLERII, MEDICI PARISIENSIS, in quatuor primas sectiones aphorismorum Hippocratis enarrationes. Petit in-4, mar. rouge, encadrement de filets, doubles C couronnés dans les angles et sur le dos, armes.

Manuscrit sur VÉLIN, daté de 1548.
Bibliothèque nationale. Fonds latin : 7028.

39. EUCLIDIS elementorum libri quindecim ex arabico in latinum ab *Adelardo Gotho*, Bathoniensi, conversi; cum commentario *Campani*, Novarensis. In-4, mar. citron, même reliure.

Manuscrit du XIVᵉ siècle, sur VÉLIN.
Bibliothèque nationale. Fonds latin : 7213.

40. CLAUDII PTOLEMÆI Almagestum, sive magnæ constructiones libri tredecim. — Roberti *Grosthead*, Lincolniensis episcopi, computus ecclesiasticus. In-4, mar. vert, fil., ornements frappés en argent dans les angles, doubles C couronnés, frappés en or sur le dos, tr. dor., armes.

Manuscrit du XIVᵉ siècle sur VÉLIN, lettres capitales en couleurs. Très belle écriture en petits caractères gothiques.
Bibliothèque nationale. Fonds latin : 7255.

41. QUADRIPARTITUM PTOLEMÆI, cum glossis *Haly*, philosophi Ægyptii. In-4, mar. rouge, fil., ornements dans les angles, fleurs de lis et C couronnés sur le dos, tr. dor., armes.

Manuscrit sur VÉLIN, daté de 1425.
Bibliothèque nationale. Fonds latin : 7304.

42. ALBUMAZARIS introductorium majus ad scientiam astrorum : interprete Joanne Hispalensi. In-4, mar. rouge, large encadrement orné d'arabesques; titre de l'ouvrage en lettres d'or dans la partie supérieure du plat recto, accompagné du double C couronné, tr. ciselée, armes.

Manuscrit du XVᵉ siècle, sur papier.
La reliure porte des F couronnés dans les arabesques des plats et sur le dos, ce qui indique que l'ouvrage avait été primitivement relié pour François II.
Bibliothèque nationale. Fonds latin : 7315.

43. HALY, FILII ABENRAGEL, de judiciis astrorum libri quatuor. In-4, mar. rouge, filets, ornements frappés à froid dans les angles,

fleurs de lis et doubles C couronnés répétés sur le dos, tr. dor.,
armes.

Manuscrit du xive siècle, sur vélin. Lettres capitales en couleurs.
Bibliothèque nationale. Fonds latin : 7318.

44. ANONYMI EXPOSITIO in Alcabitii isagogen ad scientiam astrorum.
— *Joannis Januensis* canones de eclipsibus solis et lunæ. —
Liber aggregationum de judiciis astrorum. In-4, mar. citron,
encadrement de filets, arabesques dans les angles, double C sur
le dos, tr. dor., armes.

Manuscrit du xve siècle, sur vélin ; capitales en couleurs.
Bibliothèque nationale. Fonds latin : 7322.

45. GUIDONIS BONATI DE FORLIVIO introductio ad judicia stellarum. In-4, mar. rouge, double encadrement de filets; doubles
C couronnés répétés douze fois sur les plats de la reliure et six
fois sur le dos, tr. dor., armes.

Manuscrit du xive siècle, sur vélin.
Bibliothèque nationale. Fonds latin : 7327.

46. JERGIS EPISTOLA de significatione planetarum in duodecim domi-
nibus. — *Alkindi* liber de impressionibus planetarum, earum-
que naturis. — *Albumaȝar* liber de magnis conjunctionibus. —
In-4, mar. brun, fil., coins ornés, fleurs de lis et doubles C
couronnés sur les plats et le dos de la reliure, tr. dor., armes.

Manuscrit du xve siècle, sur papier.
Bibliothèque nationale. Fonds latin : 7332.

47. RECUEIL DE PIÈCES :
    1° *Tractatus de Algorismo,* sive de ratione numerandi.
    2° *Joannis de Sacrobosco* tractatus de computo.
    3° *Anonymus de practica quadrantis.*
    4° *Cautelæ algorismi.*
    5° *Joannis de Sacrobosco* tractatus de sphæra.
    6° *Ejusdem tractatus* de quadrante simplici et composito.
    7° *Campani* tractatus de quadrante composito.
    8° *Geometriæ practica.* Petit in-4, citron, même reliure.

Manuscrit du xive siècle, sur vélin.
Bibliothèque nationale. Fonds latin : 7196.

48. RECUEIL DE PIÈCES :
    1° *Alberti Magni* speculum astronomicum.
    2° *Guillelmi Anglici* judicium de urina non visa.
    3° *Alkindi* liber de aëribus et pluviis.

4° *Hermetis Trismegisti* liber de quindecim stellis et tot lapidibus, et de quindecim herbis.

5° *Haly*, filii Ahamet, libri duo de horarum electionibus.

6° Centiloquium *Hermetis*.

7° *Messahallach* epistola in rebus, eclipsis solis et lunæ, conjunctionibus planetarum et revolutionibus annorum, breviter elucidata.

8° Aphorismi *Rhazis* de astrorum judiciis.

9° *Rogeri Baconis,* ordinis Prædicatorum, metaphysica.

10° *Anonymi* introductorium ad judicia astrorum. In-4, mar. citron, encadrement dans le style italien frappé à froid, double C sur le dos, tr. dor., armes.

Manuscrit du xive siècle, sur vélin.
Bibliothèque nationale. Fonds latin : 7440.

49. Recueil de pièces :

1° *Messahallach* liber de revolutionibus annorum mundi.

2° *Albumazaris* liber de eodem argumento.

3° *Ejusdem tractatus* de revolutionibus nativitatum, libris duobus.

4° *Alkazen*, filii Alkasit, liber de eodem argumento.

5° *Capitula* stellarum oblata regi magno Saracenorum.

6° *Anonymi tractatus* de naturis stellarum fixarum. In-8, mar. rouge, double encadrement de filets, fleurs de lis et F couronnés sur les plats et sur le dos; reliure sur laquelle ont été apposées les armes de Charles IX.

Manuscrit sur papier, daté de 1411.
Bibliothèque nationale. Fonds latin : 7439.

50. Flavii Vegetii Renati rei militaris epitome, libri quatuor. — *Caii Julii Solini* polyhistor. Petit in-folio, mar. citron, encadrement de filets, arabesques en argent dans les angles, dos semé de doubles C couronnés, argent et or, tr. dor., armes.

Manuscrit du ixe siècle, sur vélin.
Bibliothèque nationale. Fonds latin : 7230.

51. Recueil de pièces :

1° *Flavii Vegetii Renati* rei militaris epitome, libri quatuor.

2° *Caii Julii Solini* polyhistor.

3° *M. T. Ciceronis* ad Herennium libri sex de Rhetorica.

4° *Ejusdem partitiones oratoriæ.*

5° *Julii Severiani* syntomata.

6° *Fragmentum a Quintiliani* institutionum libro decimo.

7° *Sancti Augustini* de musica libri sex.

8° *Notæ tachygraphicæ.*

9° *M. T. Ciceronis* ad Beturium liber de synonymis. In-4, mar. citron, double encadrement de filets, arabesques sur le dos, tr. dor., armes.

Manuscrit du xiie siècle, sur vélin.
Bibliothèque nationale. Fonds latin : 7231.

52. Juliani, Toletani, ad Idalium Barcinonensem episcopum, prognosticorum sive de præscientia futuri sæculi libri tres. — *Isidori*, Hispaniensis, sententiarum theologicarum libri tres. Petit in-4, mar. citron, entrelacs et arabesques, d'un très joli dessin, venant se relier à un médaillon central où sont frappées les armes accompagnées du double C entrelacé et du chiffre IX, en caractères romains; dos également orné d'entrelacs et d'arabesques, tr. dor.

Manuscrit du xiie siècle, sur vélin. Très jolie reliure sur les plats de laquelle on voit encore la trace des clous qui servaient à la protéger.
Bibliothèque nationale. Fonds latin : 2835.

53. Anicii Manlii Severini Boetii de musica. — *Sancti Augustini*, de eodem argumento libri sex. — *Marciani* Capellæ Satyrici fragmentum, sive liber de musica. — *Anonymus* de dimensione monochordi. In-4, mar. rouge, même reliure.

Manuscrit du xe siècle, sur vélin.
Bibliothèque nationale. Fonds latin : 7200.

54. Anicii Manlii Severini Boetii de musica institutionis musicæ libri quinque. In-4, mar. brun, même reliure.

Manuscrit du xe siècle, sur vélin.
Bibliothèque nationale. Fonds latin : 7201.

55. LIVRE DU ROI MODUS ET DE LA REINE RACIO. Grand in-4, relié sur bois en veau délicatement travaillé, armes et chiffres, tr. dor.

Manuscrit du xve siècle, sur vélin, de 126 feuillets à deux colonnes, et contenant une miniature, et de nombreuses vignettes et initiales.
Ce livre curieux a plusieurs fois été livré à l'impression, d'abord à Chambéry, en 1486, et de nos jours, encore, à Paris. Les exemplaires n'en sont pas très rares; mais l'imperfection du texte publié doit toujours en faire rechercher les manuscrits. Celui-ci est d'une belle exécution et commence par un prologue poétique que l'on a également imprimé. Au folio 2 est la table des chapitres. Le texte commence au folio 3, précédé d'une miniature très fatiguée, représentant le roi et la reine au milieu de leur cour. Les dames ont la coiffure d'Isabeau de Bavière.
La première partie du roi Modus est, à proprement parler, la *théorie des*

différentes espèces de chasses au moyen âge; une longue pièce de vers, après la théorie du vol à l'épervier, nous présente le *jugement des chiens et des oiseaux.* Cette théorie de la chasse finit avec le chapitre. « Comment la royne Racio moralise sur les oyseaulx. » Et à la fin de ce chapitre, on lit dans cet exemplaire : « Explicit le livre des déduis, des chiens et des oiseaux que le roi Modus ordonne. » C'est d'ailleurs là que s'arrête l'édition de Chambéry de 1486; mais l'auteur anonyme du roi Modus paraît avoir eu l'intention de réunir à ses études sur la chasse, d'autres renseignements de morale qu'il a interrompus au chapitre intitulée : *La cause des maux qui sont à avenir au royaume de France plus que ailleurs.*
Bibliothèque nationale. Fonds français : 614.

56. ANONYMI COMMENTARIUS in artem Donati, sive in libros Donati de grammatica. In-4, mar. citron, filets, doubles C couronnés sur le dos, tr. dor., armes.

> Manuscrit du IX⁰ siècle, sur VÉLIN.
> Bibliothèque nationale. Fonds latin : 7491.

57. MARII VICTORINI ars grammatica de orthographia et ratione metrorum. Petit in-4, mar. rouge, encadrement formé de fers italiens, double C sur le dos, tr. dor., armes.

> Manuscrit du X⁰ siècle, sur VÉLIN.
> Bibliothèque nationale. Fonds latin : 7539.

58. PRISCIANI, CÆSAREENSIS, de arte grammatica libri sexdecim, et decimi septimi initium. — Anonymus de modo dignoscendi epistolas canonicas, quas Latini formatas vocant. In-4, mar. brun, double encadrement de filets; doubles C couronnés sur le dos, tr. dor., armes.

> Manuscrit du IX⁰ siècle, sur VÉLIN.
> Bibliothèque nationale. Fonds latin : 7497.

59. PRISCIANI, CÆSAREENSIS, de arte grammatica libri sexdecim priores. In-4, mar. vert, double encadrement de filets, doubles C sur le dos, tr. dor., armes.

> Manuscrit du XIII⁰ siècle, sur VÉLIN.
> Bibliothèque nationale. Fonds latin : 7513.

60. PRISCIANI, CÆSAREENSIS, de grammatica libri octodecim. — Ejusdem liber de figuris numerorum. — Ejusdem liber de metris fabularum Terentii aliorumque comicorum. — Ejusdem præexercitamenta rhetorica, secundum Hermogenem, vel Libanium *Rufini,* grammatici Antiochensis, commentarius in metra Terentiana. — Ejusdem versus de metris Terentii, Plauti et aliorum. — Ejusdem versus de compositione et metris oratorum. — Libellus carmine hexametro editus, de ponderibus

et mensuris. — In-4, mar. brun, encadrement de filets, avec coins ornés, doubles C sur le dos, tr. dor., armes.

Manuscrit du ix⁰ siècle, sur vélin. Fonds latin : 7496.

. Prisciani, Cæsareensis, de arte grammatica libri octodecim. — Idem de figuris numerorum, de nummis et ponderibus. — Idem de metris Terentii et aliorum comicorum. — Ejusdem præexercitamina rhetorica. Grand in-4, mar. rouge, double encadrement dans le style italien, or et argent, doubles C frappés en or sur le dos, clous et ferrure, tr. dor., armes.

Manuscrit du x⁰ siècle, sur vélin. Reliure restaurée.
Bibliothèque nationale. Fonds latin : 7504.

. Vetus vocabulorum ordine alphabetico dispositum. In-4, mar. rouge, double encadrement de filets.

Manuscrit du ix⁰ siècle, sur vélin.
Bibliothèque nationale. Fonds latin : 7680.

. Ciceronis orationes. In-folio, mar. brun, encadrement dans le style italien, dos orné du double C couronné, tr. dor., armes.

Manuscrit du ix⁰ siècle, sur vélin.
Bibliothèque nationale. Fonds latin : 7794.

. Ciceronis de Oratore libri tres ad Quintum fratrem. — Ejusdem *Ciceronis* Orator. Petit in-4, mar. brun, encadrement composé de fers italiens, tr. dor., armes.

Manuscrit sur vélin, portant la date de 1417.
Bibliothèque nationale. Fonds latin : 7750.

. M. T. Ciceronis in Verrem orationes quarta et quinta. — Ejusdem de inventione libri duo. — Fragmentum de rhetorica. In-4, mar. rouge, même reliure.

Manuscrit du ix⁰ siècle, sur velin.
Bibliothèque nationale. Fonds latin : 7774.

. M. T. Ciceronis Philippicæ quatuordecim. — *Sallustii* in Ciceronem oratio. — *Ciceronis* ad supradictam orationem responsum. — Ejusdem oratio in Catilinam. In-folio, mar. brun, filets à froid, ornements dans les angles, doubles C couronnés et fleurs de lis sur les plats et sur le dos, tr. dor., armes.

Manuscrit du xv⁰ siècle, sur vélin.
Bibliothèque nationale. Fonds latin : 7791.

M. T. Ciceronis de inventione libri duo. — Ejusdem *Cicero-*

nis partitiones oratoriæ. — *Julii Severiani* præcepta rhetorica.
— *M. Fabii Quintiliani* institutionum oratoriarum libri decimi
et duodecimi fragmenta. — *M. T. Ciceronis* rhetoricorum ad
Herennium libri quatuor. In-4, mar. citron, même reliure.

Manuscrit du xiiᵉ siècle, sur vélin.
Bibliothèque nationale. Fonds latin : 7696.

68. Marci Tullii Ciceronis de inventione libri duo. — Ejusdem
rhetoricorum ad Herennium libri quatuor. Grand in-8, mar.
rouge, encadrement dans le style italien avec ornements dorés,
tr. dor., armes.

Manuscrit du xiiiᵉ siècle, sur vélin.
Bibliothèque nationale. Fonds latin : 7741.

69. Marii Victorini commentariorum in Ciceronis Rhetorica libri
duo. In-4, mar. brun, encadrement de filets, coins ornés ;
double C couronné frappé en or, quatre fois sur les plats et
répété sur le dos ; tr. dor., armes.

Manuscrit du xᵉ siècle, sur vélin.
Bibliothèque nationale. Fonds latin : 7749.

70. Curii, sive Chiri Fortunatiani Rhetorica. — Anonymi Dia-
lectica. — Porphyrii isagoge. — Sancti Augustini ad filium
suum Categoriæ. — Apuleii, Madaurensis, de philosophia liber.

Manuscrit du xiᵉ siècle, sur vélin.
Bibliothèque nationale. Fonds latin : 7730.

71. Q. HORATII FLACCI OPERA OMNIA : passim inter lineas
et ad marginem glossæ ; ad calcem subjiciuntur annotationes de
variis metrorum generibus quibus usus est Horatius, et ejusdem
vita. In-4, mar. citron, double encadrement de filets, dos orné
du double C, tr. dor., armes.

Manuscrit du xᵉ siècle, sur vélin.
Bibliothèque nationale. Fonds latin : 7971.

72. M. Manlii astronomicon libri quinque. — *Q. Sereni* carmen
heroicum de morborum curatione a capite ad pedes. — *Aratoris*,
subdiaconi, historiæ apostolicæ libri duo. Petit in-4, mar. citron,
double encadrement de filets sur les plats, double C couronné
sur le dos, tr. dor., armes.

Manuscrit du xvᵉ siècle, sur vélin.
Bibliothèque nationale. Fonds latin : 8022.

73. LE ROMAN DE LA ROSE (par Guillaume de Lorris et

Jehan de Meun). In-4, mar. citron, encadrement de filets frappés à froid sur les plats, doubles C couronnés sur le dos, tr. dor., armes.

Manuscrit du xive siècle, supérieurement écrit sur vélin, mais malheureusement mutilé et depuis longtemps, puisque la bibliothèque de Fontainebleau le désignait ainsi vers la fin du xvie siècle : « Le Roman de la Rose dont les figures sont coupées. »

Toutes les miniatures qui le décoraient ont été, en effet, coupées et remplacées par de larges bandes de vélin blanc. Il n'en reste qu'une au fol. 11. Le feuillet-frontispice même a été lacéré.

Bibliothèque nationale. Fonds français : 799.

74. LE ROMAN DE LA ROSE... Grand in-4, mar. rouge, encadrement dans le style italien frappé en or, doubles C sur le dos, tr. dor., armes.

Manuscrit du xve siècle, sur vélin. Il contient 133 feuillets à deux colonnes et une grande lettre historiée. Exemplaire bien complet, mais trop nouveau pour avoir une grande importance.

Bibliothèque nationale. Fonds français : 797.

75. LE ROMAN DE LA ROSE... Grand in-8, mar. brun, reliure conforme à la précédente.

Manuscrit du xve siècle, sur vélin, orné de miniatures et de lettres ornées, mais incomplet à la fin.

Bibliothèque nationale. Fonds français : 800.

76. LE ROMAN DE LA ROSE... In-4, mar. brun, encadrement dans le style italien frappé à froid, doubles C couronnés sur le dos, tr. dor., armes.

Manuscrit du xve siècle, sur vélin, incomplet à la fin. Miniatures, lettres capitales en or et en couleur.

Bibliothèque nationale. Fonds français : 1561.

77. LE ROMANZ DE RENART. Petit in-4, mar. rouge, double encadrement de filets, or et argent, dos orné du double C couronné, tr. dor., armes.

Manuscrit du xiiie siècle, sur vélin. Incomplet à la fin. Le feuillet 4 a été arraché et les rubriques qui servent de titre manquent à partir du n° 26.

De nombreuses capitales en or et en couleur décorent ce précieux volume. Au commencement du premier feuillet se trouve une petite miniature représentant le renard au milieu de ses auditeurs. Cette peinture, bien que très fatiguée par le frottement, fait regretter qu'il n'y en ait pas davantage.

Bibliothèque nationale. Fonds français : 1579.

78. LE LIVRE DU CHEMIN DE LONC ESTUDE (par Christine de Pisan). Petit in-4, mar. rouge, double encadre-

SCÈNE A DEUX PERSONNAGES

Tirée d'un manuscrit des comédies de Térence, exécuté au IXe siècle
et relié pour Charles IX.

ment de filets, or et argent, doubles C couronnés sur le dos, tr. dor., armes.

Manuscrit du xvi⁰ siècle, sur VÉLIN.
Lettres ornées rehaussées d'or. Dessins à la plume encadrés d'un filet d'or.
Bibliothèque nationale. Fonds français : 1188.

79. L'ESPITTRE que Othea la deesse envoia a Hector de Troyes, quant il estoit en l'eage de xv ans (par Christine de Pisan). — La Dance aux Aveugles (par Guillaume Michault). — La Dance macabre. — In-4, mar. citron, encadrement dans le style italien, armes de Charles IX avec les F couronnés de François I⁰⁰ sur le dos, tr. ciselée.

Manuscrit sur papier daté de 1482.
De curieux dessins coloriés, d'un sentiment très sincère, décorent la Danse aux Aveugles et la Danse macabre.
Bibliothèque nationale. Fonds français : 1186.

80. LES AMOURS DE PHILIPPE DESPORTES. In-4 moyen, mar. fauve à compartiments en labyrinthe, parsemé des chiffres C de diverses grandeurs, tr. dor.

Manuscrit du xvi⁰ siècle, sur papier, contenant 125 feuillets et précieux pour sa reliure et la beauté de l'écriture. Il a fait partie du fonds de Colbert qui l'avait acheté, le 24 octobre 1682, de M. de Montmaur, maître des requêtes.
Les titres de la première et de la seconde partie sont écrits sur VÉLIN.
La première, « les Amours de Philippe Desportes », porte la devise : « *Dolor hic mihi proderi olim.* » Elle se compose de onze élégies, quatre complaintes, deux imitations de l'*Arioste*, trois stances, huit chansons, deux dialogues, plainte, cinquante-neuf sonnets, ode, louange d'amour, procès contre amour, rimes tierces et contr'amour.
La seconde partie a pour titre : « Continuation des Amours de Philippe Desportes » avec la devise : *Hominumque exempla manemus.* Elle comprend cinq élégies; prière; deux complaintes; quatre-vingt-un sonnets (le 14⁰ est une réponse de Passerat); prière au sommeil; cinq chansons; baiser; ode; stances sur la jalousie; tombeau d'amour et rimes tierces.
Bibliothèque nationale. Fonds français : 868.

81. PUBLII TERENTII, AFRI, Comœdiæ sex, cum scoliis. In-4, mar. citron, double encadrement de filets, le premier poussé à froid, le second frappé en or; chiffre répété quinze fois entre les compartiments et autour des armes, et cinq fois sur le dos, tr. dor.

Manuscrit du ix⁰ siècle, sur VÉLIN, longtemps conservé dans l'abbaye de Saint-Denis. Il contient 176 feuillets ornés de dessins à la plume, imités de l'antique, d'un caractère très original et représentant les personnages des scènes principales. Toutes ces figures ont été reproduites au trait dans l'édition en trois volumes in-8⁰, qu'a donnée Mᵐᵉ Dacier (*Rotterdam, aux dépens de Gaspard Fritsch,* 1717).
Deux copies de ce précieux volume existent à Florence et à la bibliothèque du Vatican.
Bibliothèque nationale. Fonds latin : 7899.

82. DONATI COMMENTARIUS in Terentii fabulas. Petit in-folio, mar. rouge, encadrement dans le style italien frappé en argent, ornements figurant des cornes d'abondance, peintes en noir et au trait dans les angles de la reliure, armes dans un cartouche également peint en noir et entourées du cordon de Saint-Michel frappé en or, tr. dor., armes.

> Manuscrit du xv⁰ siècle, sur VÉLIN. Reliure d'un goût médiocre, exécutée primitivement pour François Iᵉʳ dont les initiales sont restées sur le dos du volume.
> Bibliothèque nationale. Fonds latin : 7921.

83. ABREGÉ DES ROMANS DE LA TABLE-RONDE, d'après Luce de Gast, Robert et Helie de Borron, par Rusticien de Pise. Grand in-folio, veau fauve, historié des armes de France et du double C.

> Manuscrit du xiv⁰ siècle, sur VÉLIN, à 3 colonnes, miniatures, vignettes et initiales. Volume fort curieux. La première partie est remplie de miniatures en façon de camaïeu ; celles de la seconde partie sont légèrement colorées. Toutes ont de l'intérêt pour le costume.
> M. Paulin Paris a consacré à Rusticien de Pise et à sa compilation une notice pleine d'érudition, dans le second volume des manuscrits français, pages 355.et suiv.
> Bibliothèque nationale. Fonds français : 340.

84. LE LIVRE DU ROY MELIADUS DE LEONNOIS (de Rusticien, de Pise). Grand in-4, mar. rouge, double encadrement dans le style italien, le premier frappé en or, le second en argent ou poussé à froid, double C couronné sur le dos, tr. dor., armes.

> Manuscrit du xv⁰ siècle, composé de 207 feuillets sur vélin, et décoré, en tête de chaque chapitre, de dessins à la plume, qui, dans la dernière moitié du volume, ont été gouachés et rehaussés d'or. Sur le premier feuillet, ces dessins, exécutés avec une grande naïveté, sont divisés en neuf compartiments. Nombreuses lettres capitales en couleur.
> Bibliothèque nationale. Fonds français : 340.

85. LE ROMAN DE TRISTAN (de Luce de Gast). In-folio, mar. brun, encadrement de filets avec arabesques, tr. dor., armes.

> Manuscrit sur VÉLIN, incomplet au commencement et à la fin. Lettres historiées.
> Bibliothèque nationale. Fonds français : 750.

86. AULII GELLII Noctium Atticarum libri quatuordecim posteriores. In-4, mar. rouge, même reliure.

> Manuscrit du xiii⁰ siècle, sur VÉLIN.
> Bibliothèque nationale. Fonds latin : 8664.

87. ANICII MANLII SEVERINI BOETII libri duo in Aristotelis categorias. — Ejusdem Boëtii libri sex commentariorum majorum in

librum Aristotelis de interpretatione. In-4, mar. brun, enroulement dans le style italien formant encadrement sur les plats, doubles C sur le dos, armes.

Manuscrit du XII⁰ siècle, sur VÉLIN.
Bibliothèque nationale. Fonds latin : 6398.

88. MARCIANI MINÆI FELICIS CAPELLÆ Satyricon, libri novem. Grand in-4, mar. citron, même reliure.

Manuscrit du IX⁰ siècle, sur VÉLIN.
Bibliothèque nationale. Fonds latin : 8669.

89. M. T. CICERONIS Epistolarum familiarum libri sexdecim. Petit in-4, mar. citron, encadrement dans le style italien, doubles C sur le dos, tr. dor., armes.

Manuscrit du XV⁰ siècle, sur VÉLIN.
Bibliothèque nationale. Fonds latin : 8664.

90. DIOMEDIS de oratione et de variis metrorum generibus libri tres. — *Notæ vulgares* apud Romanos olim a librariis usitatæ : harum inventores fuerunt, si manuscriptis codicibus fides, Ennius, Cicero, Seneca, etc. — *Petri Abælardi* glossæ in Topica : decimo quarto sæculo exaratæ. Petit in-4, mar. citron, double encadrement de filets, double C sur le dos, tr. dor., armes.

Manuscrit du XV⁰ siècle, écrit pour la plus grande partie sur VÉLIN.
Bibliothèque nationale. Fonds latin : 7493.

91. C. JULII SOLINI, polyhistor, sive rerum mirabilium collectanea. — Libellus de vita et moribus Imperatorum, ab Augusto ad Theodosium Juniorem, e Sexto Aurelio Victore abbreviatus. — Boetii et Helpis, ejus uxoris, epitaphia. — Corporis partim enumeratio. — Avibus et quadrupedibus voces propriæ. — Asterisci et aliarum notarum explicatio. In-4, mar. rouge, double encadrement de filets, doubles C frappés en or sur le dos, armes en argent, tr. dor.

Manuscrit du X⁰ siècle.
Bibliothèque nationale. Fonds latin : 6810.

92. MÉDITATIONS DE LA SAINTE VIERGE sur la Passion, en vers. — Le Trésor de Sapience, par Jean Gerson. — Moralités en vers. — Des différentes natures de l'homme selon Aristote. — Exposition des fables d'Esope. — In-4 moyen, mar. citron à compartiments, double C frappé en or sur les plats et sur le dos de la reliure.

Manuscrit du XV⁰ siècle, composé de 101 feuillets.
Bibliothèque nationale. Fonds français : 983.

ement dans le style italien, chiffre du roi répété douze fois
les plats, arabesques en argent sur le dos, armes.

Manuscrit sur vélin, portant la date de 1470.
Belle écriture gothique. Lettres capitales en couleurs.
Bibliothèque nationale. Fonds latin : 5754.

. Suetonii Tranquilli de vitis duodecim Cæsarum libri duo-
cim. Accedunt monosticha *Ausonii* de duodecim Cæsaribus.
1-8, mar. rouge, même reliure.

Manuscrit du xii° siècle, sur vélin.
Bibliothèque nationale. Fonds latin : n° 5801.

Caii Suetonii Tranquilli liber de vita et moribus duodecim
Cæsarum. Petit in-4, mar. citron, encadrement dans le style
italien, dos orné du double C couronné, tr. dor., armes.

Manuscrit du xii° siècle, sur vélin.
Bibliothèque nationale. Fonds latin : 6116.

). C. Julii Cæsaris, de bello gallico commentarii. — *Agellii*, sive
Auli Gellii Noctium Atticarum septem, libri priores. In-4, mar.
citron, double encadrement de filets à froid, entre lesquels se
trouve le double C répété six fois; dos orné des doubles C couronnés, armes.

Manuscrit du xv° siècle, sur vélin. Reliure fatiguée.
Bibliothèque nationale. Fonds latin : 5765.

100. RECUEIL DES ROIS DE FRANCE (par Jean du Tillet),
commençant par ces mots : « Au tres chrestien Roy de France,
Charles Neufviesme du nom, mon souverain seigneur. Les
escriptz des choses passées, mesmement domestiques, sont, sire,
non seulement très utiles, mais très nécessaires tant aux roys
que à leurs subjiectz... » Grand in-4, encadrement de mar.
citron décoré de fleurs de lis et de doubles C couronnés, faisant
saillie sur un panneau de mar. rouge semé du double C entrelacé
répété à l'infini; coins azurés; dos orné d'arabesques, de fleurs
de lis et du double C répété dans le compartiment du milieu; tr.
dor.; armes dans un médaillon central au-dessous duquel se
trouve enroulée à des colonnes torses (argent et or) surmontées
de la couronne royale, la devise : *Pietate et justicia*.

Magnifique manuscrit de la seconde moitié du xvi° siècle, sur vélin très
fin.
En face du 1er feuillet se trouvent les armes de France, entourées du
llier de Saint-Michel et peintes sur fond d'azur. Elles sont ceintes d'une
ronne de laurier, sur fond or orné d'arabesques, de chimères et de ser-
ts. En bas, dans un petit cartouche, la date de 1566. Suivent les por-

21

traits des rois de France, soit 29 grandes miniatures, tenant toute la page et encadrées dans des bordures variées du plus beau style de la Renaissance. Ces peintures sont d'un fini et d'une richesse de couleurs incomparables. Leur exécution, au point de vue du dessin, est parfaite. Elles sont incontestablement l'œuvre d'un artiste français et sortent toutes de la même main.

Le double portrait du roi François Ier est particulièrement remarquable. Au recto du feuillet, il est représenté, brillant de jeunesse, assis sur un trône, sous un dais bleu fleurdelisé, relevé par des anges aux ailes multicolores, la couronne sur la tête et vêtu du manteau royal fleurdelisé et doublé d'hermine. Il tient d'une main le sceptre et de l'autre la main de justice. A ses pieds, deux lions se font face. Au verso du même feuillet, nous le retrouvons toujours avec la même noblesse d'attitude, mais plus lourd, plus âgé. Ces 39 tableaux qui, d'après M. Bernard, devraient être attribués à Tory (V. *Geoffroy Tory*, 2e édition, pages 223 et 237), sont entourés de magnifiques encadrements d'or rehaussés de brun, qui reproduisent tous les motifs de l'ornementation grecque primitive.

A la fin de chaque chapitre, des ornements, vases, fleurs, fruits, animaux, oiseaux, papillons, grotesques, peints sur fond d'or et encadrés de bleu, complètent la décoration de ce volume, un des plus beaux monuments de l'art français, à la fin de la Renaissance.

La reliure, malheureusement très fatiguée, est une des plus riches qui aient été exécutées pour Charles IX.

Bibliothèque nationale. Fonds français : n° 8410. B.

101. TRAITÉ DES HONNEURS ET RANGS DES PRINCES, par du Tillet. Petit in-4, mar. bleu fleurdelisé, ornements dans les angles, fleurs de lis sur le dos, armes sur le plat recto et, sur le plat verso, les colonnes et la devise : *Pietate et Justicia*.

Manuscrit d'une écriture cursive sur VÉLIN; très jolie reliure.
Bibliothèque nationale. Fonds français : 5 784.

102. ORDONNANCES ET ÉDITS DU ROY, principalement pour le fait de la Chambre des Comptes. In-4, mar. brun, encadrement dans le style italien et arabesques en argent, sur fond pointillé, garnissant tout le panneau intérieur, tr. dor., armes.

Manuscrit sur papier.
Bibliothèque nationale. Fonds français : 5284.

103. STILLE ET ORDONNANCES SUR LE FAIT DES MONNOIES. Pet. in-4, mar. rouge, double encadrement de filets dans le style italien, doubles C couronnés sur le dos, tr. ciselée, armes.

Manuscrit sur papier.
Bibliothèque nationale. Fonds français : 5296.

104. ORDONNANCE DU ROY TOUCHANT LA GENDARMERIE. In-4, mar. brun, double encadrement de filets, coins ornés d'arabesques, doubles C couronnés sur le dos, tr. ciselée, armes.

Manuscrit sur papier.
Bibliothèque nationale. Fonds français : 5295.

105. DE REBUS GESTIS REGUM ANGLORUM libri quinque, ad Robertum

FRANÇOIS Ier

D'après une miniature du manuscrit de Du Tillet
Le Recueil des Rois de France

Glocestriæ comitem : authore Guillelmo Malmesburiensi. In-4, mar. rouge, encadrement de filets, ornements dans les angles, doubles C couronnés sur les plats et sur le dos, tr. dor., armes.

Manuscrit du xve siècle, sur vélin.
Bibliothèque nationale. Fonds latin : 6047.

106. LA LOI ROMAINE DES VISIGOTHS. Pet. in-4, mar. brun, chiffres sur les plats et sur le dos, tr. dor., armes.

Copie manuscrite exécutée au viiie ou au commencement du ixe siècle.
Bibliothèque nationale. Fonds latin : 4403.

107. HISTOIRE DU ROY RICHART II D'ANGLETERRE (par Creton). Petit in-4, mar. rouge, encadrement de filets avec arabesques poussées en argent, dans les angles des plats, armes frappées en or, dos orné du double C couronné, tr. ciselée.

Manuscrit du xvie siècle, sur papier. Joli volume très bien conservé.
Bibliothèque nationale. Fonds français : 1441.

108. LA CHRONIQUE EN PROSE DE RICHARD II, ROI D'ANGLETERRE. Pet. in-4, mar. marron, encadrement dans le style italien, tr. dor., armes.

Manuscrit du xve siècle sur vélin. Lettres historiées.
Bibliothèque nationale. Fonds français (acq. Barrois) : 4514.

109. RÉPERTOIRE GÉNÉRAL des livres estants en la Chambre du procureur du Roy au Chastelet. Petit in-folio, mar. rouge, encadrements de filets, arabesques en argent autour des armes; lettre F couronnée à côté des doubles C répétés quatre fois sur les plats.

Manuscrit sur papier ayant appartenu à François Ier et sur lequel Charles IX a fait apposer ses armes.
Bibliothèque nationale. Fonds français : 5320.

110. LA RIGALE DU MONDE. In-8, mar. brun, encadrement dans le style italien, dos orné du double C couronné, tr. dor., armes dans un médaillon central au bas duquel se trouve le chiffre IX.

Manuscrit du xve siècle, sur vélin.
Jolie lettre historiée.
Bibliothèque nationale. Fonds français : 2185.

LIVRES IMPRIMÉS

111. Henrici II, Galliarum regis, elogium cum ejus verissime expressa effigie, Petro Paschalio autore. Ejusdem Henrici Tumulus, autore eodem. *Lutetiæ Parisiorum, apud Mich. Vascosanum,* 156o. In-fol. mar. rouge, aux chiffres de Charles IX et de Catherine de Médicis.

Reliure déjà décrite (*Aperçu historique,* p. 53).
Bibliothèque nationale. Livres exposés, n° 422 [1].

1. Bref et sommaire Recueil de ce qui a esté faict à la joyeuse entrée de tres chrestien prince Charles, IX de ce nom, roy de France, en sa bonne ville de Paris, le mardy sixiesme jour de mars (1571)... *Imprimé par Denis du Pré, pour Olivier Codoré,* 1572. Pet. in-4, fig. sur bois, vélin blanc semé de fleurs de lis et portant, sur le plat recto, la couronne royale, et, sur le plat verso, les deux colonnes, avec la devise : *Pietate et Justicia.*

Bibliothèque de l'Arsenal.

LIVRES

AYANT APPARTENU A HENRI III

MANUSCRITS

1. **STATUTS DE L'ORDRE DU SAINT-ESPRIT** au droit Désir ou du Nœud, institué à Naples en 1352 par Louis de Tarente, roi de Jérusalem, de Naples et de Sicile. In-folio, mar. rouge, dent., tr. dor. (reliure du XVIII⁰ siècle).

Manuscrit sur vélin. Hauteur, 0ᵐ,36o; largeur, 0ᵐ,26o. Il contient neuf feuillets. Au verso du 1ᵉʳ feuillet se trouve une grande peinture qui est comme le frontispice du livre et a pour sujet principal la Trinité, dont le Saint-Esprit est l'une des trois personnes. Louis de Tarente est agenouillé et en prière; l'habit blanc, brodé d'or, dont il est vêtu, est celui de l'ordre dont on voit sur son côté les insignes qui sont un Saint-Esprit accompagné de rayons. La princesse habillée de rouge, qui est en regard du roi, est Jeanne sa femme. Tous deux sont désignés par l'inscription placée et en haut et en bas : « LUDOUICUS DEI GRATIA REX IERÛM. (Jérusalem) ET SICILIE, et LUDOUICUS REX — DOA (Domina) IOHANNA REGINA. » Les huit autres feuillets sont, sur leur recto et leur verso, décorés d'encadrements peints et de très nombreuses miniatures qui sont engagées dans le texte, chacune d'elles étant l'explication, par images, du statut qu'elle accompagne. Ces statuts sont en langue française.

Nous avons raconté plus haut (page 40, *note*) comment ce manuscrit, qui était, au XVIᵉ siècle, en la possession de la Seigneurie de Venise, avait été donné à Henri III, à son retour de Pologne, et de quelle manière il fut sauvé de la destruction par le sieur de Chiverny.

Il appartenait au duc de La Vallière quand il reçut sa reliure de mar. rouge avec fers dorés, dont les titres sont : *Statuts de l'ordre du Saint-Esprit, manuscrit sur vélin original avec miniatures.*

Alors, aussi, fut placé, à la suite des neuf feuillets du manuscrit, un *mémoire* (imprimé) *pour servir à l'histoire de France du XIVᵉ siècle*, contenant les statuts, une notice sur les manuscrits et des remarques historiques sur l'ordre, par M. Lefèvre, prêtre de la Doctrine chrétienne (Paris, 1764).

Une note manuscrite, collée sur la garde du volume, porte qu'il a dû être acheté pour la Bibliothèque du Roi, à la mort de M. de Gaignat, receveur général des consignations des requêtes au palais.

Les neuf miniatures qui sont l'ornement de ce précieux volume, ont été décrites par M. Barbet de Jouy, dans sa notice sur les objets composant le Musée des Souverains.

Bibliothèque nationale. Fonds français : n° 4274.

2. STATUTS ET LIVRE ARMORIAL DES ESCRIPTS ET BLASONS DES ARMES DES CHEVALIERS, COMMANDEURS DE L'ORDRE ET MILICE DU SAINT-ESPRIT, institué par Henri III en 1578. In-folio, mar. vert, fil., dos orné. (Reliure du XVIIIe siècle.)

Ce précieux manuscrit, qu'on peut dire unique et comme la matrice de l'ordre du Saint-Esprit, fut fait, par ordre de Henri III, par Martin Courtigier, sieur de La Fontaine, hérault du titre de Provence. On voit, au commencement, une grande miniature qui représente la disposition de la chapelle où ce prince fit la cérémonie de la première promotion de l'ordre du Saint-Esprit. Le roi est assis dans un fauteuil et tous les chevaliers sont en cercle. Courtigier est derrière le roi. Le portrait d'Henri III, en pied, est sur le second feuillet, et sur les suivants, on voit les blasons, les noms et qualités des chevaliers des trois premières promotions. L'écriture en est belle ; mais les portraits, les vignettes et les armes en miniature sont d'une exécution très médiocre. Courtigier reçut, pour le paiement de ce manuscrit, cent écus d'or de M. Nicolas de Neufville, marquis de Villeroy, trésorier de l'ordre du Saint-Esprit, suivant l'ordonnance de Philippe Hurault, comte de Chiverni, chancelier et surintendant des deniers dudit ordre. Ce manuscrit était de la bibliothèque de Henri III ; il en fut distrait en 1589, lorsque la Ligue, qui faisait l'inventaire des meubles et des livres du cabinet du roi, le vendit à l'encan, devant l'Hôtel de Ville, avec les autres effets.

Guyon de Sardière l'ayant conservé jusqu'à sa mort dans sa bibliothèque, le duc de La Vallière en fit l'acquisition, et, après en avoir joui quelque temps, le céda, vers l'année 1771, à la Bibliothèque royale, avec plusieurs autres manuscrits très précieux.

Les *Statuts de l'ordre du Saint-Esprit* figurent aujourd'hui à la Bibliothèque nationale, fonds français (n° 823).

———

LIVRES IMPRIMÉS

3. LA GRANDE GUIDE DES PÊCHEURS, du Père Louis de Grenade, trad. en françois. *Lyon, 1585.* In-12, mar. olive orné de rosaces reliées par des entrelacs ; crucifiement au centre des plats ; sur le dos, au milieu des mêmes médaillons, l'emblème de la tête de mort, la devise *Spes mea Deus* et les armes.

Très jolie reliure.

Bibliothèque nationale. Livres exposés, n° 430 [1].

1. LES MÉDITATIONS DES ZÉLATEURS DE PIÉTÉ, recueillies de plusieurs et divers

HENRI III

tiré du manuscrit de Martin Courtigier

Statuts et Livre armorial de l'ordre du Saint-Esprit

HENRI III

de Grenade,
de rosace
plates sur le
de la tête de

4. Les VI livres du second avénement de N. S., avec un traité de
S. Basile du jugement de Dieu; etc. *Paris, 1576.* In-8, mar.
olive; même reliure que la précédente.

> Bibliothèque nationale. Livres exposés, n° 428.

5. Jean (Saint) Damascène. Histoire de Barlaam et de Josaphat, roy
des Indes, trad. par Jean de Billy. *Paris, 1578.* In-8, mar.
brun.

> Reliure identique, dont la conservation est admirable.
> Bibliothèque nationale. Livres exposés, n° 429.

6. Hylaret (Maurice). Sermons catholiques mis en françois.
Paris, 1589. 2 vol. in-8, mar. rouge, encadrement renfermant
les emblèmes de la Passion, semis de larmes sur les plats et sur
le dos, tr. dor.

> Bibliothèque nationale. Livres exposés, n° 435.

7. Guevara (Antonio de). Libro clamado Monte Calvario. *Sala-*
manque, 1582-1583. 2 vol. in-8, mar. rouge, même reliure.

> Bibliothèque nationale. Livres exposés, n° 434.

8. Aubert (Guillaume), sieur de Massouignes. Sommaire de l'art
des aydes. *S. l. n. d.* In-4, mar. brun, plats semés de flammes, et
de fleurs de lis mêlées à des Saint-Esprit.

> Charmant volume.
> Bibliothèque nationale. Livres exposés, n° 427.

9. Massa (Nicolo). Logica. *Venise, 1559.* In-4, mar. brun, fil.,
feuillages dans les angles, semis de fleurs de lis, le tout frappé
à froid, tr. ciselée.

> Jolie reliure molle fleurdelisée, aux armes de France et de Pologne.
> Bibliothèque nationale. Livres exposés, n° 424.

10. Alberius Triuncurianus (Cl.). Organon. *Morges, 1584.* In-4,
encadrement de mar. rouge orné d'entrelacs et d'arabesques sur
fond pointillé, découpé et faisant saillie sur un panneau de
mar. blanc également décoré d'arabesques, dos à compartiments

livres des saincts et anciens Pères. Le tout mis en françois, par Ian Guytot,
Niuernois. *A Paris, à l'Olivier de l'Huillier, rue S. Jacques, 1571.* Petit in-8,
mar. brun, entrelacs et feuillages couvrant entièrement les plats et le dos du
volume, armes de Henri III, *roi de Pologne.*

> Très joli exemplaire, d'une conservation merveilleuse, et rappelant par la beauté de
> sa dorure, les plus beaux livres de la bibliothèque de De Thou.
> Bibliothèque Mazarine. Livres exposés.

reproduisant la composition de l'entourage des plats, tr. dor.,
armes de France (sur azur) et de Pologne (sur fond rouge).

> Très curieuse reliure, très bien conservée, mais d'un goût contestable.
> Bibliothèque nationale. Livres exposés, n° 436.

11. LE ROMAN DE LA ROSE. *Paris, A. Verard*, vers 1496.
In-folio, mar. brun, médaillons à entrelacs, armes de France.

> Exemplaire sur vélin.
> Bibliothèque nationale. Livres exposés, n° 431.

12. MASSON (PAPYRE). Annalium libri quatuor quibus res gestæ Fran-
corvm explicantur. Ed. secunda. *Paris, 1578.* In-8, mar. rouge,
rosaces et branchages mêlés à des Saint-Esprit, armes.

> Bibliothèque nationale. Livres exposés, n° 432.

13. COMMINES (PHILIPPE DE). Mémoires. *Paris, 1580.* Petit
in-folio, mar. rouge, riches ornements à rinceaux et à feuillages
comme sur les plus beaux de Thou, tr. dor., armes.

> Livre superbe.
> Bibliothèque nationale. Livres exposés, n° 433.

14. CIECA (PIETRO DI). Cronica del gran regno del Peru. *Venise,
1576.* In-8, mar. olive, semis de fleurs de lis sur les plats, têtes
d'anges et branchages dans les angles, dos fleurdelisé, tr. dor.,
armes de France et de Pologne, chiffres.

> Bibliothèque nationale. Livres exposés, n° 425.

15. LE LIVRE DES STATUTS ET ORDONNANCES de l'ordre et milice dv
benoist Sainct Esprit, estably par le Très-Chrestien Roy de
France et de Pologne Henri troisième de ce nom. (*Paris, 1578*).
In-4, mar. brun semé de flammes et de fleurs de lis.

> Exemplaire sur vélin.
> Très belle reliure. Sur le plat supérieur se trouvent les armes réunies
> de France et de Pologne, entourées du collier de l'ordre; la couronne qui
> les surmonte porte la devise : *Manet vltima cœlo.* Le plat opposé ne porte
> que l'écu de France couronné, sans devise. Les écussons sont accompagnés
> de l'emblème du Saint-Esprit; et à chaque coin des deux plats se trouve le
> chiffre du roi, composé d'un H et de deux λ enlacés, initiales des noms
> Henri et Louise de Lorraine.
> La note suivante permet d'attribuer à Nicolas Eve la reliure de ce livre :
> « A Nicolas Eve, laveur et relieur des livres et libraire du Roy, 47 escus et
> demy pour avoir lavé, doré et réglé sur tranche 42 livres des statuts et or-
> donnances de l'ordre, reliez et couverts de maroquin orenge de Levant, enri-
> chis d'un côté des armoiries de S. M. pleines dorées, et de l'autre de France
> et de Pologne, et aux quatre coins des chiffres, et le reste de flames, avec

leurs fermoirs de ruban orenge et bleu, suivant l'ordonnance de M. le chancelier du 26 et quittance du 27 décembre 1579, cy XLVII ecus et demy. »
CLAIRAMBAULT, 1231, fol. 91 et 108.

Bibliothèque nationale. Livres exposés, n° 426 [1].

1. BLASONS DES CHEVALIERS DE L'ORDRE DU SAINT-ESPRIT de la huitième création. Grand in-4, mar. brun semé de flammes et de fleurs de lis; emblèmes du Saint-Esprit aux quatre angles des plats, dos fleurdelisé, tr. dor., armes de France et de Pologne.

Exemplaire sur VÉLIN. Les blasons, au nombre de 29, sont autant de tableaux magnifiquement peints et rehaussés d'or. Très belle reliure.

Bibliothèque Mazarine. Livres exposés.

APPENDICE

MANUSCRITS

AYANT FAIT PARTIE DES LIBRAIRIES
DE LOUISE DE SAVOIE
ET DE MARGUERITE D'ANGOULÊME
SŒUR DE FRANÇOIS Iᵉʳ

« Les goûts éclairés de la mère de François Iᵉʳ, dit M. Léopold Delisle[1], nous sont attestés par plusieurs de ses manuscrits qu'elle fit faire ou dont elle reçut l'hommage. Cette princesse, en honorant les lettres, suivait les traditions de sa propre famille. Sa tante, Charlotte de Savoie, femme de Louis XI, aimait les beaux livres et s'était formé une petite bibliothèque, dont le catalogue se trouve dans un inventaire dressé en 1484, après son décès, et qui a été publié par M. Tuetey (*Bibliothèque de l'École des Chartes*, 6ᵉ série, I, 338 et 423). Son oncle, Jean-Louis, évêque de Genève, mort en 1482, possédait une collection remarquable dont la Bibliothèque nationale a recueilli cinq volumes. Son frère, le duc Charles III, fut un des protecteurs de Claude de Seyssel qui lui adressa un exemplaire manuscrit de sa traduction de Xénophon (n° 701 du fonds français). L'alliance que Louise de Savoie contracta en 1488, avec Charles, comte d'Angoulême, devait fortifier les goûts qu'elle avait puisés dans la maison paternelle. Devenue veuve en 1496, elle fit continuer les travaux que son mari avait ordonnés pour l'augmentation et l'embellissement de la librairie de Cognac. L'année même qui suivit la mort de Charles, comte

---

1. *Le Cabinet des Manuscrits de la Bibliothèque nationale.*

d'Angoulême, elle entretenait un écrivain, *Jean Michel*, et un enlumineur, *Robinet Testart*, aux gages annuels de vingt-quatre livres
pour le premier, et de trente-cinq livres pour le second. »

Les manuscrits de Louise de Savoie présentent un grand intérêt au double point de vue de l'art et de l'histoire. Ceux que possède la Bibliothèque nationale, au nombre de dix-neuf, sont les
suivants :

1. LOUANGES DE NOTRE-DAME AU PUY D'AMIENS. In-fol. mar. rouge aux
L. couronnés (relié en dernier lieu pour Louis XIV).

> Manuscrit sur vélin offert par la ville d'Amiens à Louise de Savoie. Écrit en 1517
> ou 1518, par Jean de Béguines, prêtre; il contient 49 feuillets et est décoré de magni-
> fiques miniatures dessinées par Jacques Plastel et peintes, à Paris, par Jean Pinchon,
> enlumineur et *historien*.
> Ces miniatures mesurent 45 cent. de hauteur sur 29 de largeur. Au commencement
> du livre se trouve un très beau portrait de Louise de Savoie, vêtue de noir, assise sur
> un trône dont le faîte est chargé de l'écu de France, parti de Savoie; autour de la prin-
> cesse, sont les dames et demoiselles de sa maison, et, plus bas, deux bourgeois d'Amiens
> dont l'un, à genoux, lui présente ce volume couvert de velours bleu.
> Les lettres capitales en couleur, sur fond d'or, ont 75 millim. de haut sur 50 de large,
> et sont autant de merveilles.
> Bibliothèque nationale, département des manuscrits. Fonds français, n° 145.

2. LES VIE ET TRÉPASSEMENT DE SAINT HYROSME. Pet. in-folio, mar. rouge
(même reliure).

> Manuscrit sur vélin. 131 ff., 3 miniatures, vignettes et initiales.
> Dans un préambule assez long, l'auteur présente son ouvrage à Louise de Savoie et
> lui souhaite *prospérité immortelle et joye infinie*, ainsi qu'à son fils, *très beau, jeune
> et vertueux.*
> La première miniature offre la figure entière de Louise de Savoie vêtue de noir.
> Elle est à genoux devant une femme couverte d'une robe blanche, qui doit être la Foi.
> Derrière la Foi se tient debout saint Jérôme en chapeau et manteau de cardinal.
> La seconde miniature, qui sert de frontispice au traité du *Trespassement*, représente
> le saint entouré de moines et prêt à rendre son âme à Dieu.
> Dans la troisième, on voit saint Augustin, devant un pupitre, écrivant à Cyrille.
> On ne saurait trop louer l'exécution de ces belles enluminures, magnifiquement enca-
> drées dans des ornements du goût le plus pur, et dont la conservation est admirable.
> Bibliothèque nationale. Fonds français, n° 421.

3. LA VIE DE NOTRE-DAME EN QUATRAINS. In-4 oblong, mar. rouge
(même reliure).

> 137 ff. vélin, à longues lignes, nombreuses miniatures et initiales.
> Le frontispice représente Louise de Savoie assise, et le petit François d'Angoulême
> à ses côtés, recevant le livre des mains de l'auteur agenouillé.
> Les miniatures sont divisées chacune en deux compartiments, et les sujets traités
> sont au nombre de 90. Leur exécution est médiocre.
> Bibliothèque nationale. Fonds français, n° 985.

4. MÉDITATIONS DE L'IMAGE DE VIE. Pet. in-4, mar. rouge (même reliure).

> 66 ff. vélin. Miniature au 1er feuillet représentant l'auteur en costume d'évêque dic-
> tant son livre à son secrétaire.
> Les armes de Louise de Savoie sont enfermées dans la première lettre initiale.
> Bibliothèque nationale. Fonds français, n° 1817.

5. LIVRE DES DOUZE PÉRILS D'ENFER, par Pierre de Caillemesnil. Pet. in-
folio, mar. rouge (même reliure).

Manuscrit sur VÉLIN de 111 ff., orné de vignettes, d'initiales en or et en couleur, et décoré de treize miniatures d'une très belle exécution.

En tête du prologue, Louise de Savoie entourée de ses femmes et de courtisans, reçoit le livre des *Douze Périls*, couvert en rouge, que lui présente, à genoux, son chapelain. Au bas de cette miniature, dans la magnifique bordure qui lui sert d'encadrement, est l'écu de la princesse, soutenu par deux anges aux ailes déployées.

La seconde miniature (verso du folio 3) représente un moine prêchant sur les périls d'enfer. A ses pieds, des femmes sont agenouillées dans des attitudes diverses; toutes portent une sorte de guimpe noire sur le derrière de la tête. A côté d'elles se tiennent des hommes dont la physionomie varie selon l'impression qu'ils reçoivent de la parole du prêtre. Les uns se moquent du prédicateur et de son sermon; d'autres, au contraire, paraissent terrifiés. Au fond, et dominant la scène, on voit, sortant d'un rocher, la tête de Lucifer qui vomit des flammes.

Cette peinture est un véritable tableau, aussi remarquable par l'expression des figures que par le soin avec lequel les costumes ont été étudiés.

La miniature de la *Nasse d'Enfer*, qui précède le troisième péril, n'est pas moins intéressante. Cette nasse flotte sur une rivière qui se perd dans le lointain, à travers des prairies et des coteaux bordés de châteaux magnifiques. Le paysage est charmant et les fonds, pleins de lumière et d'un bleu harmonieux, sont traités avec un rare sentiment de la perspective. Sur le bord de l'eau, un moine, les bras croisés sur la poitrine, prie pour les malheureux qui entrent dans la fatale nasse que, dans une intention maligne, le peintre a copiée sur celle qui sert de frontispice au livre bien connu : *les XV Joies du Mariage.*

Bibliothèque nationale. Fonds français, n° 449.

6. REMÈDES DE L'UNE ET L'AUTRE FORTUNE, par Pétrarque. In-folio, mar. rouge (même reliure).

Manuscrit sur VÉLIN de 266 ff., écrit en lettres gothiques. Il porte sur le premier feuillet les armes de Louise de Savoie, soutenues par deux anges, et est décoré de trois grandes miniatures entourées de bordures en camaïeu et représentant la bonne et la mauvaise fortune. Ces peintures sont de la plus belle exécution et d'une conservation remarquable.

Bibliothèque nationale, fonds français, n° 224.

7. SECOND VOLUME DU TRIOMPHE DES VERTUS. In-folio, mar. rouge (même reliure).

Manuscrit sur VÉLIN, écrit en lettres gothiques. Il contient 169 ff. et est orné de 18 grandes miniatures.

Nous empruntons à M. Paulin Paris la description de ce beau livre :

« Les initiales sont exécutées sur fond d'or, en façon camaïeu foncé; chacune d'elles gracieusement accompagnée d'une tige de fleurs. Quant aux miniatures, elles sont également en camaïeu, ou plutôt en grisailles bronzées d'un aspect tout particulier produisant assez exactement l'effet des tailles numismatiques. Le dessin, malgré son incorrection et l'aspect malheureux des têtes, offre cependant les preuves d'une admirable facilité, et des études les plus fortes et les mieux dirigées. Plusieurs groupes, surtout ceux des figures nues, rappellent très bien un disciple de Michel-Ange ou de Benvenuto Cellini. La première de ces grisailles, allégorique comme toutes les autres, représente une grande et somptueuse fontaine formée de cinq bassins. Sur chacun des deux bassins latéraux de la partie supérieure, est attaché un écu : le premier, de France, le second, de France parti de Dauphiné. A droite, deux guerriers figurent la Force; à gauche, une femme et le roi François Ier figurent la Justice. Les deux bassins latéraux inférieurs portent pour écus, celui de droite, *France écartelé à la quatrième pièce de Bretagne* : c'est la Tempérance représentée par la reine Claude et une divinité; celui de gauche, *d'azur aux trois fleurs de lis engrêlé de gueule, parti de France pur* : c'est la Prudence représentée par Marguerite, duchesse d'Alençon, et un guerrier tenant dans sa main un cor. Enfin le grand bassin du milieu, portant au sommet l'écu de *France-Angoulême écartelé de Savoie,* sert de siège à Louise de Savoie : c'est LA FONTAINE DE TOUTES LES VERTUS. »

L'auteur, à genoux, lui présente son livre relié en velours vert à fermoirs d'or.

Ce beau volume a été composé, selon toutes les apparences, de 1517 à 1524.

Bibliothèque nationale. Fonds français, n° 144.

8. Du Zèle que doibvent avoir les Princes pour l'Église. Pet. in-8, cartonné.

> Manuscrit de 26 ff. sur vélin. Lettres en or et en couleur. Les titres des chapitres sont à l'encre bleue.
> Bibliothèque nationale. Fonds français, n° 950.

9. Cy commencent la translation des espitres d'Ovide que les dames escrivoient a lès maris et amans. In-fol. mar. rouge aux L couronnés, dos fleurdelisé, tr. dor. (Reliure du xviie siècle.)

> Manuscrit de 137 ff. sur vélin, écrit en gothique, et orné de 21 grandes miniatures représentant Pénélope, Philis, Briséis, Phèdre, Didon, Hermione, Héro, etc., en costumes du xvie siècle, et qui sont peut-être autant de portraits du temps.
> Les armes de Louise de Savoie sont peintes deux fois dans les vitraux d'une fenêtre qui apparaît dans la première miniature.
> Un article de compte publié par M. Sénemaud (*Bibliothèque de Charles d'Orléans*, page 59) nous apprend que ce volume fut copié par Jean Michel.
> Bibliothèque nationale. Fonds français, n° 875.

10. Le livre des claires et nobles femmes que fist Jean Boccace... (traduction du livre de Boccace : *De claris et nobilibus mulieribus*). In-4, recouvert de velours cramoisi, tr. dor.

> Exemplaire copié et peint sur vélin pour Louise de Savoie, dont les armes (*de France-Angoulème, parti de Savoie*) se trouvent au bas du deuxième feuillet.
> Ce livre magnifique contient 94 feuillets et est orné, en tête de chaque chapitre, de figures de femmes à mi-corps d'un joli style et d'une couleur remarquable. Les coiffures offrent un intérêt particulier par leur variété et leur agrément.
> Au verso du deuxième feuillet se trouve la présentation de l'ouvrage par l'auteur age-nouillé.
> · La reliure en bois couvert de velours rouge portait primitivement des ornements en relief qui ont été enlevés.
> Bibliothèque nationale. Fonds français, n° 242.

11. Cy commence ung petit livre intitulé le Chappelet de vertus auquel est traicté de l'effet de plusieurs vertus... Pet. in-4, cartonné.

> Manuscrit sur papier, d'une écriture cursive et contenant 51 ff. Armes de Louise de Savoie au commencement de la première page.
> Bibliothèque nationale. Fonds français, n° 1892.

12. Doctrinal d'un jeune prince, par Symphorien Champier. In-8, demi-reliure.

> 24 ff. vélin. Très belle initiale en couleur sur fond d'or, au premier feuillet, avec le armes de Louise de Savoie au bas de la page.
> Bibliothèque nationale. Fonds français, n° 1959.

13. Extrait de Valère Maxime. In-8, demi-reliure.

> Manuscrit sur papier de 94 ff. d'une écriture cursive. Armes de Louise de Savoie en haut de la première page.
> Bibliothèque nationale. Fonds français, n° 2125.

14. Le Compas du Dauphin. Pet. in-4, mar. rouge fleurdelisé, aux L couronnés (Louis XIV).

> 22 ff. vélin dont 4 blancs. Au cinquième, miniature représentant Louise de Savoie suivie de ses dames d'honneur et guidant les pas du jeune dauphin qu'elle tient en lisière.
> Bibliothèque nationale. Fonds français, n° 2285.

15. Vie des rois et empereurs de Rome, depuis Æneas jusqu'à Maxi-

milien dernièrement décédé. Pet. in-4, mar. rouge, aux armes et au chiffre de Ph. de Béthune.

Manuscrit sur VÉLIN de 56 ff. Lettres en or et en couleur. Au premier feuillet, le titre encadré dans une large bande fleurdelisée. Au bas de la page, les armes de Louise de Savoie.

Le feuillet suivant est entouré d'une très belle bordure où se trouvent des fleurs, un hibou et la salamandre couronnée.

Bibliothèque nationale. Fonds français, n° 1373.

16. LES GESTES DE LA ROYNE BLANCHE, mère de sainct Loys, Roy de France, par Estienne Le Blanc. Pet. in-4, couverture de soie noire avec broderies, dos de velours noir, tr. dor.

Manuscrit sur VÉLIN, composé de 21 feuillets. Dans la partie supérieure de chaque page, sont écrits, dans un cadre doré, les mots suivants : *Saturnus, veritatis parens*, et dans la marge du bas, sur une banderole, on trouve la légende : *Signa fata sinant.*

En tête du volume, un magnifique frontispice représente l'auteur, qui, sans doute, avait encouru quelque disgrâce, étendu, les mains suppliantes, aux pieds de Louise de Savoie qu'il implore du regard. La régente, tenant dans la main un gouvernail, signe du pouvoir suprême, est assise sous un dais, au milieu d'un superbe portique à travers lequel on aperçoit un très joli paysage que domine un château, peut-être celui d'Amboise, sa résidence préférée.

Elle porte des ailes, et on lit au-dessus de sa tête cette inscription en lettres d'or : *Insignis pietate.*

Cette miniature est traitée avec une ampleur de style, une vérité d'expression, et une élégance dans les ornements, qui rappellent les meilleures peintures de Jean Fouquet.

Le livre se termine par ces mots :

« ..... *Cy finissent les faictz et gestes de la royne Blanche d'Espagne, mère de Monsieur sainct Loys, pour le temps quelle a regente et gouverne le roiaume de France, qui en brief ont este cy rediget par escript pour memoire de ses bonnes œuvres. A la quelle regente a par sa grande prudence et vertu succede très haulte, très puissante et très excellente princesse et ma très redoutée dame, Madame Loyse, mere du très chrestien roy de France, et mon souverā seigneur François premier de ce nom. Auxquels Dieu, par sa bonté, veuille donner en ce monde et en l'autre victoire et triomphe de leurs ennemys.* »

La reliure est recouverte d'une broderie en soie noire qui représente, sur le plat recto, un cerf poursuivi par trois lévriers (sans doute une allusion aux persécutions dont l'auteur se plaint d'être l'objet) et la présentation du livre à Louise de Savoie, et, sur le plat verso, un oiseau perché sur un arbre.

La conservation de ce précieux volume est parfaite.

Bibliothèque nationale. Livres exposés, n° 291.

17. COMMEMORATION ET AVERTISSEMENT DE LA MORT DE MADAME ANNE, royne de France et duchesse de Bretagne, par le hérault Bretaigne. In-4, mar. citron, aux L couronnés.

Manuscrit de 57 ff. Il contient 9 grandes miniatures représentant les funérailles d'Anne de Bretagne.

L'inscription suivante se trouve sur la dernière, où est figuré un cœur d'or surmonté de la couronne royale :

« *En ce petit vesseau de fin or pur repose ung plus grā cœur quoncq dame eust au monde.*

« *Anne fut le nom d'Elle en France deux fois royne, duchesse des Bretons royalle et souveraine.* »

Bibliothèque nationale. Fonds français, n° 241.

18. ÉPITRE (EN VERS) DE CHARLES VIII A FRANÇOIS Ier. Pet. in-4, oblong mar. rouge aux L couronnés.

Manuscrit sur VÉLIN de 29 ff. Dédicace de l'auteur à Louise de Savoie, entourée d'une bande d'azur semée de fleurs de lis accompagnées de la lettre L couronnée sur fond d'or.

Elle commence par ces mots :

« *A très excellente et vertueuse perle orientale resplendissant en Occident, très su-blime, auguste et de puissance incompréhensible princesse Madame Louise de Savoie, duchesse d'Angoulême, etc.* »

Le dixième feuillet, où commence l'épître, est également accompagné d'une bande azurée semée de fleurs de lis et de la lettre F répétée à l'infini. Au bas, est figurée la salamandre dont la tête est surmontée de la couronne royale.

Toutes les capitales de ce joli volume sont en or et en couleur.

Bibliothèque nationale. Fonds français, n° 2286.

19. GÉNÉALOGIE DE LA MAISON DE BOURBON. Pet. in-4, mar. rouge, armes de France et dos fleurdelisé.

Manuscrit sur vélin de 30 ff. Très belle miniature représentant l'auteur agenouillé offrant à Louise de Savoie son livre en velours bleu fleurdelisé. Belles lettres en or et en couleur.

Bibliothèque nationale. Fonds français, n° 5719.

Il convient d'ajouter à cette liste des *Heures* manuscrites, en-richies de miniatures, qui font partie du British Museum, de Lon-dres ; le *Livre du triomphe de la Force et de la Prudence*, deux traités écrits sur vélin, ornés de 18 miniatures d'une grande beauté, et qui appartiennent au musée de l'Ermitage, de Saint-Pétersbourg ; les *Fables et Emblèmes en vers* (par Pierre Sala), de la vente du baron Jérôme Pichon (n° 473 du catalogue), et les deux livres im-primés, les seuls que nous connaissions à la marque de Louise de Savoie : les *Louenges du Roy Louis XII*, de Claude de Seyssel, imprimées par Verard vers 1510 (VÉLINS, 2779), et les *Grans Croni-ques des gestes et vertueux faictz des tres excellens, catholiques, illustres et victorieux ducz et princes des païs de Savoie et de Pié-mont* (par Symphorien Champier), imprimés à Paris, en 1516, par Jehan de la Garde ; magnifique exemplaire, un des plus riches joyaux de la Bibliothèque nationale, (VÉLINS, 1173).

Les manuscrits qui nous viennent de Marguerite d'Angoulême sont, malheureusement, en petit nombre. Tous, à l'exception du bel exemplaire d'Homère, traduit par Hugues Salel, que possède S. A. R. le duc d'Aumale, dans sa magnifique collection du châ-teau de Chantilly, et d'un livre de prières, qui provient de la vente de la duchesse de Berry (*Paris, Techener*, 1864), appartiennent à la Bibliothèque nationale. Ceux qui sont encore revêtus de leur pre-mière reliure, portent ordinairement des médaillons, des compar-timents à entrelacs ou des losanges séparés par des marguerites et renfermant le chiffre couronné de la duchesse d'Alençon ou de la reine de Navarre. Ces ornements, à la fois élégants et sobres, qui ont dû être argentés autrefois, font aujourd'hui l'effet de fers frappés à froid sur le maroquin.

ORATIONES DEVOTISSIME ad illustrissimam piissimamque dominam christianissimi Francorum regis matrem dedicate. In-8, mar. rouge, dent., dos orné, tr. dor. (Reliure du xviie siècle.)

Manuscrit sur vélin de 84 feuillets et décoré de 4 grandes miniatures.
Catalogue des livres de la duchesse de Berry (*Paris, Techener*, 1864, n° 2).

Cy est le livre nommé Fleur de vertu, translaté d'italien en françoys par tres reverend pere en Dieu, Monseigneur François de Rohan, archevesque de Lion, primat de France, et evesque d'Angiers. Petit in-4, mar. vert. (Reliure moderne.)

Manuscrit sur vélin de 84 feuillets, exécuté en 1530. Il contient 47 miniatures du style le plus pur et d'une fraîcheur de coloris remarquable.
Bibliothèque nationale, département des manuscrits. Fonds français : n° 1877.

L'Epistre de saint Augustin à Dame Probe, religieuse servante de Dieu, sur la manière de prier Dieu. In-8, veau fauve, tr. dor. (Reliure du xviiie siècle.)

Manuscrit sur vélin de 40 feuillets; lettres bâtardes et majuscules en or et en couleur.
Bibliothèque nationale.

Messe de sainte Anne. *De sainte Anne mere des trois Maries une messe.* Petit in-4, relié en soie bleue, tr. dor.

Manuscrit sur vélin de 16 feuillets, contenant 3 miniatures et 8 feuillets de musique.
Bibliothèque nationale, département des manuscrits. Fonds français : n° 1035.

Dialogues de Lavardin. Petit in-4, mar. brun, compart. à froid, reliés entre eux par des marguerites et répétant à l'infini le chiffre de la reine.

Manuscrit de 105 feuillets sur papier.
Bibliothèque nationale. Fonds français : n° 1826.

Le premier livre du prince des poètes Homère, traduit par H. Salel. Petit in-4, mar. olive, compart. à entrelacs d'un très joli dessin, frappés à froid, et au milieu desquels se trouvent des marguerites, des fleurs de lis et la lettre M, dos orné, tr. dor.

Manuscrit sur vélin.
Bibliothèque de M. le duc d'Aumale, au château de Chantilly.

Les Belgicques amours du sieur d'Eplimarre, poëme en vers, divisé en six livres. Petit in-4, mar. brun, orné de medaillons reliés entre eux par des marguerites et renfermant le chiffre couronné de la duchesse d'Alençon. (Cette reliure, d'une conservation parfaite, a été reproduite par les procédés d'héliogravure de Charreyre dans les *Femmes bibliophiles*, t. I, p. 36.)

Manuscrit sur papier, de 157 feuillets.
Bibliothèque nationale. Fonds français : n° 2178.

Le Myroir des dames, traduyt par maitre Ysamberd de Sainct-Léger, prestre. In-4, veau. (Reliure moderne.)

Manuscrit sur vélin de 108 feuillets.
Très belle miniature representant l'auteur offrant son livre à la reine de Navarre, assise sur un trone et entourée de ses dames d'honneur.
Au commencement du texte se trouvent les armes de Marguerite de Navarre, magnifiquement peintes en or et en couleurs. Très belles capitales ornées de fleurs et de perles.
Bibliothèque nationale. Fonds français : n° 1189.

SONGE DU COMTE DE TAILLEBOURG. In-8, mar. rouge, fil., armes du roi (Louis XIV) sur les plats, double L couronné sur le dos, tr. dor.

Manuscrit sur VÉLIN de 63 feuillets ornés de lettres capitales, grandes et petites, en or et en couleurs.
Bibliothèque nationale. Fonds français : n° 2444.

BIBLIOTHÈQUE

DE CATHERINE DE MÉDICIS

Catherine de Médicis, arrivée en France avec les traditions de cette grande famille des Médicis, où l'amour des arts et des lettres était héréditaire, possédait une bibliothèque qui pouvait rivaliser avec celle de Diane de Poitiers.

Lors de son mariage, en 1533, elle avait apporté en dot à Henri II les manuscrits de la célèbre bibliothèque de Laurent de Médicis. Elle ne s'en tint pas là ; un Italien de sa famille, le maréchal Strozzi, qui possédait une très riche collection de livres, formée, en partie, de celle du cardinal Ridolphi, neveu de Léon X, étant passé au service de la France, elle attendit sa mort pour s'emparer de sa bibliothèque qu'elle fit semblant d'acheter et qu'elle oublia de payer. Le récit de Brantôme ne laisse aucun doute à cet égard : « Il paroissoit bien, dit-il, en parlant de Strozzi, que ce grand capitaine estoit bien amateur des lettres, car il avoit une très belle bibliothèque ; elle estoit venue du cardinal Ridolphe, et ampres sa mort acheptée, qu'estoit un tres sçavant prélat ; elle estoit estimée plus de quinze mille escus, pour sa rareté des beaux et grands livres qui y estoient. Du depuis la mort du dict maréchal, la reine-mère la retira avecque promesse d'en récompenser son filz et la lui payer un jour, *mais jamais il n'en a eu un seul sol. Je scay bien ce qu'il m'en a dit d'autres fois, en estant fort mal content.* » (*Vie des capitaines étrangers,* etc., t. I, p. 434, des Œuvres complètes, édit. in-8°.)

La *librairie* de Catherine de Médicis devint ainsi une des plus importantes du temps. Elle contenait, d'après l'inventaire dressé, après sa mort, par les commissaires de la Chambre des Comptes,

776 articles estimés 16.200 livres et répartis de la manière suivante :

Theologica græca.	180
Theologica latina.	23
Theologica hebraïca.	40
Philosophica græca.	116
Philosophica latina.	18
Poetica, rhetorica et grammatica græca.	143
Poetica, rhetorica et grammatica latina.	43
Mathematica græca.	40
Mathematica latina.	18
Historica græca.	48
Historica latina.	13
Medica græca.	58
Medica latina.	11
Canonica græca.	5
Legalia græca.	5
Canonica latina.	4
Legalia latina.	1
Additions.	10

Transportée, dit le Père Hilarion de Coste, au château de Saint-Maur, près Paris, cette bibliothèque courut risque, au décès de la reine (5 janvier 1589), d'être saisie par ses créanciers et aurait été dispersée, si Jean-Baptiste Benciveni, abbé de Bellebranche, son aumônier, n'avait eu l'heureuse inspiration de l'enlever et de la conserver chez lui jusqu'au moment où de Thou, qui venait d'être nommé maître de la librairie du roi, en remplacement d'Amyot, eût obtenu des lettres patentes pour que ces précieux volumes fissent retour à la Couronne (15 juin 1594).

C'est à ce trésor littéraire que Ronsard fait allusion dans les mauvais vers suivants :

> Pour ne dégénérer de ses propres ayeux,
> La reine a fait chercher les livres les plus vieux,
> Hébreux, grecs, latins, traduits et à traduire,
> Et par noble despense elle en a fait reluire
> Le haut palais du Louvre, afin que sans danger,
> Le François fut vainqueur du sçavoir estranger.

Réunis à la Bibliothèque du Roi, installée, alors, dans le collège de Clermont (aujourd'hui collège Louis-le-Grand), ces livres furent, pour plus de sûreté, dépouillés de leur ancienne reliure et habillés aux armes royales, ce qui explique l'extrême rareté de ceux qui ont conservé les armes et la devise de Catherine de Médicis.

Les livres de Catherine de Médicis offrent un intérêt tout particulier pour qui veut étudier de près l'histoire de la reliure au xvi siècle et en parcourir toutes les phases.

Arrivée en France en 1533, les premiers volumes qu'elle fit relier se ressentent de la manière de Grolier ; ce sont les mêmes entrelacs à filets droits, les mêmes milieux à fers pleins.

Plus tard, devenue reine au moment où la reliure est à son apogée, ses livres prennent un caractère de grandeur que nous ne retrouvons que sur ceux de Diane de Poitiers ; enfin, dans les dernières années de sa vie, certaines reliures, semblables à celles qui furent exécutées pour Henri III, indiquent une étape nouvelle et marquent la fin de la Renaissance.

Les plus beaux livres que nous connaissions à la marque de Catherine de Médicis, appartiennent à la Bibliothèque nationale qui compte plusieurs volumes à ses armes, notamment l'admirable exemplaire des *Discours astronomiques de Jacques Bassantin* (n° 417 des livres de la galerie Mazarine) ; au Musée du Louvre, où sont exposées, dans la galerie d'Apollon, les fameuses *Heures* payées 60 000 francs par M. Barbet de Jouy, à la vente de la duchesse de Berry ; à la Bibliothèque royale de La Haye, qui possède un livre de prières considéré par M. Léopold Delisle comme un des morceaux calligraphiques les plus remarquables du xvi° siècle ; à la Bibliothèque Sainte-Geneviève, où l'on voit l'*Histoire des provesses et vaillantises du noble seigneur messire Simon, comte de Montfort, faictes par luy pour la foy catholique et l'Église de Dieu contre les Albigeois heretiques, depuis l'an de grâce 1206 jusques à 1218. Composé en latin par frère Pierre de l'ordre des Cisteaux, puis traduict en françoys l'an du Savlueur 1565, par Reverend Père en Dieu messire Guillaume Pellicier, euesque de Montpellier,* manuscrit sur papier de 249 ff., revêtu d'une très belle reliure vierge de toute restauration ; à la bibliothèque Mazarine ; à celle de l'Arsenal, à la bibliothèque de Lyon, dont nous avons cité plus haut (page 55) le beau *Ptolémée* ; au British Museum et à la Bibliothèque royale de Berlin, où nous signalons avec regret le *Premier tome de l'Architecture de Philibert Delorme.*

Dans les bibliothèques privées, nous indiquerons plus particulièrement l'*Orlando furioso* de la vente Solar (n° 1511 du catalogue), le joli *Dante* de M. Destailleurs, et surtout le *Xénophon*[1]

---

1. La CYROPÉDIE, traduite de Xénophon par Jaques des Comtes de Vintemille. *Lyon, Iean de Tournes*, 1555. Pet. in-4, mar. brun, riches compartiments sur les plats et sur le dos, chiffres entrelacés de Catherine et de Henri II, armes entourées de la cordelière de veuve.

Superbe reliure : large bande à entrelacs formant une série de médaillons et de rosaces où sont enfermés des fleurs de lis et les chiffres couronnés de Catherine et de Henri II. Aux quatre angles intérieurs de ce riche encadrement, se détache, en grosses lettres, le C. H. entrelacé et surmonté de la couronne royale. Au milieu des plats, les armes de Catherine, et tout autour et couvrant le fond, le chiffre royal alternant avec des fleurs de lis. Les ornements de la

qui provient de la collection de sir John Hayford Thorold Bart, et dont M. G. de Villeneuve a fait récemment l'acquisition.

INTERPRÉTATION

DU CHIFFRE DE HENRI II[1]

« Quelle est la signification de ce chiffre cent fois reproduit sur tous les frontons, sur toutes les frises des édifices du règne de Henri II, au Louvre, à Fontainebleau, à Anet, dans les dessins du temps, et jusque sur les livres et les manuscrits[2] de la Bibliothèque du Roi? Faut-il y reconnaître un H et un D, c'est-à-dire les initiales de Henri et de Diane de Poitiers, sa maîtresse, ou bien un H et un C, c'est-à-dire les chiffres de Henri II et de Catherine de Médicis?

« Piganiol de la Force dit nettement dans l'ouvrage qu'il a consacré à la description de Paris (tome III, page 242) : « Le chiffre où l'on voit un H et un D avec un croissant entrelassés, est celui de Diane de Poitiers, maîtresse de Henri II, et qu'il a fait graver sur tous les bâtiments élevés sous son règne, et même dans les édifices sacrés, et jusque sur leurs autels; c'est une espèce d'impiété que l'on peut voir à l'église des Minimes de Vincennes, et en plusieurs autres. On trouve encore ce chiffre sur les pièces d'artillerie qui ont été fondues de ce temps. Le croissant étoit le symbole de Diane ou de la Lune, nom de batême de cette duchesse. »

« Ce chiffre, écrit, au contraire, Henri Martin, est officiellement celui du roi et de la reine, un H accolé de deux C; mais il est facile

bande ont été reproduits sur le dos. Les grands chiffres, les fleurs de lis et les armes sont en or; l'encadrement des armes, les petits chiffres et les entrelacs sont en argent.

Cette reliure offre un grand intérêt, en ce sens qu'on y voit apparaître, pour la première fois, les entrelacs contournés et symétriques qui succèdent aux arabesques savantes du règne de Henri II. Elle a été reproduite dans les *Femmes bibliophiles*, tome I, page 95.

1. Extrait des *Femmes bibliophiles de France aux XVI*, *XVII* et *XVIII* siècles, Paris, Damascène Morgand, 1886, tome I, pages 68 et suiv.

2. Voir notamment le frontispice des Heures de Henri II. (*Bibliothèque nationale, département des manuscrits, fonds latin, n° 1429.*)

de le prendre pour un H entrelacé de D ; il n'est pas douteux que Henri ne l'ait choisi à cause de l'équivoque. »

« Le savant Paulin Paris va plus loin et partant de ce fait, que Catherine de Médicis aurait également adopté pour sa propre devise un croissant ou « lune naissante », il en conclut qu'elle aurait affecté de prendre et de reproduire des emblèmes qui satisfaisaient son orgueil, sans risquer de blesser Henri II, et que c'est d'après les dessins qu'elle donnait aux artistes, que les croissants et le double chiffre auraient été placés sur tous les monuments qui datent de cette époque. « Je pense, déclare M. Paulin Paris, que la seule manière d'expliquer la présence de tous ces emblèmes et leur maintien sur tant de monuments royaux, c'est de les attribuer à la volonté expresse et singulière de Catherine de Médicis. » (*Catalogue des manuscrits de la Bibliothèque nationale*, n° 7246.)

« Cette argumentation, quelque ingénieuse qu'elle soit, nous parait manquer par la base, car si l'on admet que le croissant de Henri II ait été adopté par Catherine, ce qui est peu vraisemblable, que voudront dire, alors, les arcs et les carquois qui l'accompagnent ? En outre, comment expliquer, dans l'hypothèse où le double chiffre se rapporterait au roi et à la reine, qu'il ne soit pas surmonté de la couronne royale, comme l'H seul qui en est partout si rapproché ?

« M. Vatout n'hésite pas à se prononcer en faveur du double D et prétend même que la tendre communauté des deux amants s'étendait jusqu'aux lettres qu'ils écrivaient : « Nous en avons vu une, dit-il, adressée au connétable de Montmorency, dont les trois premières lignes sont de la main de Henri II, les trois suivantes de la main de Diane, et alternativement ainsi jusqu'à la fin de la lettre qui est signée HENRI-DIANE. » (*Souvenirs historiques des résidences royales*, tome IV, page 203.)

« La démonstration a déjà sa valeur ; mais ce que M. Vatout a omis de dire, c'est que Catherine avait son chiffre à part, *un double C enlacé à un H*, et dessiné de telle sorte que toute confusion était impossible.

« Ses livres, les gravures, certains bijoux que la reine portait dans les grandes cérémonies, les monuments mêmes, en fournissent de fréquents exemples. Sans parler du magnifique volume de la Bibliothèque nationale (*Discours astronomiques de Jacques Bassantin;* n° 417 des livres exposés), où les doubles C du chiffre de Catherine et de Henri II se détachent avec une netteté qui défie toute controverse, le Musée du Louvre offre, par le rapprochement des deux chiffres et la comparaison qu'on en peut faire, une preuve plus convaincante encore. On y voit, en effet, dans la Galerie d'Apollon, placés à quelque distance l'un de l'autre, le bel émail que Léonard Limosin exécuta pour la Sainte-Chapelle, et le livre de prières de Catherine de Médicis, que M. Barbet de Jouy acheta en 1864, à la vente de la duchesse de Berry, pour le Musée des Souverains. Dans la plaque émaillée, où le roi et la reine agenouillés se font face, le chiffre H. D. apparaît plusieurs fois, tel que nous le rencontrons sur les livres de Henri II et de Diane; sur les *Heures* de Catherine, le chiffre a une physionomie toute différente: il est en or émaillé et les C débordent de l'H avec une telle vigueur qu'ils sont, pour ainsi dire, palpables. » Un autre émail de Léonard Limosin, conservé dans la collection James de Rothschild, nous montre la reine parée d'un collier dont les pierres sont montées sur des C entrelacés à des H couronnés. On retrouve le même chiffre, appliqué d'une façon très apparente, sur la garniture de son corsage [1].

Nous l'avons vu également, dessiné de la même manière, sur le frontispice d'un psautier dédié à Catherine de Médicis, et qui fait partie du cabinet de M. l'abbé Le Rebours, curé de la Madeleine.

« Ainsi, nous le répétons, sur les livres, sur la gravure, sur des parures dont les dessins sont connus, sur certains édifices royaux (notamment les frises de la galerie du Louvre qui fait face à la Seine, et la colonne astronomique élevée par Catherine de Médicis, en 1572, dans la cour de l'ancien hôtel de Soissons, aujourd'hui la Halle aux Grains), le chiffre de la reine se distingue absolument de celui de la maîtresse, et ce qui établit, d'une façon plus décisive encore, la différence entre les deux chiffres, — nous ne saurions trop insister sur ce point, — *c'est que le C. H. seul est surmonté de la couronne royale.*

« Il semble, d'ailleurs, que Catherine, loin de rechercher l'équivoque, comme l'ont prétendu MM. Paulin Paris et Henri Martin, ait tout fait, au contraire, pour l'éviter, puisque nous rencontrons le plus souvent son nom écrit par un K, non seulement sur un certain nombre de volumes, mais encore sur un des côtés de la cour du Louvre, où son chiffre formé de deux K accolés apparaît timidement à côté du double D. H. et du carquois triomphant de Diane.

Enfin, si ces preuves paraissaient encore insuffisantes, deux documents, d'une incontestable autorité, achèveront de convaincre les plus incrédules :

« Le premier est la relation de l'entrée de Henri II et de Cathe-

---

1. *Histoire des joyaux de la Couronne de France,* par GERMAIN BAPST, tome I, page 43.

rine de Médicis à Rouen, en 1550 (*Rouen, chez Robert le Hoy*,...
1551, pet. in-8°). On y décrit très minutieusement (page 22) les
ornements d'un étendard porté dans les rangs de la milice de la
ville, et il y est dit que le chiffre officiel du roi se composait de
deux D entrelacés et d'un H. Nous citons textuellement : « *Une
enseigne de taffetas verd imprimee d'es compartimētʒ entresemeʒ
de croissantʒ d'argent et des chiffres du roi qui sont deux D entre-
lasseʒ et une H couronné.* »

« Le second, non moins explicite, en ce sens qu'il est, pour ainsi
dire, l'écho des impressions du temps sur l'interprétation des deux
fameuses lettres, est tiré du Journal de voyage, du *diario*, d'un des
gentilshommes qui accompagnaient l'ambassadeur vénitien Giovanni
Capello à la cour de France en 1551. Nous assistons à la première
audience donnée par Henri II, au Louvre, à l'envoyé de la sérénis-
sime République : « le Roi est debout près d'une fenêtre, vêtu d'un
pourpoint de damas noir, bordé de velours et doublé des plus beaux
agréments, avec un justaucorps de cuir blanc, et brodé sur champ
de deux croissants d'or accommodés de manière à sembler être
entre deux D. Dans cet enlacement des D, on voit d'abord un H,
initiale du nom de Sa Majesté : on voit aussi un E, seconde lettre du
même nom de Henri ; on y peut voir aussi deux D ; lesquels sont la
double initiale de la duchesse de Valentinois, appelée aussi madame
la Sénéchale. Son vrai nom est Diane, et l'allusion est bien manifeste dans ces deux croissants si unis et si joints par l'embrassement
des deux D ; ainsi sont, en effet, les deux âmes des deux amants,
unies et réunies dans un étroit attachement. » (*La Diplomatie
vénitienne*, par ARMAND BASCHET.)

« Ainsi, d'une part, la lettre si discutée du chiffre royal est déter-
minée d'une façon qu'on peut dire *officielle*, et d'autre part, l'interprétation dudit chiffre par les contemporains ne laisse aucun
doute sur sa véritable signification.

« Il est donc acquis que Henri mêlait sans scrupules à son
chiffre celui de sa maitresse, et que Catherine laissa faire, en bonne
politique, sauf à se dédommager plus tard. »

JEAN COUSIN

PEINTRE, SCULPTEUR, GRAVEUR
ET ARCHITECTE

Jean Cousin ne se contenta pas d'être un grand peintre, il fut encore sculpteur, graveur, architecte, et ses traités de géométrie et de perspective appliqués aux arts — (les plus anciens ouvrages de ce genre qui aient été écrits en France) — ont servi de modèles à tous les autres.

Ses œuvres, comme sculpteur, furent longtemps contestées, mais la mention suivante que nous trouvons dans l'histoire manuscrite de Sens, écrite, en 1572, par Balthazar Taveau, avocat en cette ville, semble avoir levé tous les doutes :

« Jean Cousin, natif du village nommé Soucy en la banlieue de Sens, a faict de beaux tableaux de peinture très ingénieuse et artiste, qui sont admirés par tous les ouvriers experts en cet art pour la perfection de l'ouvrage au quel rien ne deffault. Oultre ce, il estoit entendu à la sculpture de marbre, comme le témoigne assez le monument du feu admiral Chabot en la chapelle d'Orléans, au monastère des Célestins de Paris, qu'il a faicte et dressée, et monstre l'ouvrage l'excellence de l'ouvrier. »

Félibien, dans ses *Entretiens sur la vie et les ouvrages des plus excellens peintres anciens et modernes* (Paris, 1679, in-4°, troisième partie, page 131), dit, de son côté : « Comme il travailloit fort bien de sculpture, il fit le tombeau de l'admiral Chabot qui est aux Célestins de Paris, dans la chapelle d'Orléans. »

En outre, les comptes de la cathédrale de Sens, transcrits par M. Quantin, archiviste de l'Yonne, alloue à Cousin une somme pour « raccoustrer » une statue de la Sainte Vierge (1520), et ceux de Fontainebleau relevés par M. Léon de Laborde, mentionnent la vente par lui faite, en 1563, d'une « pierre de marbre ».

Comme graveur, Jean Cousin n'a laissé qu'un petit nombre de pièces à l'eau-forte, dont deux seulement, l'*Annonciation* et le *Christ descendu de la Croix* — cette dernière signée, — seraient, d'après M. Duplessis, parfaitement authentiques.

LES HEURES DE FRANÇOIS II

Les *Heures* de François II, de format in-8º, sont écrites sur vélin très fin, en lettres carrées imitant les caractères romains. Elles ont 214 mill. de hauteur et se composent de 125 ff. dont les premiers sont occupés par un calendrier commençant en 1555 (pour 17 ans), ayant à la fin de chaque mois un quatrain en vers français, écrit à l'encre bleue, sur les différents âges de la vie.

Elles contiennent, indépendamment d'un grand nombre de belles initiales peintes en or et en couleurs, vingt-trois miniatures, dont les sujets sont empruntés à l'Histoire Sainte, et dont quinze occupent, avec les ornements qui en dépendent, une page entière.

Au bas de la première miniature, représentant *saint Jean l'évangeliste*, assis sur un rocher de l'île de Patmos, et de la seizième qui nous montre *David en prière*, se trouve l'écu des Dauphins de France. Sous la neuvième miniature, représentant l'*Annonciation aux bergers*, est placé, sur un écusson, le millésime de 1555, qui est la même date que celle du calendrier.

Enfin, les armes de France sont mêlées à différents ornements, et de nombreuses fleurs de lis sont disséminées dans le volume.

Ces diverses peintures s'éloignent sensiblement du grand art que nous avons signalé dans les *Heures* de Henri II ; elles pèchent par le dessin qui est sec, tourmenté et quelquefois incorrect ; mais elles se recommandent par un coloris d'une grande fraîcheur. Elles sont placées au milieu de riches encadrements, dans le goût de la Renaissance, dont l'ornementation est très variée : les uns sont ornés d'un large cartouche circulaire décoré de têtes d'anges, de groupes de fruits et d'écussons fleurdelisés, et les autres sont en forme de portiques.

Ce manuscrit a fait partie de la bibliothèque de D. Le Tellier, marquis de Courtanvaux ; acheté par M. Bancel au libraire Bohn, de Londres, il a été revêtu (la couverture primitive ne pouvant plus être conservée) d'une excellente reliure de Trautz, ornée de fermoirs en argent doré, sur lesquels sont gravés une fleur de lis et un dauphin. Il provient, en dernier lieu, de la vente Léon Techener (*Paris, Vᵉ Labitte*, 1887), où il a atteint le prix de 5950 francs, sans les frais.

Un autre livre d'Heures ayant appartenu à François II, quand il n'était encore que dauphin, fait partie de la bibliothèque de Reims. Il est imprimé sur vélin et porte pour titre : Horæ in laudem beatissimæ Virginis Mariæ ad usum romanum. *Parisiis, ex officina Reginaldi Çaldery et Claudy ejus filiy, 1549.* Sa reliure, en veau fauve orné d'entrelacs et d'arabesques couvrant entièrement les plats et le dos du volume, est des plus remarquables. Sur l'un des plats se voient les armes de François, dauphin et roi d'Écosse, avec la lettre F; sur l'autre, une sphère suspendue au ciel au-dessus du globe terrestre, avec cette devise : *Unus non sufficit orbis,* qu'il prit, ainsi que le dit Mezeray (tome III, page 47), lorsqu'il épousa Marie Stuart, héritière d'Écosse. Les rainceaux et les arabesques qui décorent cette reliure, sont de la plus grande élégance et sablés d'or. Dans les armoiries, les fleurs de lis se détachent sur un fond d'azur, le reste est sur fond d'or, avec les dauphins de France en bleu, et les lions d'Écosse en rouge. Sur le plat verso, le fond représente un ciel étoilé d'or et des nuées. La sphère qui porte la devise royale, est en or, et le globe terrestre, dont on n'aperçoit que la partie supérieure, est couleur terre, avec quelques buissons verts dans le haut.

Ce volume a été donné par Marie Stuart[1], lors de son passage à

1. Il résulte des inventaires qui furent dressés, pour différentes causes, à certaines époques de la vie de Marie Stuart, et qui ont été publiés, d'après les documents originaux, à Édimbourg, en 1865, par les soins du Bannatyne Club, que la reine possédait une petite bibliothèque composée de 230 ouvrages, parmi lesquels nous citerons, dans la Théologie : les *Histoires de la Bible*, en figures, les *Psaumes de David*, des *Livres d'heures*, en latin, la *Vie de Jésus-Christ*, la *Préparation évangélique*, d'Eusèbe Pamphile, le *Sacrifice évangélique*, les *Lettres de saint Augustin*, les *Consolations de Bembo*, le *Myroir d'humaine rédemption*; dans la Poésie : Homère, Euripide, Sophocle, Horace, Virgile, Ovide, Lucain, Alain Chartier, Clément Marot, les *Marguerites des Marguerites* (The Margreit of the queen of Nauarre), Ronsard, les *Erreurs amoureuses*, de Ponthus de Thyard, la *Destruction de Troye la Grande*, Pétrarque, le *Roland amoureux*, de Boïardo, le *Roland furieux*, de l'Arioste; dans les Romans : *Amadis des Gaules, Lancelot du Lac, l'Histoire de Palmarin, l'Histoire de Jason, Pantagruel,* le *Décaméron de Boccace;* dans les Polygraphes : Platon, Lucien, Cicéron, Plutarque, en français, les *Diverses leçons de Pierre Messie;* dans l'Histoire : la *Cyropédie,* de Xénophon, Suétone, Salluste, Tite-Live, *Valère Maxime,* Appien, la *Mer des Hystoires,* la *Généalogie des Rois de France,* la *Légende dorée,* Froissart, les *Histoires de Paradin,* les *Statuts de l'Ordre du Saint-Esprit,* la *Chronique de Savoie,* le *Discours des Histoires de Lorraine et de Flandres,* etc.

A l'exception d'un volume, *Actis of Parliament,* dont il est fait mention dans un inventaire daté du 26 mars 1578, et que nous avons retrouvé au nombre des livres exposés au British Museum de Londres, aucun de ces ouvrages ne figure parmi ceux qui nous ont été signalés dans les bibliothèques publiques ou dans les collections particulières.

Parmi les livres qui nous viennent de Marie Stuart, un des plus intéressants appartient à la Bibliothèque nationale. C'est un recueil de 63 thèmes, un cahier de *corrigés,* comme on dirait aujourd'hui, écrits de sa main, du mois de juillet

Reims, à sa tante Renée de Lorraine, abbesse de Saint-Pierre-les-Dames.

BIBLIOTHÈQUE

DE DIANE DE POITIERS AU CHATEAU D'ANET[1]

La bibliothèque que Diane avait formée au château d'Anet, et qui fut d'ailleurs singulièrement augmentée et enrichie par les dons du roi, était une des plus précieuses de la Renaissance.

Elle se composait de superbes manuscrits sur vélin, remplis de miniatures, de manuscrits sur papier, richement décorés, et de livres imprimés de tous les formats. La plupart étaient revêtus de magnifiques reliures à ses armes avec sa devise de veuve : *Sola vivit in illá*[2], ou seulement ornés de ses emblèmes, avec la flèche et, quel-

1554 au mois de janvier 1555, au moment où elle venait d'accomplir sa douzième année. Il est de format in-18, relié en maroquin rouge, aux armes de France, et porte sur le premier feuillet de garde ces mots : *Maria D.G. Scotorum regina, Galliæ vero delphina.* Ce petit manuscrit se compose de 85 ff. écrits. Le verso de chacun d'eux contient le texte français du thème que Marie avait à traduire; le latin se trouve en regard sur le recto du feuillet suivant. Les devoirs que le précepteur, probablement M. de Sainct-Estienne, dont parle Brantôme, dictait à sa royale écolière, sont des lettres qu'il lui faisait adresser à plusieurs personnes, notamment à Élisabeth, fille de Henri II, qui devint reine d'Espagne, et au dauphin François, qu'elle épousa en 1558.

Ces lettres sont généralement remplies des préceptes de la morale la plus pure. Elles ont été publiées en entier, pour le *Warton-Club,* par M. DE MONTAIGLON, sous le titre de *Latin Themes of Mary Stuart,* Londres, 1855, in-8°.

1. Extrait des *Femmes bibliophiles de France aux* XVIe, XVIIe *et* XVIIIe *siècles,* Paris, Damascène Morgand, 1886, tome I, page 75 et suiv.

2. La devise que la duchesse de Valentinois avait adoptée après la mort de Louis de Brézé, son mari, portait primitivement les mots : Sola vivit in illo, écrits autour d'une flèche couverte de branches de laurier et sortant d'un tombeau; mais, plus tard, l'allégorie étant devenue embarrassante, on supprima le tombeau et le genre du pronom fut changé.

On voit par là que Diane avait beaucoup d'esprit et qu'elle sut trouver le moyen de ménager ses royales amours, sans paraître abandonner le culte qu'elle avait voué à la mémoire de son époux. D'ailleurs, comme l'a écrit Brantôme, « elle n'étoit pas de ces veuves hypocrites et marmiteuses qui s'enterrent avec le défunt », et si elle garda toujours ses couleurs de deuil, le blanc et le noir, dont elle avait fait un très gracieux mélange, c'est qu'elles lui allaient à merveille.

quefois, cette orgueilleuse légende : *Consequitur quodcunque petit*
(*Elle atteint tout ce qu'elle vise*).

On voit, sur un grand nombre de ceux qui lui ont été donnés par
le roi, les chiffres entrelacés de Diane et de Henri ; mais il ne fau-
drait pas en conclure, comme on l'a fait trop souvent, que tous
les livres, manuscrits et imprimés de notre grande Bibliothèque
nationale, qui portent des emblèmes cynégétiques et mythologiques,
des croissants et les chiffres H. D., lui ont appartenu. Ces volumes
ont une origine royale et viennent de Henri II. Réunis primitivement à Fontainebleau, ils ont été transportés en bloc à Paris, où ils
sont encore.

Les livres de Diane restèrent enfouis à Anet plus d'un siècle et
demi, et ne sont rentrés, à aucune époque, dans les collections du roi.
Ce n'est qu'en 1723, qu'on les vit reparaître à la vente qui suivit le
décès de la princesse de Condé (Anne de Bavière, femme de Henri-
Jules de Bourbon, fils du grand Condé), à qui le château appartenait alors, et, le croirait-on ? on ne trouva pas d'acquéreur pour
cette précieuse collection qui fut misérablement dispersée.

Beaucoup de volumes furent achetés par Guyon de Sardière
dont la bibliothèque fut acquise, vers 1759, par le duc de la Vallière ;
plusieurs manuscrits furent adjugés à Cangé, à Lancelot, et à
d'autres amateurs dont les cabinets contribuèrent dans la suite à
l'accroissement de la Bibliothèque du Roi ; un certain nombre passèrent à l'étranger et furent perdus pour la France.

Parmi ceux qui font encore aujourd'hui l'ornement de nos dépôts publics, nous signalerons plus particulièrement :

1. LA BIBLE EN FRANCOYS, QUI EST TOUTE LA SAINCTE ESCRITURE en laquelle
   sont contenuz le Vieil et Nouveau Testament. Recentement reveuz et
   fidellement corrigez selon l'Ebrieu, Grec et Latin. *A Lyon, par Guill.
   Roville et Thibaut-Payen, M.D.XLVIII.* Pet. in-fol. fig. sur bois,
   mar. brun, entrelacs et arabesques pointillés d'or couvrant entièrement les plats du volume ; chiffres et croissants frappé en argent, répétés aux angles et dans les ornements ; dos à entrelacs également
   criblé d'or et portant, entre les nervures, le croissant alternant avec le
   chiffre de Diane, tr. ciselée et peinte.

   Bibliothèque Sainte-Geneviève. Livres exposés : A, 175.

2. THÉOLOGIE MYSTIQUE. Manuscrit sur papier de 175 ff. Petit in-folio,
   mar. citron avec encadrement de mar. noir sur lequel se trouvent les
   croissants, les carquois, l'arc et le double D. H. ; dos à entrelacs sur
   fond noir pointillé d'or ; armes de la duchesse de Valentinois dans un
   médaillon également sur fond noir, au milieu d'entrelacs et d'arabesques.

   Bibliothèque de l'Arsenal. Réserve : n° 5162.

25

3. Pourquoi l'on dit chaque jour sept heures. — Instructions sur la Patenostre. — Sur le Credo. — Traité pour se bien confesser. — Les dix commandements de Dieu. — Le Bestiaire, par Pierre. — Moralités de philosophies. — Manuel des confesseurs, en vers. In-4, reliure sur bois, en veau brun, élégamment frappé d'enroulements en or, avec l'écu de la duchesse de Valentinois sur les plats, surmonté de la couronne ducale, tr. ciselée et dorée.

Manuscrit sur papier de 94 ff., du commencement du xvᵉ siècle. Très belle reliure sur laquelle on remarque l'absence des croissants et des chiffres entrelacés que l'on rencontre ordinairement sur les livres de Diane de Poitiers.

Elle porte seulement un large encadrement à filets noirs et bleus, avec arabesques et volutes sur fond criblé, pointillé d'or. Au centre des plats, également pointillés d'or, sont peintes les armes de la duchesse de Valentinois. Le dos est simplement criblé, sans ornements.

Bibliothèque nationale, département des manuscrits. Fonds français : nᵒ 944.

4. Orationes Basilii, archiepiscopi Cæsareæ Cappadociæ... (Texte grec.) *Parisiis, M.D.LVI, apud Guill. Morelium...* In-8, veau brun, riches compart. couvrant entièrement les plats et le dos du volume, tr. dor. et ciselée, armes.

Très jolie reliure à mosaïque dont les entrelacs, se détachant en fauve clair sur fond brun, représentent des arcs et des carquois mêlés aux arabesques les plus capricieuses et les plus élégantes.

D'un côté des plats, les armes peintes en marron et bleu et surmontées de la couronne ducale ; de l'autre, une flèche entourée de branches de laurier, avec une banderole également peinte en bleu, sur laquelle est écrite la devise : *Sola vivit in illâ.*

Ce joli volume, d'une conservation parfaite, appartient à la bibliothèque de la ville de Reims.

5. Hippolyti Salviani aquatilium animalium Historiæ. *Romæ, M.D.LVII.* Petit in-folio, mar. noir, compart., tr. dor.

Ouvrage écrit en latin. Il est divisé en 92 *Historiæ* comprenant l'histoire de tous les animaux aquatiques connus, et renferme un grand nombre de gravures sur bois.

Riche reliure aux armes de la duchesse, avec ses emblèmes ordinaires, l'arc, le carquois et les croissants. Les entrelacs et les arabesques qui décorent les plats et le dos, représentent des trophées de chasse et se détachent en veau fauve et en rouge sur fond noir. Ils étaient originairement bordés d'un filet doré, effacé presque complètement aujourd'hui, mais encore visible en certains endroits. Seuls, les armes et le rameau qui les supporte, ont conservé leur dorure. Il en est de même du titre inscrit sur le dos. Les doubles D. H. étaient également encadrés de filets dorés. Au contraire, les croissants, grands et petits, qui accompagnent les armoiries sur le plat supérieur, ont été argentés ; mais il en est resté peu de traces.

Ce livre, un des plus beaux de ceux qu'a possédés Diane, appartient à la ville de Poitiers.

6.   Le Romant de la Rose.
         Moralise cler et net,
         Translate de rime en prose
         Par vostre humble Molinet.

Novuellement imprime a Paris. En la grāt rue Saint Iacques, a lenseigne de la Rose blanche couronnee... A la fin : Cy finist le Romāt de la Rose : *Novuellement imprime a Paris par la veufve de Michel le Noir, demourant en la grāt rue Sainct Iacques, a lenseigne de la Rose blanche couronnee, le dix septiesme iour daoust mil cinq cens vingt et ung.* In-4, goth., vélin blanc. Les plats sont richement décorés d'entrelacs et d'arabesques reliés par des croissants et frappés en noir; le chiffre D. H., entremêlé de croissants, est au centre et répété deux fois dans les ornements. Sur le dos se trouvent des arcs, des flèches et des croissants également frappés en noir; la tranche est dorée et ciselée.

> Très curieuse reliure, le seul spécimen de ce genre que nous ayons découvert parmi les livres de Diane de Poitiers.
> Bibliothèque de l'Arsenal. Livres exposés, n° 6364.

7. Œuvres d'Ange Politien. *A Lyon, chez Séb. Gryphe, 1545.* In-8, mar. noir, triple filet servant d'encadrement; au milieu des plats, trois croissants en argent surmontés de la couronne ducale; aux angles du cadre, un fer représentant une fleur de lis agrémentée, tr. dor.

> Ce livre, recouvert des deux couleurs (le noir et le blanc) que la duchesse de Valentinois avait adoptées à la mort de son mari, porte la signature de *Montaigne* et appartient à la ville de Bordeaux.

8. Discours sur les Sibylles, par Sébastien Castalion. *Bâle, par Jean Opporinus,* 1555. In-8, même reliure que le précédent.

> Ce volume, qui a appartenu à l'archidiacre Dupuy, de la cathédrale de Bazas, fait également partie de la bibliothèque de Bordeaux.

9. Les Folles Entreprises (par P. Gringore).

> Qui en veult avoir se transporte
> Sans deshonneur et sans diffame
> Pres du bout du pont Nostre Dame
> A lenseigne de Mere Sote.

Imprime a Paris par maistre Pierre Ledru, imprimeur. (Le reste est gratté.) In-4, goth., mar. à compart., tr. dor., fermoirs.

> Imprimé sur vélin et orné de 22 miniatures.
> Riche reliure portant les armes et les chiffres de Diane ; une des perles de la bibliothèque de S. A. R. le duc d'Aumale, au château de Chantilly.

10. Poésies de Melin de Saint-Gelais. Pet. in-folio, mar. citron sur les plats et rouge sur le dos, avec compart. découpés en rouge et en citron, chiffre H sur les plats et sur le dos, tr. dorée et ciselée.

> Manuscrit sur papier d'une écriture cursive. Il contient 221 ff.; les titres des pièces sont en or et en couleur. En tête de la première page sont écrits les mots suivants : *Liure de vers que le roy Henri second avoit donné à Diane de Poitiers, duchesse de Valentinois, sa maitresse.*
> Bien que cette inscription ne donne pas le droit d'affirmer ce qu'elle signale, on est en droit d'en tirer des présomptions sérieuses.
> Il y a lieu de constater, cependant, que la reliure, qui est très riche et très élégante, ne porte aucun enlacement de chiffres, aucun emblème, arc ou carquois, qui permettent d'assurer que ce livre aurait reçu la destination qui lui est attribuée.
> Elle se divise, sur les plats, en deux parties bien distinctes : un encadrement composé d'entrelacs de maroquin rouge sur fond citron, au milieu desquels se détache, à intervalles réguliers, la lettre H, et un panneau, dont le fond, en maroquin rouge, est occupé par un superbe milieu en maroquin citron, où se trouve encore un H, mais de dimension plus grande. Des ornements représentant des cornes d'abondance découpées, également en maroquin citron, garnissent les angles intérieurs de ce panneau. Le dos est en maroquin rouge, et la lettre H est répétée sept fois entre les nervures.
> Ce beau volume a fait partie de la bibliothèque de Colbert. Il appartient à la Bibliothèque nationale, fonds français, n° 885.

11. HISTOIRE DES DEUX TRES ARDANTZ ET PARFAICTZ AMANTZ EURIAL ET LU-
CRESSE DE SIENE. In-4, mar. brun, riche encadrement où se trouvent
des arcs et des carquois mêlés aux chiffres entrelacés de Diane et de
Henri; arabesques sur fond d'or, couvrant entièrement les plats et le
dos du volume; tr. ciselée; armes de la duchesse de Valentinois.

> Manuscrit sur papier. Très intéressante reliure.
> Bibliothèque nationale, département des manuscrits. Fonds français : n° 19178.

12. VIES DE HUIT EXCELLENS ET RENOMMÉS PERSONNAGES GRECS ET ROMAINS :
Thémistocle, Périclès, Alcibiade, Timoléon, Camille, Fabius Maxi-
mus, Gaius Martius, Paul-Emile, traduites de Plutarque par Georges
de Selve, par le commandement du tres chrestien Roy François, premier de ce nom. In-folio, mar. noir, encadrement de filets décorés
d'ornements dans le style italien, figure de la Nuit (Diane?) sur l'un
des plats, tr. dor.

> Manuscrit sur papier de 464 ff., dont la reliure, selon Paulin Paris, aurait été
> exécutée pour Diane de Poitiers, avant l'avènement du dauphin Henri à la couronne de
> France.
> Bibliothèque nationale. Fonds français, n° 733.

13. LIVRES IV, V ET VI DE LA BOSCACHARDINE, c'est-à-dire de la Chronique que Jean de Courcy, seigneur de Bourg-Achard, en Normandie,
termina en 1422. Très grand in-folio, mosaïque de mar. brun sur fond
noir, tr. ciselée et dorée, armes de la duchesse de Valentinois.

> Magnifique copie sur VÉLIN de la chronique de Jean de Courcy. Elle est ornée d'une
> très remarquable miniature qui remplit la moitié du premier feuillet et représente, sous
> une forme allégorique, les caprices de la Fortune. Le feuillet est, lui-même, entouré
> d'une large bordure, où se trouvent, au milieu d'arabesques en or, des fleurs et des ani-
> maux fantastiques.
> La reliure de ce précieux volume est encadrée dans de riches compartiments repré-
> sentant des trophées mêlés à des arcs et à des carquois d'un dessin merveilleux.
> Aux quatre angles, se trouvent le double D et le triple croissant, et au milieu, dans
> un large médaillon traversé par deux flèches, les armes personnelles de Diane accom-
> pagnées de ses emblèmes ordinaires et de l'H couronné. Sur le dos, le double D. H.
> alterne avec les croissants.
> Bibliothèque nationale. Livres exposés, n° 290.

14. GEOGRAPHICÆ ENARRATIONIS LIBRI VIII, a Mich. Villanovano (Serveto)
recogniti. Lyon, 1541. In-folio, mar. brun, riches compart. à mo-
saïques de mar. noir, tr. ciselée et dorée.

> Très belle reliure à mosaïque avec entrelacs de maroquin brun et noir et le mot
> Dianna inscrit sur le cartouche central des plats.
> Sur chaque plat se trouvent douze croissants qui, ne faisant pas corps avec le
> système général de l'ornementation, paraissent avoir la signification emblématique qu'on
> leur prête ordinairement.
> Bibliothèque nationale. Livres exposés, n° 487.

NOTE SUR JEAN GROLIER

Jean Grolier, vicomte d'Aiguisy, fils d'Étienne Grolier, gentilhomme du duc d'Orléans, qui fut Louis XII, naquit à Lyon en 1479.

Sa famille, originaire d'Italie, en avait rapporté le goût des lettres et des arts. Grolier fut fidèle à ces traditions qu'il put entretenir par un long séjour dans le Milanais, dont il administra les finances pendant tout le temps que dura la conquête.

Une quittance que possédait M. Coste, nous prouve que, dès le mois d'avril 1512, il était *trésorier et receveur général des finances du roi en la duché de Milan;* plus tard, en 1518, Érasme, en lui écrivant à la date du 24 avril, le qualifiait ainsi : *Apud Insubres quæstor regius;* enfin une quittance du 25 août 1525 nous le montre encore à Milan trésorier des guerres.

De retour à Paris, on le voit au nombre des quatre trésoriers généraux de France, ayant surtout la charge des bâtiments royaux, notamment des hôtels de Nesle ; puis il encourt une disgrâce, dont on ignore la cause, et meurt âgé de quatre-vingt-six ans.

C'est en Italie, à Milan, à Florence et à Venise, que Grolier commença sa bibliothèque et qu'il en recueillit les plus importantes richesses. En relations avec la plupart des savants de son temps, qui lui dédièrent leurs ouvrages, avec Érasme, qui a fait son éloge[1], avec les Alde qui lui fournirent à peu près tous ses livres, il ne se contenta pas de rechercher les plus beaux ouvrages, il les voulut dans des conditions exceptionnelles de vélin, de papier et de reliure, faisant venir du Levant, par Venise, ou d'Afrique, par l'Espagne, les maroquins les plus précieux, et s'adressant, pour les enrichir d'ornements poussés à froid ou en or, aux plus habiles dessinateurs de son temps.

Les premières lignes du *Champfleury*, de Geoffroy Tory, nous apprennent, d'une façon certaine, que le grand imprimeur de Bourges travailla pour l'ornementation de ses livres, et grava même tout un système de lettres à son intention. De là, la connexité qui

---

1. « Ornatissimus Grolierius. » (*Œuvres d'Erasme*, 1703, tome III, 1ʳᵉ partie, col. 317-318.)

existe entre certains dessins de reliures de Grolier et quelques en-
tourages de pages sortis des mains de Tory. « *Le matin du jour
de la feste aux Roys*, écrit maître Geoffroy, *que l'on comptoit
M.D.XXIII, après avoir prins mon sommeil et repos, et que mon
estomac de sa legiere et ioyeuse viande avoit faict sa facile con-
coction, me prins a fantasier en mon lict, et mouvoir la roue de ma
memoire, pensant a mille petites fantasies, tant serieuses que
ioyeuses, entre les quelles me souvins de quelque lettre antique que
iavoys nagueres faicte pour la maison de monseigneur le tresorier
des guerres, maistre Iehan Groslier, conseiller et secretaire du
Roy nostre sire, amateur de bonnes lettres et de tous personnages
scavants desquels aussi est tres ame et extime, tant dela que deca
les mons.* »

Les reliures de Grolier sont en maroquin et en veau fauve ou
brun, dont les peaux ont été très écrasées, si bien qu'il faut y regarder
de près pour reconnaître la différence des deux peaux. Le dos, presque toujours sans ornements, est à cinq ou sept nerfs; la garde inté-
rieure est presque toujours en vélin. Mais ce qui les distingue
entre toutes, ce sont les ornements variés, toujours d'un goût très
pur, très délicat, dont les deux plats du volume, à l'extérieur, sont
enrichis. « Il semble à voir ces livres, dit de Vigneul-Marville[1], que
les Muses qui ont tant contribué à la composition du dedans, se soient
aussi apliquées à les aproprier au dehors, tant il paroît d'art et d'esprit
dans leurs ornemens. Ils sont tous dorez avec une délicatesse in-
connuë aux doreurs d'aujourd'huy : les compartiments sont peints
de diverses couleurs, parfaitement bien dessinés et tous de difé-
rentes figures. » Dans les cartouches se voient d'un côté, en lettres
d'or, le titre du livre et, au-dessous, ces mots qui marquent le
caractère si honnête de M. Grollier, *Io. Grollierii et amicorvm*;
et de l'autre côté, cette devise, témoignage sincère de sa piété :

PORTIO MEA DO
MINE SIT IN
TERRA VI
VENTI
VM[2].

D'autres devises se trouvent encore sur les volumes du grand
bibliophile lyonnais. Tantôt elles sont écrites de sa propre main
sur un des feuillets de garde ou sur le titre; tantôt on les voit im-

1. De Vigneul-Marville. *Mélanges d'histoire et de littérature*. Rouen, 1699,
in-8°, pages 155-156.
2. Cette devise est empruntée aux *Psaumes* de David. Ps. 141, v. 6.

primées en lettres d'or sur les plats. Nous en empruntons le texte à l'excellent travail de M. Joannis Guigard [1] :

1. *Mei Grolierii Lugdunens. et amicorum.*
2. *Tanquam ventus est vita mea.*
3. *Custodit Dominus omnes diligentes se, et omnes impios disperdet.*
4. *Æque difficulter.*

Grolier mourut, à Paris, le 22 octobre 1565. Ses livres, au nombre de 3 000 environ, qui avaient passé successivement entre les mains du garde des sceaux Emeric de Vic, et de son fils, Dominique de Vic, archevêque d'Auch, furent vendus, en 1676, et acquis, pour la plupart, par J.-A. de Thou, Pierre Pithou, Paul Petau, Ballesdens et le chancelier P. Séguier.

La Bibliothèque nationale en possède un assez grand nombre qui sont rangés dans l'ordre suivant, d'après le style de leur ornementation : 1° reliures à compartiments dorés, avec fleurons en plein or; 2° reliures à compartiments dorés avec fleurons azurés; 3° reliures à compartiments dorés dans le style de Geoffroy Tory; 4° reliures à compartiments polychromes; 5° reliure de style italien; 6° reliure mosaïque; 7° reliures italiennes avec empreintes de médailles, et ne portant ni le nom ni la devise de Grolier [2].

De très beaux volumes à la devise de Grolier figurent encore dans les bibliothèques particulières. Le plus important est le *M. Antonii Nattæ de Deo libri XV*, aujourd'hui chez S. A. R. le duc d'Aumale, au château de Chantilly.

Grolier fit école. Des amateurs, parmi lesquels il convient de distinguer, surtout, son contemporain Louis de Sainte-Maure, marquis de Nesle, se formèrent à son exemple et dirigèrent des ouvriers dont l'habileté fut bientôt égale à celle des Italiens, et même la surpassa. De nos jours, leurs œuvres servent encore de modèles à nos meilleurs relieurs.

1. *Nouvel Armorial du Bibliophile...* Paris, Émile Rondeau, 1890, tome II, page 244.
2. *Notice des objets exposés à la Bibliothèque nationale*, page 105.

LES LIVRES DE MARGUERITE DE VALOIS

« La reine Marguerite, a écrit Brantôme, estoit fort curieuse de recouurer tous les beaux livres nouueaux qui se composoient tant en lettres sainctes que humaines, et montroit pour l'estude un goût passionné qu'elle pratiquoit jusqu'à en perdre le manger et le dormir. »

Marguerite de Valois eut donc une bibliothèque ; mais cette bibliothèque, qu'est-elle devenue ? A quelle marque peut-on la reconnaître ?

D'après une opinion qui tend à se répandre depuis un certain nombre d'années, les livres de Marguerite de Valois seraient ceux que nous rencontrons assez fréquemment dans les ventes publiques, et dont les plats, semés de fleurs diverses entourées de couronnes de feuillage, portent, d'un côté, un écu à la bande cintrée chargée de trois fleurs de lis d'or, et, de l'autre, un lis entouré de la devise latine : *Expectata non eludet.* Leur reliure, d'un style uniforme et d'une élégance toute féminine, aurait été exécutée sur un dessin donné par Marguerite elle-même.

Telle est la légende. Mais ces jolis volumes ont-ils réellement appartenu à Marguerite ? Chose étrange : ni La Croix du Maine, ni le Père Jacob, qui ont écrit l'histoire de toutes les grandes bibliothèques du temps, n'ont parlé de ces livres. Il n'en est question dans aucun document de l'époque, et l'on ne peut s'expliquer comment une collection, aussi remarquable par sa composition que par le goût qui a présidé à ses reliures[1], ait pu passer ainsi inaperçue. Les esprits les plus judicieux en sont donc réduits aux conjectures et se sont divisés devant le problème à résoudre.

On a prétendu, dans ces derniers temps (*Mémorial diplomatique*, année 1887, page 763), que les trois fleurs de lis *à la bande cintrée* se rapportaient aux Villers Saint-Paul, une des plus anciennes familles de France, dont le blason est *d'argent à la bande de sable chargée de trois fleurs de lis d'or*, et que les livres revêtus de cette marque, auraient appartenu, non pas à la première femme de Henri IV, mais à Charlotte de Villers Saint-Paul, qui recevait,

---

1. Nous avons remarqué que cette bibliothèque avait été fort ingénieusement divisée, pour la reliure, en trois grandes catégories, et qu'une couleur différente avait été adoptée presque toujours pour chacune d'elles : le *citron*, pour les ouvrages de Sciences et de Morale, le *vert* pour les poètes, et le *rouge* pour la Théologie et l'Histoire.

— nous ne savons à quel titre, — une pension du roi, ainsi qu'il résulte de différentes quittances datées des mois d'avril, mai et juin 1602, et conservées aux Archives.

M. Johannis Guigard[1] est d'accord avec l'auteur anonyme de l'article du *Mémorial diplomatique*, pour reconnaître que les trois fleurs de lis des livres dits « de Marguerite » n'ont jamais appartenu à la Maison de France; mais il les interprète autrement. D'après lui, la *bande* qui coupe l'écusson est une *fasce*. L'écu étant en cartouche, on a dû, pour en imiter la convexité, cintrer la *fasce*, ce qui lui a donné un faux air de *bande*, et, ce principe une fois posé, il en fait un argument pour nous présenter, comme ayant réellement possédé ces livres, la fille d'un bâtard de Henri III, Marie-Marguerite de Valois Saint-Remy, dont la famille portait *d'argent à la fasce d'azur, chargée de trois fleurs de lis d'or*.

M. Guigard nous signale, ensuite, comme ayant fait partie de la bibliothèque de Marguerite, les livres au semis de *marguerites* et ceux dont le dos et les plats semés de *marguerites* et de *Saint-Esprit*, portent au recto un chiffre formé des lettres M V, et au verso deux B, les uns et les autres entrelacés et représentant : *Marguerite, Valois, Bourbon*. Il avoue, d'ailleurs, loyalement que ces attributions sont très discutées.

Nous restons donc, plus que jamais, dans le domaine des hypothèses et des appréciations contradictoires. Elles peuvent être défendues avec plus ou moins de vraisemblance et de conviction; mais elles nous paraissent trop conjecturales encore pour qu'il soit possible d'en tirer une conclusion précise. Aussi, nous bornerons-nous à constater que les seules reliures de Marguerite dont l'authenticité soit indiscutable, se trouvent sur les rares volumes de dédicace qui sont parvenus jusqu'à nous. Ces reliures, dont le *Berterius*, de la librairie Morgand[2], et le *Breviarium Romanum*, de M. Lantelme, avoué à Grenoble[3], sont les plus intéressants spécimens, portent, dans un écusson entouré de feuillages, les trois fleurs de lis de France, disposées en triangle, et dans la bordure et les compartiments des plats, la *marguerite*, emblème de la princesse.

Un portrait du temps, dont la gravure est au Cabinet des estampes de la Bibliothèque nationale, détermine exactement les armes que la reine, devenue duchesse de Valois, avait le droit de

1. *Nouvel Armorial du Bibliophile*, tome I, page 92.
2. Pithanôn diatribæ duæ. Quibus civilis Imperii Romani Notitia et Ecclesia Politia illustrantur. *Tolosæ*, 1608. In-4, réglé, mar. rouge, riches dorures couvrant entièrement les plats.
(*Bulletin mensuel de la Librairie Morgand*, année 1889, nº 16852.)
3. *Nouvel Armorial du Bibliophile*, tome I, page 93.

porter après son divorce, un écu (*de France party de France*) figuré en losange et surmonté de la couronne royale; mais nous n'avons encore rencontré ces armoiries sur aucun livre.

LIVRES AYANT APPARTENU A FRANÇOIS Ier

(SUPPLÉMENT) [1]

1. MANUSCRIT DES QUATRE ÉVANGILES, avec la Préface de saint Jérôme et les canons d'Eusèbe. Grand in-4, veau marron, encadrement de filets, semis de fleurs de lis, armes.

> Précieux manuscrit de la seconde moitié du ixe siècle, sur VÉLIN; relié par *Le Faulcheur* (voir *Aperçu historique*, page 48). Portraits des quatre évangélistes et miniatures représentant le Christ. Les paroles de Jésus-Christ sont tracées en lettres d'or.
> Bibliothèque nationale. Fonds latin : 257.

2. TROIS ORAISONS DE DÉMOSTHÈNE pour les Olynthiens, traduictes du grec en françoys en 1546 (par le président du Vair). Pet. in-4, veau brun, entrelacs et ornements dans le genre des reliures de Maioli, F couronnés, fleurs de lis au centre, tr. dor.

> Manuscrit sur papier. Initiales en couleur. Très jolie reliure.
> Bibliothèque nationale. Fonds français : 25394.

3. LES PREMIER, SEPTIÈME, HUITIÈME et NEUVIÈME LIVRES DE L'ILIADE D'HOMÈRE, traduits par Salel, 3 vol. très pet. in-4, veau brun semé d'F et de fleurs de lis, tr. dor.

> Manuscrits du xvie siècle sur VÉLIN. Charmants volumes.
> Bibliothèque nationale. Fonds français : 2497-2499.

4. POÈME DE LELIO DE' MANFREDI, dédié à François Ier. Pet. in-4, veau marron estampé.

> Manuscrit sur papier. Armes du roi, coloriées et rehaussées d'or.
> Bibliothèque nationale. Fonds italien : 1039.

5. LE PREMIER LIVRE D'HÉLIODORE de l'histoire d'Ætiopie, translaté de grec en françois par Carle. Pet. in-4, veau brun, entrelacs et arabesques sur les plats, F et fleurs de lis, tr. dorée.

> Manuscrit du xvie siècle sur VÉLIN. Lettres ornées. Très jolie reliure.
> Bibliothèque nationale. Fonds français : 2143.

6. REMONSTRANCES faictes au Roy de la part de son procureur général touchant le faict des entreprises faictes sur les limites du Royaulme. In-folio, veau brun, encadrement de filets, armes.

---

1. Un certain nombre de manuscrits, à la marque de François Ier, nous ayant été signalés au moment où notre travail était sous presse, nous avons dû en reporter, ici, la nomenclature et la description.

Manuscrit sur vélin, lettres ornées. En face du premier feuillet, les armes du Roi richement encadrées.
Bibliothèque nationale. Fonds français : 3895.

7. La Vie de Theseus (par Plutarque), traduction. — La Vie de Romulus (par Plutarque), trad. Pet. in-fol., veau brun mosaïqué de noir, F couronnés sur les plats, ornements en or et en argent sur le dos, tr. dor.
Manuscrit du xvi⁰ siècle, sur vélin. Lettres capitales en or et en couleur.
Bibliothèque nationale. Fonds français : 1396.

8. La Vie du Roy Agesilaus, composée par Plutarque et traduicte du grec en françoys par Arnauld Chandon de Pamyes, docteur es droictz, prieur de Montferrand en Auvergne. Pet. in-folio, veau brun, même reliure.
Manuscrit du xvi⁰ siècle, sur vélin.
Lettres en or et en couleur.
Bibliothèque nationale. Fonds français : 1399.

9. La Vie de Marcellus, illustre Romain, composée par Plutarque, et traduicte du grec en françoys, par Arnauld Chandon, docteur es droictz. Pet. in-folio, veau brun, semis de fleurs de lis sur les plats, dos orné, tr. dor.
Manuscrit du xvi⁰ siècle sur vélin. Lettres en or et et en couleur.
Bibliothèque nationale. Fonds français : 1402.

10. Philopœmen (par Plutarque), traduction. — Titus Quintus Flaminius (par Plutarque), trad. Pet. in-fol., veau brun, même reliure.
Manuscrit du xvi⁰ siècle, sur vélin. Lettres en or et en couleur.
Bibliothèque nationale. Fonds français : 1400.

11. Sertorius (par Plutarque), traduction. — Eumenes (par Plutarque), traduction. Pet. in-fol., mar. marron, encadrement d'entrelacs mêlés d'arabesques, fleurs de lis d'or et F en argent sur les plats, au milieu d'un compartiment à mosaïque de mar. noir, armes, tr. dor.
Manuscrit du xvi⁰ siècle, sur vélin.
Bibliothèque nationale. Fonds français : 1401.

TABLE

PAR ORDRE ALPHABÉTIQUE

DES

NOMS DE PERSONNES ET DE LIEUX

CITÉS DANS L'APERÇU HISTORIQUE ET L'APPENDICE

A

C

D

E

H

J

L

M

N

O

P

T

V

TABLE ALPHABÉTIQUE

TABLE ALPHABÉTIQUE

DES

NOMS D'AUTEURS

ET DES OUVRAGES ANONYMES CONTENUS
DANS LE CATALOGUE DES LIVRES DE HENRI II

TABLE ALPHABÉTIQUE

DES

NOMS D'AUTEURS

ET DES OUVRAGES ANONYMES CONTENUS
DANS LE CATALOGUE DES LIVRES DE FRANÇOIS II

— — — — —

ARRESTA VARIA in materia Regaliarum. Ms., 1.

ÆLIANUS (CLAUDIUS). Opera quæ extant omnia (1556), 6.

CHALCONDYLAS (Laonic). De origine et rebus gestis Tvrcorvm libri decem, nuper e græco in latinum conuersi. Conrado Clavsero interprete (1556), 10.

COPIE du livre de Gaston Phœbus sur la chasse. Ms., 4.

CVSPINIANI (Ioannis) commentarii, ex optimis uetustissimisq. authoribus collecti (1553), 7.

DE GENTIUM ALIQUOT migrationibus, sedibus fixis, reliquiis, linguarum-que; initiis et immutationibus ac dialectis, libri XII (1557), 9.

DION CASSIUS. Romanæ historiæ libri, de græcis latine facti (1558), 12.

GELENIUS. Notitia provinciarum imperii romani (1552), 13.

GUIDONIS BONATI de Forlivio tractatus de electionibus, etc. Ms., 3.

HIEROGLYPHICA, sive de sacris Ægyptiorum literis commentarii (1556),14.

LEXICON græco-latinum (1552), 5.

LIBER FLORUM Albumassar de revolutionibus annorum, etc. Ms., 2.

MUNSTER (Seb.). La cosmographie universelle (1556), 8.

NICETÆ CHONIATÆ annales (1557), 11.

TABLE ALPHABÉTIQUE

DES

NOMS D'AUTEURS

ET DES OUVRAGES ANONYMES CONTENUS
DANS LE CATALOGUE DES LIVRES DE CHARLES IX

———

Ordonnances pour les libertés de l'Église gallicane. Ms., 24.

Orose (Paul). — Historiarum libri septem, etc. Ms., 94.

Paschal (Pierre). Henrici II, Galliarum regis, elogium cum ejus effigie. Ejusdem Henrici tumulus (1560), 111.

Priscien. De arte grammatica, etc. Mss., 58, 59, 60, 61.

Ptolémée (Cl.). Almagestum, sive magnæ constructiones libri tredecim. Mss., 40.

Ptolémée. Quadripartitum, cum glossis Haly, philosophi Ægyptii. Ms., 41.

Raban Maure. De naturis rerum libri viginti duo. Ms., 10.

Recueils de pièces : 27, 47, 48, 49, 51.

Remundi, monachi, pia meditatio ante sanctum altaris sacrificium. Ms., 14.

Répertoire général des livres estants en la Chambre du procureur du Roy au Chastelet. Ms., 109.

Rigale (la) du monde. Ms., 110.

Romant (le) du Renart. Ms., 77.

Rusticien, de Pise. Abrégé des romans de la Table-Ronde, d'après Luce de Gast, Robert et Hélie de Borron. Ms., 83.

Rusticien, de Pise. Le livre du roy Meliadus de Leonnois. Ms., 84.

Salluste (C. C.). Bellum Catilinarium bellum Jugurthinum. Ms., 96, 96 bis.

Salviani, Massiliensis episcopi, Timotheus, libri quatuor, etc. Ms., 9.

Sénèque. De beneficiis libri septem. De clementia libri duo ad Neronem. Ms., 29.

Solini (C. Julii), polyhistor, sive rerum mirabilium collectanea, etc. Ms., 91.

Stille et ordonnances sur le fait des monnaies. Ms., 103.

Suétone (C.). De vitis duodecim Cæsarum libri duodecim. Ms., 97.

Suétone (C.). Liber de vita et moribus duodecim Cæsarum. Ms., 98.

Térence (Publ.). Comœdiæ sex, cum scoliis. Ms., 81.

Tillet (Jean du). Recueil des rois de France. Ms., 100.

Tillet (Jean du). Traité des honneurs et rangs des Princes. Ms. 101.

Végèce (Flavius). Rei militaris epitome libri quatuor, etc. Ms., 50.

Vetus vocabulorum ordine alphabetico dispositum. Ms., 62.

Victorinus (Marius). Commentariorum in Ciceronis rhetorica libri duo. Ms., 69.

Victorinus (M.). Ars grammatica de orthographia et ratione metrorum. Ms., 57.

Vita sancti Fulgentii, episcopi et confessoris, etc. Ms., 93.

TABLE ALPHABÉTIQUE

DES

NOMS D'AUTEURS

ET DES OUVRAGES ANONYMES CONTENUS
DANS LE CATALOGUE DES LIVRES DE HENRI III

TABLE GÉNÉRALE

DES MATIÈRES

IMPRIMÉ

PAR

GEORGES CHAMEROT

19, rue des Saints-Pères, 19

PARIS

Lightning Source UK Ltd.
Milton Keynes UK
UKOW05f2157260717
306122UK00006B/328/P